香港基本法導讀

饒戈平 主編

主　編：

　　　　饒戈平

撰稿人（按姓氏筆畫排序）：

　　　　王振民　　陳欣新　　陳廣漢

　　　　鄒平學　　韓大元　　饒戈平

責任編輯	蘇健偉
封面設計	吳冠曼
版式設計	a_kun
書籍排版	楊　錄

書　　名	**香港基本法導讀**
主　　編	饒戈平
出　　版	三聯書店(香港)有限公司
	香港北角英皇道 499 號北角工業大廈 20 樓
	Joint Publishing (H.K.) Co., Ltd.
	20/F., North Point Industrial Building,
	499 King's Road, North Point, Hong Kong
香港發行	香港聯合書刊物流有限公司
	香港新界荃灣德士古道 220-248 號 16 樓
印　　刷	美雅印刷製本有限公司
	香港九龍觀塘榮業街 6 號 4 樓 A 室
版　　次	2024 年 7 月香港第 1 版第 1 次印刷
規　　格	16 開(170 mm × 240 mm)312 面
國際書號	ISBN 978-962-04-5523-0

© 2024 Joint Publishing (H.K.) Co., Ltd.

Published & Printed in Hong Kong, China

序

　　中國改革開放初期，以鄧小平為代表的老一輩領導人提出了"一國兩制"政治構想，用以解決歷史遺留的領土問題，完成國家統一大業。1990 年 4 月，全國人民代表大會根據中國憲法制定了香港特別行政區基本法。香港基本法是"一國兩制"方針的制度化、法律化，是一部有歷史意義和國際意義的創造性傑作，為國家治理回歸後的香港提供了憲制性法律依據，在中國憲制秩序中開創出史無前例的治國理政模式。

　　香港是法治社會，基本法被視為保持繁榮穩定的定海神針，學好用好基本法是香港各界也是國家港澳工作部門的一門必修課和基本功。自香港基本法頒佈以來，相關論著爭先恐後、層出不窮，其中不乏佳作上品，促進了基本法的推廣、傳播和研究，得到社會肯定。二十多年來，"一國兩制"的深入實施對基本法讀物提出了更高要求：如何能夠全面準確地理解和闡釋基本法的立法原意，又賦予其新意；如何能夠結合"一國兩制"的豐富實踐來解說、運用基本法，提煉出規律性認識；如何能夠用深入淺出、簡明通俗的大眾語言向社會傳遞基本法的法治內涵，如此等等，成為內地及港澳學者的努力目標。

　　三年前，內地六位來自著名高校和學術機構、多年從事港澳研究的資深學者，秉持對"一國兩制"的使命感和對基本法的精深理解，自發組織起來，不辭勞苦，反覆磋商，吸納和借鑒基本法的已有研究成果，合作撰寫了這部《香港基本法導讀》。他們試圖為深入學習、傳播基本法奉獻綿薄之力，為香港民眾及內地讀者提供一本學習基本法的雅俗共賞的權威性讀本，以適應新時期全面準確理解和貫徹"一國兩制"與基本法的社會需求。

這本《導讀》在堅守立法初衷、恪循法律原意的前提下，力求結合"一國兩制"成功實踐中的實例進行解讀，為基本法的再學習增添了時代感、現實感，便利讀者體驗這部憲制性法律的強大生命力。《導讀》也試圖凸顯習近平治港治澳新理念同鄧小平"一國兩制"構想之間一脈相承、與時俱進的內在聯繫，引導人們準確把握新時期貫徹"一國兩制"與基本法的正確方向。

香港回歸以來，中央歷屆領導集體始終堅持依法治港方略，嚴格遵循基本法，推進"一國兩制"事業行穩致遠，在實踐中不斷探索總結、勇毅前行，成就了中國特色社會主義的偉大創舉。以習近平總書記為核心的中央領導集體有效應對實踐中出現的新問題、新情況，科學總結港澳實施"一國兩制"的正反經驗，堅守、豐富和發展鄧小平"一國兩制"構想，適時提出了一系列新論述、新觀點、新舉措，形成習近平治港治澳新理念，成為新時期貫徹"一國兩制"的綱領性、全局性指導方針。其核心內容至少包括以下諸點：

全面準確、堅定不移地理解、貫徹"一國兩制"和基本法，是習近平治港治澳新理念的中心思想。中央一方面重申堅定不移貫徹"一國兩制"的原則立場，不會變、不動搖，必須長期堅持；另一方面又強調當前工作的重點應放在全面準確理解和貫徹"一國兩制"與基本法上，確保其實踐不走樣、不變形，始終沿著正確方向前進。

提出維護國家主權、安全、發展利益是"一國兩制"最高原則的論斷，要求香港居民自覺尊重和維護國家的根本制度。進一步明確了"一國兩制"的根本宗旨和精髓，指引人們正確認識國家的憲制體制，認識一國與兩制、中央與香港特區的關係，認識憲法所確立的中國共產黨在國家、在"一國兩制"實施過程中的主導地位，解答了困擾港澳社會多年的思想難題。

強調中央全面管治權與香港高度自治權的統一銜接、有機結合，只有做到這一點，才能把特別行政區治理好。明確全面管治權是憲法和基本法賦予中央的憲制權力，有充分的法律和法理依據；它們同香港被授予的高度自治權一起，共同構成一個全面完整的香港管治權概念。

強調依法治港是實施"一國兩制"的一項基本原則，憲法和基本法共同構成香港特區的憲制基礎，必須嚴格按照憲法和基本法辦事。特區權力機關和全社會都要自覺維護、遵守憲法和基本法，加強憲法和基本法的教育宣傳。指出中央和特區都有必要完善與基本法實施相關的制度和機制，將之視為全面準確貫徹基本法的一項必要的制度建設。香港國安法的制定實施，香港選舉制度的修改完善，具體體現了習近平治港治澳新理念，是落實中央全面管治權、完善同基本法配套的制度建設的範例。

支持香港社會聚焦發展，保持長期繁榮穩定，是習近平治港治澳新理念的另一個核心內容。期望香港保持其獨特地位與優勢，融入國家發展大局，堅守"一國"之本，善用"兩制"之利，把發揮祖國內地堅強後盾作用同提升自身競爭力有機結合起來，把實行資本主義制度的香港建設好，與國家同發展、共繁榮。期望特區政府能夠切實排解民生憂難，關心關愛年輕人，促進社會和諧穩定。

重申中央始終支持特區政府和行政長官依法施政的立場，明確特區政治體制的本質是行政主導；行政長官居於主導地位，行政、立法相互制衡又相互配合，司法獨立。指出三大權力機關都是行使高度自治權的權力主體，分別擔負實施"一國兩制"的部分主體責任，共同組成特區的管治團隊，是一個整體。要求以基本法為準處理好三者關係，完善特區治理體系，提升治理能力。

看得出來，該《導讀》在嚴謹闡釋基本法原文的同時，也在嘗試著宣示習近平治港治澳新理念的上述核心觀點，力求做到歷史和現實、文本和實踐的適時結合，這或許也是該讀本有別於基本法其他讀物的一大亮點。即便其表述中也許還存在不夠充分完整的地方，在我看來，這種經世致用、與時俱進的嘗試誠堪稱道。

該《導讀》是內地六位學者學習、理解香港基本法的一本學術新作，也表達了他們報效國家、熱愛香港的拳拳之心，我願藉此機會向他們表示祝賀和敬意。

是為序。

朱育誠[1]

2022 年 4 月

1　朱育誠先生係原新華通訊社香港分社副社長，國務院發展研究中心港澳研究所創始所長。

前言

　　作為中國的一部基本法律，作為香港特別行政區的憲制性法律，香港基本法是國家在香港實施"一國兩制"的法律保障和行為規範。如何全面準確地理解和貫徹基本法直接關係到"一國兩制"的成敗，而持久深入地學習和推廣基本法始終是香港社會及國家港澳工作部門的一項基礎性工作。基本法內涵宏大、涉及面廣，政策性、專業性強，對一般民眾而言，在學習過程中難免產生一些理解上的疑難或歧義，社會期待學界能發揮釋疑解惑的導讀作用。而努力為普羅大眾提供解讀準確、通俗易懂的基本法讀本，也一直被學界同仁視為義不容辭的責任。

　　內地六位資深學者，多年來從事香港問題和基本法研究，深切感受到這類大眾讀本的必要和難度，久已有意聯袂合作，共同打造一本《香港基本法導讀》。經過三年的協同寫作、精心打磨，終於兌現這一夙願，為香港民眾、為國家港澳工作隊伍奉獻出一本解讀基本法、輔導學習基本法的通俗讀本。現在幸蒙香港三聯書店慷慨支持，得以在香港正式出版，殊屬不易。在此，要特別向香港三聯書店的周建華總編輯、于克凌總編輯及責任編輯蘇健偉先生表示衷心的感謝。

　　本書按照香港基本法的體例和順序，對整部法律的各章節條款逐一加以闡釋，力求準確嚴謹、深入淺出。各位作者積數十年法學研究之功力，既深入探究立法原意、精準闡述文本內涵，又緊密結合"一國兩制"成功實踐加以解說，還試圖從實踐中總結、揭示出一些規律性認識，引導讀者進入更高認識層次，而不是僅僅停留在對法律文本的詮釋上。對基本法中的一些核心條款、重要原則和疑難問題，作者一般都刻意加以重點闡釋，嘗試作出有獨到見解和理論深度的法理解說，同時又盡力避免冗長艱澀的學術論證。特別是能夠結合"一國兩制"實踐中的熱點問題加以解讀，為基本法的再學習增添了時代感、現實感，便利讀者全面準確地理解和把握。

在香港基本法誕生三十多年後，《導讀》的出版可視為學界既有研究成果的一個組成部分，但它又不同於一般的學術專著。作者寫作過程中，除嚴格遵循基本法、相關法律及官方文件，充分表達自己的觀點外，也適當借鑒了內地及香港學界的既往成果。考慮到本書的大眾化和通俗性，除少數例外，一般不要求作者提供注釋和參考書目，特此說明。

本書部分作者曾作為主要成員參與國務院發展研究中心港澳研究所編寫的《香港基本法讀本》（商務印書館 2009 年版）工作。本書寫作過程中參考了該《讀本》部分內容，在此謹向原《讀本》作者群表示衷心感謝。

本書寫作過程得到朱育誠先生的指導和支持。在此謹向朱育誠先生表達我們真誠的敬意和感謝。

本書完稿於 2022 年春季，至今已兩年有餘。在此期間，為完善同香港基本法實施相關的制度機制，國家和香港特區在法治建設方面又有了一些新發展。為及時反映這一實踐，本書作者在《導讀》正式出版前對相關內容做了適當增補。

本《導讀》由六位學者分工合作、共同編寫完成，構成一個集體成果。在全書各章節行文中，也許會發現其論述方法、行文風格多少存在不同特色或差異。編者認為這種差異是正常的，可予保留。考慮到本書不同於官方讀本，無意苛求表述方式的一律；考慮到對不同作者寫作風格的尊重，只要無礙重大原則或理論問題的準確闡釋，不限制表述方式的多樣性。至於本書存在的不足之處，尚祈各位讀者不吝賜教，以便我們校正更新。

饒戈平

2024 年 6 月

目錄

第一章　總論

第一節 "一國兩制"方針 與香港問題的解決

　　香港自古以來就是中國領土。1840 年鴉片戰爭後香港被英國侵佔。

　　1949 年 10 月 1 日，中華人民共和國成立以後，百廢待興，中國政府堅持解決香港問題是中國主權範圍內的事，主張條件成熟時經談判解決。

　　中國共產黨十一屆三中全會以來，以鄧小平為代表的黨和國家第二代中央領導集體，為實現祖國統一大業，從維護國家和民族的根本利益出發，堅持解放思想、實事求是的思想路線，創造性地提出了"一國兩制"偉大構想，並在解決香港問題的過程中率先付諸實踐。在"一國兩制"方針指導下，我國政府制定了解決香港問題的一系列基本方針政策，並與英國談判簽署了中英關於香港問題的聯合聲明，解決了歷史遺留下來的香港問題，實現了中華民族收回香港的共同願望。1982 年憲法第 31 條規定："國家在必要時得設立特別行政區。在特別行政區內實行的制度按照具體情況由全國人民代表大會以法律規定。"1990 年 4 月 4 日中華人民共和國第七屆全國人民代表大會第三次會議通過《中華人民共和國香港特別行政區基本法》，自 1997 年 7 月 1 日起實施。1997 年 7 月 1 日，我國對香港恢復行使主權，香港特別行政區正式成立，按照憲法和基本法的規定實行"一國兩制"、"港人治港"、高度自治。

一、香港問題的由來

（一）香港基本概況

香港位於我國廣東省珠江出海口東側，瀕臨南海，與深圳相連，由香港島、九龍和“新界”三部分組成。1997 年 7 月 1 日設立的香港特別行政區的區域包括香港島、九龍半島（包括九龍及“新界”），以及所轄的島嶼和附近海域。截至 2022 年中，香港陸地面積約 1,106.81 平方公里，人口 733 萬。

香港位於北緯 22°09′ 至 22°37′、東經 113°52′ 至 114°30′ 之間，地處我國東南端，北接廣東深圳，東面大鵬灣，西鄰珠江口，南向南中國海，為世界三大天然良港之一，是連接東亞與印度洋、大西洋、西太平洋以及大洋洲的重要交通樞紐，也是我國通往世界的主要出海口之一。同時，香港處於歐洲和美洲中間，是連接北美和歐洲時差的橋樑，與紐約、倫敦連成全球 24 小時的金融市場，成為國際金融交易的重要一環。

香港陸地面積現為 1,106.81 平方公里。其中香港島及其所屬島嶼面積約 80.72 平方公里；九龍面積 46.94 平方公里；“新界”陸上部分的面積為 748.23 平方公里，所屬 262 個離島的面積為 230.92 平方公里。香港 1887 年以來一直進行填海造地工程，土地面積不斷增加，至 2022 年 7 月填海所得的土地面積 70 平方公里，佔總面積 6.5%。香港海域面積（含維多利亞港）為 1,648.22 平方公里。

截至 2022 年中，香港人口 733 萬，整體人口密度達每平方公里 6,686 人，是世界人口最為稠密的地方之一。香港人口分佈很不均勻，多聚居在地域狹小的港島和九龍。雖然隨著社會經濟的發展，人口不斷遷居新界地區，但分佈不平衡狀況仍未根本改變。2017 年，港島、九龍、新界（及離島）的人口密度分別為每平方公里 15,254 人、47,524 人和 3,927 人。香港人口的構成以華人為主，其佔總人口的 92%。而居港的外籍人士也相當多，2021 年約為 60 萬人，其中較多的是菲律賓、印尼和英國人，此外還有印度、尼泊爾、巴基斯坦、美國、澳大利亞、泰國、日本等外籍人。

　　香港自 19 世紀 40 年代到第二次世界大戰前主要以傳統轉口貿易為主。二戰後開始發展以出口為導向的工業化經濟，並在 20 世紀 70 年代實現了經濟起飛，成為亞洲"四小龍"之一。伴隨著中國改革開放的步伐，香港加快了經濟的多元化和國際化進程，並全面推進服務業發展，成為在世界經濟中佔據重要地位的國際大都市，是公認的國際金融中心、貿易中心和航運中心，也是重要的國際資訊和旅遊中心，同時正在建設亞太區國際法律及解決爭議服務中心、國際創新科技中心、區域知識產權貿易中心、中外文化藝術交流中心等。回歸後，香港特別行政區雖然相繼遭受亞洲金融風暴及"非典"、新冠疫情等的嚴重衝擊，但仍保持了穩定發展，持續呈現強勁增長勢頭，不僅在世界經濟中的重要地位得到進一步鞏固，而且與內地的經貿關係全面加強。自 1997 年至 2022 年，香港已連續 25 年被國際機構評為全球最自由的經濟體，在多家國際權威機構進行的競爭力排名中，香港長期位居前列，是世界第十一大貿易實體、第六大外匯市場、第十五大銀行中心及第十一大服務出口地，也是亞洲第三大股市。香港經濟在過去 20 多年持續增長，香港本地生產總值從 1997 年的 1.32 萬億港元增長到 2021 年的 2.87 萬億港元；香港人均 GDP 從回歸前的 19.2 萬港元增長到 2021 年的 38.7 萬港元；進出口總額從 1997 年的 3.07 萬億港元增長到 2021 年的 10.27 萬億港元。

（二）香港問題是英國入侵中國形成的歷史遺留問題

自古以來，中國先民就在現在的香港地區繁衍生息。早在新石器時代已有內地先民陸續遷徙到香港地區。自秦始皇建立中央集權的統一國家以後，香港一直在中央政權的管轄之下，中央政府進行有效的管轄。清朝時，香港歸廣東省新安縣管轄。也就是說，中國對香港行使主權已有兩千多年的歷史。

1840 年英國對華發動鴉片戰爭後，強迫清政府簽訂了一系列喪權辱國的"條約"。香港問題就是英國侵佔中國後迫使清政府相繼簽訂三個不平等條約造成的。

1. 英國通過《南京條約》侵佔香港島

1841 年 1 月 26 日，英軍強佔香港島，並駐紮大量軍隊，以作為進一步侵略中國的基地和從事鴉片走私的中心。1842 年 8 月 29 日，英國以武力逼迫清政府簽訂中國近代以來第一個不平等條約 —— 中英《南京條約》。英國通過《南京條約》除從中國攫取一系列特權外，還迫使清朝"准將香港一島給予大英國君主暨嗣後世襲主位者，常遠據守主掌，任便立法治理"（第 3 款），將香港島割讓給英國。

2. 英國通過中英《北京條約》割佔九龍

九龍半島與香港島之間是世上少有的天然良港，英國對九龍覬覦已久，在割佔香港島後即圖謀竊據。1856 年英法聯軍發動第二次鴉片戰爭，英國加快策劃佔領九龍。1860 年 3 月，英軍佔領九龍半島的尖沙咀地區，並脅迫兩廣總督勞崇光將九龍"永租"英國。1860 年 10 月 24 日，英國迫使清政府締結《北京條約》，強行割佔了原為"永租"的九龍半島南部地區。

3. 英國通過《展拓香港界址專條》強租"新界"

1898 年 6 月 9 日，英國又乘列強在中國劃分勢力範圍之機，強迫清政府簽訂《展拓香港界址專條》，強行租借九龍半島大片土地以及附近二百多個島嶼，面積達 975.1 平方公里，英國人稱之為 "新界"（New Territories），租期 99 年，至 1997 年 6 月 30 日到期。

英國侵佔香港所 "依據" 的三個不平等條約，都是 19 世紀英帝國主義侵略中國和以武力威迫的產物，一直為中國人民所反對，在國際法上是無效的。自香港被英國強行侵佔以後，晚清政府等為收復香港進行了鬥爭，但由於國家積貧積弱，捍衛國家主權的鬥爭沒有取得成功。

中華人民共和國成立後，中國政府在香港問題上的一貫立場是：香港為中國領土，中國不承認帝國主義強加的三個不平等條約；針對歷史遺留的香港問題，主張在適當時機通過談判加以解決，未解決前暫時維持現狀。

（三）香港問題不屬於通常所謂的 "殖民地" 範疇

英國佔領香港後，把香港稱為 "英王直轄殖民地"（Crown Colony），並在香港建立了一整套殖民統治架構，實行殖民統治。第二次世界大戰後，全球範圍內掀起殖民地獨立的高潮。中國政府在支持世界各殖民地人民要求獨立的正義鬥爭的同時，明確主張香港問題不屬於通常所謂的 "殖民地" 範疇。基本法序言規定，香港自古以來就是中國領土，1840 年鴉片戰爭以後被英國佔領。

1971 年 10 月 25 日，中華人民共和國恢復在聯合國的合法席位。1972 年 3 月 8 日，中國常駐聯合國代表黃華致函聯合國非殖民化特別委員會，明確指出："香港、澳門屬於歷史遺留下來的帝國主義強加於中國的一系列不平等條約的結果，香港和澳門是被英國和葡萄牙當局佔領的中國領土的一部分，解決香港、澳門問題完全是屬於中國主權範圍問題，根本不屬於通常的所謂‘殖民地’範疇。因此，不應列入反殖宣言中適用的殖民地地區的名單之內。中國將在條件成熟時用適當方式和平解決香港和澳門問題，在未解決前維持現狀”。

中國政府的這一立場是有充分的國際法依據的：第一，香港在英國侵佔前一直處於中國的有效管轄下，從來不是獨立的國家或地區，也非 “無主土地”，而是中國主權領土不可分割的一部分；第二，英國當年強行 “割讓”、“租借” 香港的三個條約都是英帝國主義通過侵略戰爭強加於中國人民的不平等條約，中國從來不承認帝國主義強加給中國的不平等條約，後者是中國人民堅決反對的，在國際法上是無效的；第三，香港被英國非法佔領後，其為中國領土的屬性從未改變。自清朝之後的中國歷屆政府均不承認上述三個不平等條約，也從未放棄對香港的領土主權。中華人民共和國成立後，中國政府始終堅持解決香港問題是中國主權範圍內的事，主張在適當時機通過談判方式加以解決。

中國政府有關香港問題的上述立場得到了國際社會的廣泛支持。1972 年 11 月 8 日，第二十七屆聯合國大會通過決議，批准聯合國非殖民化特別委員會的報告，以 99 票對 5 票的絕對優勢，接受中國政府的立場，將香港和澳門從反殖宣言適用的殖民地名單中刪除。這樣就從國際法上進一步確認了中國對香港主權的立場和要求，避免了香港問題國際化，排除了美英等西方國家插手香港問題的可能性，為我國最終解決香港問題奠定了基礎。這是在實現香港回歸祖國的歷史進程中具有重要意義的政治與法律事件。

二、"一國兩制"方針的形成和發展

"一國兩制"是中國特色社會主義的偉大創舉,是中國共產黨縱觀國際形勢,根據中國的國情,從實際出發,在尊重歷史與現實的基礎上,提出的解決台灣、香港、澳門問題,實現祖國統一的一項基本國策。

1978 年,中國共產黨召開十一屆三中全會,重新確立解放思想、實事求是的思想路線,開啟了改革開放的歷史新時期,提出了新時期的三大歷史任務,即進行社會主義現代化建設、實現祖國統一和維護世界和平。為了解決歷史遺留下來的台灣、香港和澳門問題,以鄧小平為代表的黨和國家第二代領導集體,因應時代要求,根據台灣、香港和澳門的實際情況,創造性地提出了"一國兩制"偉大構想,為實現祖國和平統一找到了一條切實可行的途徑,並率先在解決香港問題的過程中成功實踐。以江澤民同志為代表的黨的第三代中央領導集體和以胡錦濤同志為總書記的黨中央,為實施"一國兩制"進行了開創性探索,積累了豐富的經驗。十八大以來,以習近平同志為核心的黨中央站在國家發展戰略和全局的高度,全面準確地落實"一國兩制",堅定維護國家主權、安全與發展利益,繼續保持香港的繁榮穩定,使"一國兩制"事業取得了新的成就。

(一)"一國兩制"構想的提出和對香港基本方針政策的制定

"一國兩制"方針最初是針對台灣問題提出來的。20 世紀 50 年代,中國政府開始提出解決台灣問題的主張。如 1955 年 4 月 3 日,萬隆會議上,周恩來提出了中國政府對解放台灣問題的基本立場,強調中國政府願意在可能的條件下，爭取用和平方式解放台灣。5 月 31 日，在第一屆全國人民代表大會常務委員會第 15 次會議第一次提出，中國人民解放台灣有兩種可能的方式，即戰爭的方式和和平的方式，中國人民願意在可能條件下，爭取用和平的方式解放台灣。1956 年 6 月 28 日周恩來在第一屆全國人大第三次會議上所做的報告中進一步重申以和平的方式解決台灣問題的主張。十一屆三中全會前，鄧小平同志對解決台灣問題、實現祖國統一問題多次發表談話，體現了 "一國兩制" 的初步設想。1974 年 11 月 26 日，鄧小平在同美國國務卿基辛格的談話中指出："關於台灣問題和中美關係正常化，我們有三個原則，即堅持上海公報的原則，不能考慮 '兩個中國' 或變相的 '一中一台'；台灣問題只能在中國人之間作為內政自己來解決，至於用什麼方式，和平的還是非和平的，如何解決，那是中國人自己的事，是中國的內政；作為一個原則問題，我們不能承認在解決這個問題的過程中，其他國家參與什麼保證，包括美國的保證"。1978 年 10 月 8 日，鄧小平在會見日本文藝評論家江藤淳時指出："如果台灣回歸祖國，中國對台灣的政策將根據台灣的現實來處理"；1978 年 11 月 14 日，他在會見緬甸總統吳奈溫時又指出："在解決台灣問題時，我們會尊重台灣的現實。比如，台灣的某些制度可以不動，美、日在台灣的投資可以不動，那邊的生活方式可以不動。但是要統一。"1979 年 1 月 1 日，全國人民代表大會常務委員會發表《全國人民代表大會常務委員會告台灣同胞書》，宣佈了爭取和平統一祖國的大政方針，"我們的國家領導人已經表示決心，一定要考慮現實情況，完成祖國統一大業，在解決統一問題時尊重台灣現狀和台灣各界人士的意見，採取合情合理的政策和辦法，不使台灣人民蒙受損失。" 同時提出兩岸儘快實現通郵、通航、通商。同日，鄧小平在全國政協舉行的座談會上明確提出："把台灣回歸祖國、完成祖國統一的大業提到具體的日程上來了"。

1979 年 12 月 6 日，鄧小平在會見日本首相大平正芳時，闡述了以 "一國兩制" 解決台灣問題的構想。他說："我們提出了台灣回歸祖國，實現祖國統一的目標。實現這個目標，要從現實情況出發。對台灣，我們的條件是很簡單的，那就是，台灣的制度不變，生活方式不變，台灣與外國的民間關係不變，包括外國在台灣的投資、民間交往照舊。這就是說，外國可以照舊對台灣投資。即使台灣與祖國統一起來後，外國投資也不受任何影響，我們尊重投資者的利益。台灣作為一個地方政府，可以擁有自己的自衛的軍事力量。條件只有一條，那就是，台灣要作為中國不可分的一部分。它作為中國的一個地方政府，擁有充分的自治權"。

1981 年 9 月 30 日，全國人大常委會委員長葉劍英向新華社記者發表 "實現和平統一的九條方針政策" 的談話，進一步闡明了關於台灣回歸祖國、實現和平統一的九條方針政策。後被稱為 "葉九條" 的該方針政策，實際已提出了 "一國兩制" 的基本內容。其中談到："……國家實現統一後，台灣可作為特別行政區，享有高度的自治權，並可保留軍隊。中央人民政府不干預台灣地方事務。……台灣現行社會、經濟制度不變，生活方式不變，同外國的經濟、文化關係不變。私人財產、房屋、土地、企業所有權、合法繼承權和外國投資不受侵犯"。

在中國政府制定解決台灣問題的基本方針政策的時候，解決香港問題也提上了議事日程。如前所述，香港問題是英國侵佔中國形成的歷史遺留問題。新中國成立後，我國政府曾多次闡明中國對香港問題的基本立場，即："香港是中國的領土，中國不承認帝國主義強加給中國的三個不平等條約。對於這一歷史遺留下來的問題，中國政府一貫主張，在適當時機通過談判和平解決，在未解決之前暫時維持現狀"。

以毛澤東為核心的黨和國家領導集體根據當時的國際國內形勢和香港的實際情況，從全局戰略出發，在新中國成立後的相當長時期內，採取了"長期打算，充分利用"的對港工作方針，即暫時不考慮收回香港，以作為內地對外聯繫的一個窗口，充分利用香港的特殊環境和有利條件，為中國的社會主義建設和國家統一事業以及外交戰略服務。為此，中國政府實行了一系列有利於香港繁榮和穩定的特殊政策和措施。對於"長期打算"，主要是考慮當時解決香港問題的條件尚未成熟，中國在短期內不會收回香港，但不等於無限期不收回，1997年"新界"租約期滿就是最後的時限。

按照《展拓香港界址專條》，"新界"的租期為99年，到1997年6月30日止。港英政府在批租"新界"土地時，年期不能超過這一日期。到了20世紀70年代末，隨著這一期限的臨近，"新界"土地開始批不出去。這不僅影響到港英政府的賣地收入，而且對香港社會的整體發展也產生不利影響。在這種情況下，英國政府開始通過外交途徑試探中國政府對1997年後香港地位問題的態度。同時，香港各界關心香港的未來，特別是香港投資者和社會輿論對香港的前途十分關注。為此，1979年3月29日鄧小平在會見來京訪問的香港總督麥理浩時表示："一九九七年中國收回香港後，香港還可以搞資本主義。對這個問題，我們有一貫的立場。我們歷來認為，香港主權屬於中華人民共和國，但香港又有它的特殊地位。香港是中國的一部分，這個問題本身不能討論。但可以肯定的一點，就是即使到了一九九七年解決這個問題時，我們也會尊重香港的特殊地位。現在人們擔心的，是在香港繼續投資靠不靠得住。這一點，中國政府可以明確告訴你，告訴英國政府，即使那時作出某種政治解決，也不會傷害繼續投資人的利益，請投資的人放心，這是一個長期的政策"。

麥理浩訪京後，英國政府繼續通過各種途徑和方式刺探中國政府對 1997 年後香港地位的態度，企圖以新界租約問題為突破口，由英國採取單方面的法律措施，讓中國政府默認港英政府將 "新界" 土地的租期延伸到 1997 年以後，實際上製造 1997 年後英國繼續管治香港的事實。對此，中國政府一方面通過外交途徑明確反對英方採取任何單方面的法律行動，另一方面開始研究處理香港問題的基本方針和政策。

當時中國政府認為，解決歷史遺留的香港問題的時機已經成熟，其理由是：(1)20 世紀 70 年代以來，國際鬥爭格局已發生重大變化，中美、中英關係正常化，使通過談判和平解決香港問題成為可能 ;(2)雖然中國政府不承認三個不平等條約，但英國政府口口聲聲說它是根據這些條約來統治香港的，到 1997 年，英國將失去統治 "新界" 的 "法律依據"，是我們收回香港的有利時機。1982 年 1 月 11 日，鄧小平就葉劍英的 "九條意見" 明確提出："九條方針是以葉副主席名義提出來的，實際上就是 '一個國家，兩種制度'。兩種制度是可以允許的，他們不要破壞大陸的制度，我們也不破壞他們那個制度。國家的統一是我們整個中華民族的願望。這不僅有利於子孫後代，在中國五千年的歷史上也是一件大事。我們是從這樣的角度著想和對待這個問題的。"。在這裏，鄧小平第一次明確提出 "一個國家，兩種制度" 的概念。1982 年 3 月，中國政府原則確定了 12 條解決香港問題的基本方針政策。1982 年 3 月至 6 月，鄧小平和其他中央領導同志就這些方針政策聽取香港社會各界人士的意見，並作了進一步完善，為即將到來的中英談判作了充分的準備。

1982 年 12 月 4 日，第五屆全國人民代表大會第五次會議通過了現行的《中華人民共和國憲法》。憲法第 31 條規定："國家在必要時得設立特別行政區。在特別行政區內實行的制度按照具體情況由全國人民代表大會以法律規定。" 同時，在第 62 條第 13 款中明確規定："全國人民代表大會行使下列職權：……（十四）決定特別行政區的設立及其制度"，這就為在香港設立特別行政區，落實 "一國兩制" 方針提供了憲法依據。

（二）香港問題的和平解決與中國政府對香港基本方針政策的內容

1982 年 9 月 22 日英國首相撒切爾夫人訪問北京。9 月 24 日，鄧小平在會見撒切爾夫人時，開宗明義地指出："我們對香港問題的基本立場是明確的，這裏主要有三個問題。一個是主權問題；再一個問題，是一九九七年後中國採取什麼方式來管理香港，繼續保持香港繁榮；第三個問題，是中國和英國兩國政府要妥善商談如何使香港從現在到一九九七年的十五年中不出現大的波動。" 鄧小平接著說："主權問題不是一個可以討論的問題。中國在這個問題上沒有迴旋的餘地。一九九七年中國將收回香港，不僅是新界，而且包括香港島、九龍。" 在談到 1997 年後中國政府對香港的政策時，鄧小平說："香港繼續保持繁榮，根本上取決於中國收回香港後，在中國的管轄之下，實行適合於香港的政策。香港現行的政治、經濟制度，甚至大部分法律都可以保留，當然，有些要加以改革。香港仍將實行資本主義，現行的許多適合的制度要保持。我們要同香港各界人士廣泛交換意見，制訂我們在十五年中的方針政策以及十五年後的方針政策。這些方針政策應該不僅是香港人民可以接受的，而且在香港的其他投資者首先是英國也能夠接受，因為對他們也有好處。我們希望中英兩國政府就此進行友好的磋商，我們將非常高興地聽取英國政府對我們提出的建議。"在這次會見中，鄧小平全面闡明了中國政府對香港問題的基本立場，實際上拉開了中英關於香港問題談判的序幕。

在鄧小平會見撒切爾夫人之後，中英兩國開始就香港問題舉行談判。儘管由於英國政府曾經一度堅持三個不平等條約有效論，堅持"主權換治權"等立場，企圖延續其對香港的管治，中方強調必須以恢復行使主權為前提。1982 年底，中國已確定對香港的"十二條"方針（見表 1-1）。

表 1-1　中國政府對香港的基本方針政策

條目	內容
第一條	為了維護國家的統一和領土完整，並考慮到香港的歷史和現實情況，中華人民共和國決定在對香港恢復行使主權時，根據中華人民共和國憲法第三十一條的規定，設立香港特別行政區。
第二條	香港特別行政區直轄於中華人民共和國中央人民政府。除外交和國防事務屬中央人民政府管理外，香港特別行政區享有高度的自治權。
第三條	香港特別行政區享有行政管理權、立法權、獨立的司法權和終審權。現行的法律基本不變。
第四條	香港特別行政區政府由當地人組成。行政長官在當地通過選舉或協商產生，由中央人民政府任命。主要官員由香港特別行政區行政長官提名，報中央人民政府任命。原在香港各政府部門任職的中外籍公務、警務人員可以留用。香港特別行政區各政府部門可以聘請英籍人士或其他外籍人士擔任顧問或某些公職。
第五條	香港的現行社會、經濟制度不變；生活方式不變。香港特別行政區依法保障人身、言論、出版、集會、結社、旅行、遷徙、通信、罷工、選擇職業和學術研究以及宗教信仰等各項權利和自由。私人財產、企業所有權、合法繼承權以及外來投資均受法律保護。
第六條	香港特別行政區將保持自由港和獨立關稅地區的地位。

條目	內容
第七條	香港特別行政區將保持國際金融中心的地位，繼續開放外匯、黃金、證券、期貨等市場，資金進出自由。港幣繼續流通，自由兌換。
第八條	香港特別行政區將保持財政獨立。中央人民政府不向香港特別行政區徵稅。
第九條	香港特別行政區可同聯合王國和其他國家建立互利的經濟關係。聯合王國和其他國家在香港的經濟利益將得到照顧。
第十條	香港特別行政區可以"中國香港"的名義單獨地同各國、各地區及有關國際組織保持和發展經濟、文化關係，並簽訂有關協定。香港特別行政區政府可自行簽發出入香港的旅行證件。
第十一條	香港行別行政區的社會治安由香港特別行政區政府負責維持。
第十二條	關於中華人民共和國對香港的上述基本方針政策和本聯合聲明附件一對上述基本方針政策的具體說明，中華人民共和國全國人民代表大會將以中華人民共和國香港特別行政區基本法規定之，並在五十年內不變。

注：以上12條對香港的基本方針政策載於《中英聯合聲明》第3條，並在該《聲明》附件一中進行了具體說明。

　　經過外交鬥爭，中方最終迫使英國政府在中國政府制定的 12 條對香港基本方針政策的基礎上進行談判。談判分兩個階段：第一階段從 1982 年 9 月撒切爾夫人訪華到 1983 年 6 月，雙方主要就原則和程序問題進行會談；第二階段從 1983 年 7 月至 1984 年 9 月，兩國政府代表團就具體實質性問題進行了 22 輪會談，最終達成協議，於 1984 年 12 月 19 日正式簽署了中英關於香港問題的聯合聲明（即《中華人民共和國政府和大不列顛及北愛爾蘭聯合王國政府關於香港問題的聯合聲明》，簡稱《中英聯合聲明》）。《中英聯合聲明》由一個主體文件和三個附件組成。主體文件除序言外共有 8 條，內容主要規定了香港政權交接時間、宣佈中國政府對香港的"十二條"基本方針、確定過渡時期事務的處理原則以及成立中英聯合聯絡小組。第六屆全國人大第三次會議通過了《關於批准〈中華人民共和國政府和大不列顛及北愛爾蘭聯合王國政府關於香港問題的聯合聲明〉的決定》，批准了

1984 年 12 月 19 日兩國政府首腦簽署的中英關於香港問題的聯合聲明，包括三個附件。會議通過了《關於成立中華人民共和國香港特別行政區基本法起草委員會的決定》，決定成立一個由包括香港同胞在內的各方面人士和專家組成的委員會，負責香港特別行政區基本法的起草工作。

1985 年 5 月 27 日，中英兩國政府在北京互換批准書，聯合聲明正式生效。聲明稱：中國政府決定於 1997 年 7 月 1 日對香港恢復行使主權，大不列顛及北愛爾蘭聯合王國政府於 1997 年 7 月 1 日將香港交還給中華人民共和國。

中國政府對香港的基本方針政策主要內容可概括為四個方面：（1）收回香港以後，根據中國憲法設立香港特別行政區，直轄於中央人民政府；（2）香港特別行政區實行高度自治，由香港當地人自己管理；（3）香港現行的社會、經濟制度不變，生活方式不變，法律基本不變；（4）照顧英國和其他國家在香港的利益。

第二節　香港基本法的制定

《中英聯合聲明》簽署以後，根據中華人民共和國憲法，制定香港特別行政區基本法，規定未來設立的香港特別行政區實行的制度，以保障國家對香港的基本方針政策的實施，是我國政府在香港過渡期需要完成的一項重要工作。由於制定香港基本法意義重大且立法工作無先例可循，起草工作十分複雜和艱巨，為此，全國人大制定香港基本法時進行了立法模式的創新，設計了一些靈活的立法程序。

一、香港基本法起草委員會的成立

1985 年 4 月 10 日，第六屆全國人民代表大會第三次會議決定成立中華人民共和國香港特別行政區基本法起草委員會，負責香港特別行政區基本法的起草工作。《決定》規定：香港特別行政區基本法起草委員會向全國人民代表大會負責，在全國人民代表大會閉會期間，向全國人民代表大會常務委員會負責。《決定》還規定："香港特別行政區基本法起草委員會委員由包括香港同胞在內的各方面的人士和專家組成。具體名單由全國人民代表大會常務委員會決定並公佈"。

1985 年 6 月 18 日，第六屆全國人大常委會第十一次會議審議通過了中華人民共和國香港基本法起草委員會名單，並予以公佈。香港基本法起草委員會由 59 人組成，其中內地委員 36 人，包括有關部門負責人 15 人，各界知名人士 10 人，法律界人士 11 人；香港委員 23 人，分別來自工商、金融、地產、航運、文教、法律、工會、宗教、傳播媒介等界別，具有廣泛的代表性。起草委員中還有香港行政、立法兩局的議員和香港法院的按察司（法官），他們以個人身份參加起草委員會的工作。起草委員會的廣泛代表性，尤其是香港各階層都有代表參與，受到香港社會各界的普遍好評。起草委員會設有主任委員1人、副主任委員8人、秘書長1人、副秘書長2人。姬鵬飛任主任委員，安子介、包玉剛、許家屯、費彝民、胡繩、費孝通、王漢斌、李國寶為副主任委員。李後為秘書長，魯平、毛鈞年為副秘書長。

1985年7月1日，香港基本法起草委員會在北京正式成立，全國人大常委會委員長彭真代表全國人大常委會向起草委員會的全體委員頒發委任書。隨後，香港基本法起草委員會舉行了第一次全體會議，從此拉開了香港基本法起草工作的序幕。

二、香港基本法起草的規劃與進程

1985年7月1日至5日，香港基本法起草委員會在北京舉行第一次全體會議，會議確定了起草工作的大體規劃和步驟：第一，1985年下半年首先集中力量進行調查研究，廣泛徵詢香港同胞對基本法的意見和建議，廣泛徵求香港各界對基本法的意見和建議，在此基礎上著手進行起草工作；第二，1986、1987兩年，按專題進行討論和起草，在分專題討論和起草的基礎上，爭取於1988年初提出基本法（草案）徵求意見稿，在內地和香港廣泛徵求意見後，再進行修改，形成基本法（草案）；第三，1988年一年間，起草委員會將根據各方面的意見，討論修改基本法（草案）討論稿，爭取在1988年底或1989年初送全國人大常委會審議後公佈，再在香港和內地徵求意見，進行修改；第四，1989年下半年，起草委員會根據徵集的意見對基本法（草案）進行修訂，並於 1990 年上半年送全國人大常委會審議並提請全國人民代表大會審議、通過。

　　按照這個規劃，基本法的起草工作大致分為四個階段：

（一）前期工作階段（1985 年 7 月至 1986 年 4 月）

　　基本法起草委員會在第一次全體會議後到第二次全體會議之前七個月的時間裏進行了大量的準備工作，主要包括兩個方面：一是開展調查研究，二是為廣泛聽取香港各界人士的意見，在香港成立了香港特別行政區基本法諮詢委員會。

　　由起草委員會秘書處派遣的 13 人調查小組，於 1986 年 1 月 4 日至 2 月 5 日在香港進行了一個月的調查研究，先後參加了 110 場座談會，會見香港各界人士 1,100 多人次，包括香港政界、工商界、金融界、地產界、法律界、勞工界、教育界、宗教界、新聞出版界的人士，訪問了法院、大學、工廠、海港、碼頭、商場、證券交易所、寺廟和公共屋村等各類社會場所，實地考察了香港各方面的情況和運作。同時還與部分香港政府官員進行了非正式的接觸。通過這次調查研究，調查小組不僅對香港的歷史和現狀有了感性認識，還直接瞭解了廣大香港市民的想法和意見，掌握了大量第一手材料，為以後的起草工作打下了良好的基礎。

　　為了在基本法起草過程中廣泛聽取香港社會各界人士的意見，在香港市民與起草委員會之間架起一座溝通的橋樑，起草委員會第一次全體會議委託在香港地區的委員，共同發起籌組具有廣泛代表性的"中華人民共和國香港特別行政區基本法諮詢委員會"，廣泛收集香港社會各界的意見和建議。會後，在港的起草委員召開了基本法諮詢委員會（"諮委會"）發起人會議，展開了籌組工作。第一步：起草、修訂通過諮委會章程。規定諮委會的職能是：（1）廣泛徵集香港各界人士對基本法的各種意見和建議，向起草委員會反映；（2）接受起草委員會的諮詢；（3）將收集的意見和建議進行整理和綜合分析，供起草委員會參考。第二步：經過廣泛諮詢和充分協商，產生由 180 名香港各界和各階層代表組成的諮詢委員會名單。經過半年多的努力，諮詢委員會於 1985 年 12 月 18 日正式成立。諮委會成員包括了工商、金融、地產、司法、法律、科技、教育、傳媒、勞工、公務員、學生、社會服務、街坊、社區、宗教等各界代表人士及少數外籍人士，被稱為“香港有史以來，最具規模和代表性的諮詢組織”。事實證明，諮委會對基本法的起草工作給予了積極有效的協助，發揮了重要的溝通和橋樑作用。

（二）起草基本法（草案）徵求意見稿階段（1986 年 5 月至 1988 年 4 月）

1986 年 4 月 18 至 22 日，基本法起草委員會舉行第二次全體會議，討論通過了《中華人民共和國香港特別行政區基本法結構（草案）》、《中華人民共和國香港特別行政區基本法起草委員會工作規則》和《關於設立中華人民共和國香港特別行政區基本法起草委員會專題小組的決定》。

基本法結構草案包括序言、10 章和各章的主要內容（後來作了個別修改）。包括總則，中央與香港特別行政區的關係，居民的基本權利和義務，政治體制，經濟、教育、科學、文化、體育和宗教，對外事務，區旗、區徽，基本法的法律地位和解釋、修改，附則。

起草委員會工作規則共 8 條，規定了起草委員會全體會議的開會程序、專題小組的設立、主任委員和主任委員會會議的職責、起草委員會的權利和義務，以及起草委員會秘書處的工作等。

　　根據工作規則和基本法的結構草案的內容，為了做好起草工作，起草委員會設立了五個專題小組，分別負責起草有關的章節條文。這五個專題小組是：（1）中央和香港特別行政區的關係專題小組；（2）居民的基本權利和義務專題小組；（3）政治體制專題小組；（4）經濟專題小組；（5）教育、科學、技術、文化、體育和宗教專題小組（這個專題小組還負責香港特別行政區區旗、區徽的徵集和評選工作）。

　　專題小組的主要任務是，對起草委員會交辦的有關基本法的專門問題進行調查研究，並提出報告和方案。起草委員會委員參加專題小組的辦法是，按照各自的條件，自願報名，由主任委員會會議確定。每位委員參加專題小組以不超過兩個小組為限。每個專題小組設兩位召集人，一位為內地委員，一位為香港委員，共同主持本專題小組的工作。專題小組召集人由主任委員會議提名，經專題小組通過。

　　為了使起草的法律條文更符合香港的實際，各專題小組分批赴港就本小組負責起草的條文聽取諮委會委員和香港各界人士的意見，然後再根據這些意見起草或修改條文並提交起草委員會全體會議討論。

　　1988年4月26至28日，基本法起草委員會舉行了第七次全體會議，會議聽取了總體工作小組的工作報告，並對其提交的《香港特別行政區基本法（草案）徵求意見稿》進行討論。經過全體會議討論和修改，通過了《關於公佈〈香港特別行政區基本法（草案）徵求意見稿〉和開展徵詢工作的決定》和《關於〈香港特別行政區基本法（草案）徵求意見稿〉的徵詢意見辦法》，在香港和內地廣泛徵詢意見，並確定徵詢意見的期限為五個月。

（三）形成基本法草案階段（1988 年 5 月至 1989 年 1 月）

基本法（草案）徵求意見稿公佈後，基本法起草委員會在香港和內地開展為期五個月的徵求意見活動。在諮委會的配合和協助下，基本法起草委員會負責人先後帶領兩批內地委員到香港，和香港委員一起，廣泛聽取各界人士的意見和建議。與此同時，部分起草委員會委員又在北京、上海、廣州、福州等地參加座談會，聽取內地各界人士的意見。諮詢期結束後，各專題小組又先後召開小組會議，根據各方面提出的意見，對基本法（草案）徵求意見稿進行修改。據統計，各專題小組共修改 100 多處，其中 80 多處涉及實質內容，其中 50 多處來自基本法諮詢委員會收集的意見。隨後召開的主任委員擴大會議對各專題小組的修改意見進行討論和修改，形成基本法（草案）徵求意見稿修改稿，決定將徵求意見稿的修改稿提交第八次全體會議討論。

1989 年 1 月 9 日至 15 日，基本法起草委員會舉行了第八次會議，對基本法（草案）徵求意見稿修改稿進行討論和修改，委員們對該稿提出了 58 個修改案，其中 12 個提案獲得全體委員三分之二多數贊成，被納入該稿。為了保證基本法（草案）獲得大多數委員支持，委員們同意主任委員會議的建議，採用無記名方式，對修改稿逐條進行表決，全體委員三分之二以上多數贊成即為通過。表決結果，經修改的徵求意見稿修改稿 159 條條文中有 156 條獲得通過，其中 90% 獲得出席會議的 55 位委員中的 48 人以上贊成。有關專題小組對未通過的三個條文又進行了修改，全體會議討論後再次投票，有 2 條獲得通過（餘下 1 條，即草案第 19 條關於特別行政區司法管轄權問題，以兩票之差未獲通過）。基本法（草案）第 19 條規定，香港特別行政區享有獨立的司法權和終審權。同時規定，香港特別行政區法院除繼續保持香港原有法律制度和原則對法院審判權所作的限制外，對香港特別行政區所有的案件均有審判權。1997 年後香港特別行政區法院將保持原有的司法管轄範圍。對這一條，委員們對原則問題並沒有意見，但對條文的具體表述出現了一些分歧。因此這一條文未能得到全體委員三分之二多數的同意，有待於進一步研究並作出修改。起草委員會在向全國人大常委會提交基本法草案時，對此作了說明。表決結果充分說明這部基本法（草案）得到了大多數委員的支持。

　　在第八次全體會議上，還通過了《關於設立全國人民代表大會常務委員會香港特別行政區基本法委員會的建議》，以及為全國人民代表大會代擬的《關於香港特別行政區第一屆政府和立法會產生辦法的決定（草案）》，並決定將這些文件連同香港特別行政區基本法（草案）一起提交全國人民代表大會常務委員會審議、公佈。

（四）從基本法草案到全國人大通過階段（1989 年 2 月至 1990 年 4 月）

　　1989 年 2 月第七屆全國人大常委會第六次會議召開，姬鵬飛代表基本法起草委員會向會議作了《關於〈中華人民共和國香港特別行政區基本法（草案）〉及其有關文件的報告》，提請會議審議、公佈。《報告》特別指出，基本法（草案）是在起草委員會全體委員的共同努力下，在香港社會各階層以及內地各有關方面的積極參與和大力協作下完成的。需要特別指出的是，香港特別行政區基本法諮詢委員會對基本法的起草工作一直給予了積極有效的協助。他們在香港通過多種形式開展對基本法的宣傳、推廣工作，收集了大量有關基本法的意見和建議。三年多來，先後有七批諮詢委員百餘人次來北京同內地的起草委員交換意見。諮詢委員會的工作得到了起草委員們的好評。

　　全國人大常委會經過審議後，於 1989 年 2 月 21 日通過了《全國人民代表大會常務委員會關於公佈〈中華人民共和國香港特別行政區基本法〉（草案）的決議》，公佈了基本法（草案）及其有關文件，決定由起草委員會用五個月的時間在香港和全國其他地區就基本法（草案）的內容徵求意見，之後對基本法（草案）作出進一步修改，提請1990 年舉行的第七屆全國人民代表大會第三次會議審定。後因 1989 年的政治風波，全國人大常委會委員長會議決定，將徵求意見期限延長到 1989 年 10 月底。

基本法（草案）公佈後，隨即在香港和內地各省、自治區、直轄市，在中央各部門、各民主黨派、人民團體和有關專家中，以及人民解放軍各總部中廣泛徵集意見。1989 年 12 月中旬開始，基本法起草委員會各專題小組相繼開會，對在內地和香港收集的各種意見進行研究，在此基礎上對基本法（草案）提出進一步修改意見。由於當時香港社會各界對政治體制問題爭論激烈，為了更好地消除分歧，政治體制專題小組於 1990 年 1 月加開了一次會議，通過了小組的主流方案。

專題小組會議之後，舉行了主任委員擴大會議，審議了各專題小組對基本法（草案）的修改意見，同意把這些修改意見作為對基本法（草案）原條文、附件、附錄的修改原案，提交基本法起草委員會第九次全體會議討論，並付諸表決。

1990 年 2 月 13 日至 17 日，基本法起草委員會舉行第九次全體會議，50 位委員出席。會議對各專題小組提出的 24 個修改提案進行了反覆深入的討論，各專題小組根據討論情況對各自的修改提案作了必要的修改和完善。會議對 24 個修改提案以無記名投票的方式逐個進行表決，均獲得全體委員三分之二以上多數通過。這些修改提案取代了第八次全體會議通過的相應條文、附件或附錄。在第八次全體會議上未獲得通過的基本法草案第 19 條，經修改後也獲得三分之二以上多數通過。

　　1990 年 2 月 23 日，第七屆全國人民代表大會常務委員會第十二次會議通過決議，將《中華人民共和國香港特別行政區基本法（草案）》提交第七屆全國人民代表大會第三次會議審議。

　　1990 年 3 月 20 日至 4 月 5 日，第七屆全國人民代表大會第三次會議在北京舉行。3 月 28 日，基本法起草委員會主任委員姬鵬飛受基本法起草委員會的委託做了關於《中華人民共和國香港特別行政區基本法（草案）及其有關文件的說明》。3 月 29 日，第七屆全國人民代表大會第三次會議根據《中華人民共和國全國人民代表大會議事規則》關於 "全國人民代表大會決定成立的特定的法律起草委員會擬定並提出的法律案的審議程序和表決辦法，另行規定" 的規定，通過了關於《中華人民共和國香港特別行政區基本法（草案）的審議程序和表決辦法》，規定：本次會議審議《中華人民共和國香港特別行政區基本法（草案）》，由各代表團審議，並由法律委員會根據代表團的審議意見進行統一審議，向主席團提出審議結果報告，主席團審議通過後，將草案提請大會全體會議表決。具體表決程序是：《中華人民共和國香港特別行政區基本法（草案）》一次表決，由全體代表的過半數通過。採用按表決器方式表決，如表決器在使用中臨時發生故障，改用無記名方式表決。

　　4 月 4 日下午進行投票表決，2,713 位代表參加投票，結果以 2,676 票的多數通過《中華人民共和國香港特別行政區基本法》。中華人民共和國主席楊尚昆同一天簽署主席令將該法公佈。一部根據 "一國兩制" 偉大構想，既體現了我國對香港恢復行使主權，又保持香港長期繁榮穩定的 "創造性的傑作"—— 香港基本法誕生了。本次會議還通過了《全國人民代表大會關於設立香港特別行政區的決定》，決定指出：一、自 1997 年 7 月 1 日起設立香港特別行政區；二、香港特別行政區的區域包括香港島、九龍半島，以及所轄的島嶼和附近海域。香港特別行政區的行政區域圖由國務院另行公佈。至此，香港基本法起草委員會圓滿地完成了全國人民代表大會交辦的起草任務。

基本法起草委員會自 1985 年 7 月 1 日工作，至 1990 年 4 月 4 日基本法（草案）通過為止，工作時間長達 4 年零 10 個月。在此期間，先後舉行了 9 次全體會議，25 次主任委員會議，2 次主任委員會議擴大會議，3 次總體工作小組會議，73 次專題小組會議，5 次區旗區徽評選委員會議，還先後兩次就基本法（草案）徵求意見稿和基本法（草案）在香港和內地廣泛徵求意見。香港基本法的制定過程充分體現了民主協商、開放包容和實事求是的精神，香港和內地社會各界人士踴躍參與討論，僅香港社會各界就提出八萬餘份有關基本法草案的意見和建議。

香港基本法以憲法為依據，以"一國兩制"為基本方針，把國家對香港的一系列方針政策用法律的形式規定下來，是"一國兩制"的法律化、制度化。它為確保香港的平穩過渡和順利回歸、"一國兩制"在香港的成功實踐，以及保持香港長期繁榮穩定提供了堅實的法律保障，它的制定是彪炳史冊的大事。同時，基本法為和平解決澳門問題、台灣問題，完成祖國的統一大業作出了一個樣板，並向國際社會以和平方式妥善處理各種歷史遺留問題提供了範例。

鄧小平同志是基本法的總設計師，高度重視香港基本法的起草工作，在整個基本法起草過程中曾三次接見香港基本法起草委員會委員。他在 1990 年 2 月 17 日會見出席香港基本法起草委員會第九次全體會議的委員時，對起草工作和香港基本法給予高度評價，指出："你們經過將近五年的辛勤勞動，寫出了一部具有歷史意義和國際意義的法律。說它具有歷史意義，不只對過去、現在，而且包括將來；說國際意義，不只對第三世界，而且對全人類都具有長遠意義。這是一個具有創造性的傑作。我對你們的勞動表示感謝！對文件的形成表示祝賀！"

第三節　香港基本法的性質與地位

　　1987 年 4 月 16 日，鄧小平在第二次會見香港基本法起草委員會第四次全體會議的委員時，明確指出："'一國兩制'能不能夠真正成功，要體現在香港特別行政區基本法裏面。這個基本法還要為澳門、台灣作出一個範例。所以，這個基本法很重要。世界歷史上還沒有這樣一個法，這是一個新的事物。香港在一九九七年回到祖國以後五十年政策不變，包括我們寫的基本法，至少要管五十年。五十年以後更沒有變的必要。"香港基本法正是這樣一部全面、準確、系統地把"一國兩制"方針具體化的、史無前例的重要法律文件。按照憲法第 31 條的規定，特別行政區制度由全國人民代表大會以法律規定。香港基本法是一部規定香港特別行政區制度的基本法律，這一性質決定了香港基本法在中國法律體系中居於特殊的地位，發揮特殊的作用。全面準確理解和把握這一點，對於正確實施香港基本法具有十分重要的意義。

一、香港基本法的結構

　　香港基本法共有條文 160 條，包括序言，第一章總則，第二章中央和香港特別行政區的關係，第三章居民的基本權利和義務，第四章政治體制，第五章經濟，第六章教育、科學文化、體育、宗教、勞工和社會服務，第七章對外事務，第八章本法的解釋和修改，第九章附則，以及三個附件，即《香港特別行政區行政長官的產生辦法》、

《香港特別行政區立法會的產生辦法》、《在香港特別行政區實施的全國性法律》，以及香港特別行政區區旗、區徽圖案。

二、香港基本法是根據憲法制定的國家基本法律

按照憲法，中國的法律體系由憲法、法律、行政法規、地方性法規、民族自治地方的自治條例和單行條例等組成。法律又分為“基本法律”和“法律”，全國人民代表大會制定基本法律，全國人民代表大會常務委員會制定基本法律之外的其他法律。香港基本法在中國的法律體系中屬於全國人民代表大會制定的國家基本法律。

憲法第 62 條規定：“全國人民代表大會行使下列職權：……（三）制定和修改刑事、民事、國家機構的和其他的基本法律。”基本法律的特點主要在於：這些法律是專門對國家政治、經濟和社會生活中某一領域的重大和事關全局性的問題進行規範的法律，具有重大性、全局性、根本性的特點。香港基本法是由全國人民代表大會制定的規定香港特別行政區制度的法律文件，屬於調整國家重大事項的基本法律。1990 年 3 月 28 日，姬鵬飛在向第七屆全國人大第三次會議作香港特別行政區基本法及其有關文件的說明時說：“現在提交的基本法（草案）就是以憲法為依據，以‘一國兩制’為指導方針，把國家對香港的各項方針、政策用基本法律的形式規定下來。”這說明，在香港基本法的起草過程以及正式表決程序上，它作為“基本法律”的性質是非常明確的。

但是，作為一部全國人大制定的基本法律，香港基本法與其他基本法律相比具有一些特殊性。主要表現在：香港基本法的修改只能

由全國人民代表大會來進行，而其他的基本法律，如《刑法》、《刑事訴訟法》、《民事訴訟法》、《國務院組織法》等法律的部分修改則可由全國人民代表大會常務委員會進行；香港基本法的起草設立了專門的起草委員會，而其他基本法律的起草通常設立起草小組，不設立專門的起草委員會；有權提請修改香港基本法的主體與其他基本法律的修改主體不同，根據基本法第159條，本法的修改提案權屬於全國人大常委會、國務院和特別行政區，本法的修改議案在列入全國人大的議程前，先由香港特別行政區基本法委員會研究並提出意見等，明顯不同於其他基本法律的提請修改主體；基本法通過時全國人大專門作出了合憲性宣告，確認香港特別行政區基本法是根據《中華人民共和國憲法》、按照香港的具體情況制定的，是符合憲法的，而其他基本法律的通過不採用這一形式等。此外，香港基本法的內容中關於保持原有資本主義制度和生活方式不變的相關規定，與其他基本法律規定的社會主義制度內涵也完全不同。因此，基本法既作為基本法律，同時又區別於其他基本法律，與憲法共同構成香港特別行政區的憲制基礎。

作為國家的基本法律，香港基本法在全國範圍內都發生效力。在法理上，在全國範圍內實施的法律被稱為全國性法律，與之對應的是在某特定行政區域實施的地方性法規。香港基本法是全國性法律，並不是一個地方性法規。其依據是：首先，香港基本法是由全國人大制定的基本法律。全國人大是最高國家權力機關，行使國家的立法權，所制定的法律在國家主權內的所有領域都具有法律效力。其次，香港基本法的內容決定了它是全國性法律。香港基本法規定了中央與特別行政區的關係，以及香港特別行政區與其他省、自治區、直轄市的關係，這些規定對中央人民政府和各地政府都發生法律效力。香港基本法是全國性法律，這就要求不僅香港特別行政區要遵守和執行基本法，中央人民政府和全國各地方以及每個公民都要遵守和執行基本法。

三、香港基本法是規定香港特別行政區制度的基本法律

憲法第 31 條規定："國家在必要時得設立特別行政區。在特別行政區內實行的制度按照具體情況由全國人民代表大會以法律規定。"憲法第 62 條又規定："全國人民代表大會行使下列職權：……（十三）決定特別行政區的設立及其制度"。

根據憲法第 62 條第 13 款的規定，1990 年 4 月 4 日，第七屆全國人民代表大會第三次會議通過了關於設立香港特別行政區的決定，《決定》規定："自 1997 年 7 月 1 日起設立香港特別行政區"。這種全國人民代表大會決定設立特別行政區的權力與憲法 62 條第 12 款批准各省、自治區和直轄市建置的權力性質是相同的。不同的是各省、自治區和直轄市的制度已由憲法作出了明確規定，而特別行政區內實行的制度則需要將來由全國人民代表大會以法律規定。同一天通過的《全國人民代表大會關於〈中華人民共和國香港特別行政區基本法〉的決定》中規定："香港特別行政區設立後實行的制度、政策和法律，以香港特別行政區基本法為依據"。

從憲法的規定看，特別行政區設立後實行的制度由全國人民代表大會以法律規定，這個"法律"就是基本法。因此，作為基本法律，香港基本法在國家的法律體系中居於特殊的地位。在我國的政治體制下，香港基本法有關特別行政區制度的規定原本是應當由憲法作出規

定的，同時香港基本法在香港特別行政區具有高於其他法律的地位。因此，在這種意義上，香港基本法是香港特別行政區的憲制性法律文件。

當然，香港基本法雖然是香港特別行政區的憲制性法律文件，但不是唯一的憲制性法律文件。這是因為香港基本法是根據《中華人民共和國憲法》制定的，憲法適用於香港特別行政區。因此，憲法和香港基本法共同構成了香港特別行政區憲制基礎。香港基本法序言第三段規定："根據中華人民共和國憲法，全國人民代表大會特制定中華人民共和國香港特別行政區基本法，規定香港特別行政區實行的制度，以保障國家對香港的基本方針政策的實施。"習近平主席在慶祝香港回歸祖國 20 週年大會暨香港特別行政區第五屆政府就職典禮上的講話中指出："回歸完成了香港憲制秩序的巨大轉變，中華人民共和國憲法和香港特別行政區基本法共同構成香港特別行政區的憲制基礎。憲法是國家根本大法，是全國各族人民共同意志的體現，是特別行政區制度的法律淵源。"香港基本法是根據憲法制定的基本法律，規定了在香港特別行政區實行的制度和政策，是"一國兩制"方針的法律化、制度化，為"一國兩制"在香港特別行政區的實踐提供了法律保障。

習近平主席的講話進一步明確了香港基本法的制定依據是整部憲法，憲法是"母法"，基本法是"子法"。香港基本法的許多內容，都是以憲法為依據的。如憲法和基本法賦予的中央權力包括：特別行政區的創制權；特別行政區政府的組織權，如中央對特別行政區行政長官和主要官員的任免權；特別行政區基本法的制定、修改、解釋權；對特別行政區高度自治的監督權，如全國人大常委會對特別行政區立法機關制定的法律行使備案審查權；向特別行政區行政長官發出指令權；外交事務權；防務權；宣佈特別行政區進入戰爭或緊急狀態，中央政府在緊急狀態下可發佈命令將有關全國性法律在特別行政區實施等。上述中央權力的規定直接體現了我國憲法的基本原則與制度。因此，香港特別行政區的制度是在我國憲法體制整體框架下設計的，在香港基本法的實施過程中，應在憲法規定的國家體制下理解香港基本法的具體條文。

在香港基本法起草過程中，有一種觀點認為，《中英聯合聲明》也是香港基本法的制定依據。這種觀點認為，《中英聯合聲明》第 3 條有關中國政府對香港基本方針政策第 12 項的規定（即 "關於中華人民共和國對香港的上述基本方針政策和本聯合聲明附件一對上述基本方針政策的具體說明，中華人民共和國全國人民代表大會將以中華人民共和國香港特別行政區基本法規定之，並在五十年內不變"）表明，《中英聯合聲明》也是香港基本法的立法依據。從基本法起草歷史、法理和法律規定看，這種觀點是不能成立的。因為它混淆了國際法律文件和國內法的區別。如前所述，香港基本法是我國的國內法，其立法依據只能是憲法，而不能是國際法律文件。《中英聯合聲明》與在該聲明中闡明的我國對香港基本方針政策是有區別的。固然我國政府在《中英聯合聲明》中闡明的對香港的基本方針政策是《中英聯合聲明》的重要內容，並適當聽取過英國政府的一些意見，但從本質上講，這些方針政策仍然是我國的基本方針政策，是中國的主權行為，而不是中英兩國共同制定的政策。

《中英聯合聲明》第 3 條開宗明義的明確表述（即 "中華人民共和國政府聲明，中華人民共和國對香港的基本方針政策如下"）已清楚地表明了這一點。制定香港基本法是為了貫徹落實中國政府在《中英聯合聲明》闡明的基本方針政策，而不是貫徹落實《中英聯合聲明》，更不能講香港基本法是以《中英聯合聲明》作為立法依據的。
基於以上理由，香港基本法起草過程中沒有採納以《中英聯合聲明》
作為立法依據的觀點，而是明確以中國憲法為依據。當然，由於中國
政府對香港的基本方針政策載於《中英聯合聲明》，是對國際社會作
出的莊嚴承諾，香港基本法在制定和實施過程中不能違背這些承諾。
因此，為了表明香港基本法與《中英聯合聲明》的這種關係，香港基
本法序言第二段指出："國家對香港的基本方針政策，已由中國政府
在中英聯合聲明中予以闡明"；序言第三段指出，香港基本法的立法
目的是 "保障國家對香港基本方針政策的實施"；香港基本法第 159
條第 4 款規定："本法的任何修改，均不得同中華人民共和國對香港
既定的基本方針政策相抵觸"。

四、香港基本法是香港各項制度、政策的依據

香港基本法第 11 條第 1 款規定："根據中華人民共和國憲法第
三十一條，香港特別行政區的制度和政策，包括社會、經濟制度，有
關保障居民的基本權利和自由的制度，行政管理、立法和司法方面的
制度，以及有關政策，均以本法的規定為依據。"這一規定明確了香
港基本法在香港特別行政區的特殊法律地位，即基本法是香港特別行
政區各項制度和政策的依據。

（一）社會、經濟制度

按照 "一國兩制" 的原則，我國主體實行社會主義制度，而香港
則保持原有的資本主義制度和生活方式。這些資本主義制度和生活方
式必須經過基本法的確認後才具有合法性並可以保留。所以，香港的

社會、經濟制度必須以香港基本法為依據作出具體規定。香港在長期的歷史發展中，形成了一些有特色的社會制度和經濟制度，包括教育制度、醫療制度、專業執業資格制度、稅收制度、港幣發行制度、外匯制度、自由港政策等等。這些制度對於香港的發展起到了重要的作用，所以香港基本法對這些制度予以了確認，為這些制度的保留和發展提供了憲制性法律依據。如香港基本法第 136 條規定："香港特別行政區政府在原有教育制度的基礎上，自行制定有關教育的發展和改進的政策，包括教育體制和管理、教學語言、經費分配、考試制度、學位制度和承認學歷等政策。"這就為香港教育制度的發展確定了基本框架。

（二）保障居民的基本權利和自由的制度

對於香港居民的基本權利和自由的保障，也要以香港基本法為依據。由於香港與內地在社會經濟背景、文化背景上存在不少差異，香港居民和內地居民享有的基本權利和自由的性質、內容和功能上也有一些區別。如基本法規定了遷徙自由、生育權利、罷工自由等等，這些基本權利和自由在中國憲法上並沒有明文規定。儘管在國家尊重和保障人權原則的基本價值觀上，香港與內地並無根本區別，但不同社會環境和發展背景下的差異是客觀存在的，這也是兩種制度存在的差異。所以，對於香港居民的基本權利和自由的保障，要以香港基本法為依據。

（三）行政管理、立法和司法方面的制度

香港特別行政區是直轄於中央人民政府的地方行政區域，但實行的行政、立法、司法體制與我國其他地方行政區域是不同的。我國

內地的行政區域實行的是人民代表大會制度，而香港特別行政區根據香港基本法的規定，實行的是以行政為主導的政治體制，司法獨立，行政與立法既相互制約又相互配合並重在配合。這些制度的建立和發展，必須以香港基本法為依據。

五、香港基本法是香港法律體系的基礎

（一）香港制定的法律必須以香港基本法為依據

按照香港基本法的規定，凡是屬於香港自治範圍內的事務，香港特別行政區立法機關都可以自行立法。但是，高度自治下的立法權的行使必須有依據，這個依據就是香港基本法。香港基本法對香港的各項制度進行了全面的規定，但為了適應社會的不斷發展和變化，也給香港特別行政區行使高度自治權留下了比較大的靈活空間，如基本法第 140 條規定："香港特別行政區政府自行制定文化政策，以法律保護作者在文學藝術創作中所獲得的成果和合法權益"；第 147 條規定："香港特別行政區自行制定有關勞工的法律和政策"。這些規定實際上是香港基本法對香港特別行政區立法的一種授權。但是，香港特別行政區的立法機關在制定法律時，必須以香港基本法為依據，不能背離香港基本法的規定。基本法第 11 條第 2 款規定："香港特別行政區立法機關制定的任何法律，均不得同本法相抵觸。" 這是指在香港特別行政區立法機關制定的所有本地法律都受香港基本法約束，與香港基本法相抵觸的立法是無效的。如出現相抵觸的情況，基本法規定了相應的程序，如基本法 17 條第 3 款規定，全國人大常委會在徵詢所屬的香港特別行政區基本法委員會以後，如認為特別行政區立法機關制定的法律不符合基本法關於中央管理的事務及中央和香港特別行政區的關係的條款，可將有關法律發回，但不作修改；第 73 條第 1 項規定，特區立法會依照基本法並依照法定程序修改和廢除法律。

（二）香港原有法律中只有不與香港基本法抵觸的才能予以保留

基本法第 8 條規定："香港原有法律，即普通法、衡平法、條例、附屬立法和習慣法，除同本法相抵觸或經香港特別行政區的立法機關作出修改者外，予以保留。" 這說明香港原有法律中只有與香港基本法不抵觸的才能予以保留。"九七" 回歸前，香港法律屬於英國法律體系的一部分，適用於香港的法律由四部分組成：（1）適用於香港的英國制定法；（2）香港立法及行政機構制定的條例及其附屬立法；（3）普通法和衡平法；（4）習慣法。其中，"英國制定法" 屬於英國法律，不在 "香港原有法律" 的範疇之列，回歸後即不能再適用於香港。但對於其中有些涉及香港日常行政管理、回歸後仍然需要的法律，需進行本地化，也就是由香港自行立法實施。除此以外，對於香港原有法律，包括普通法、衡平法、條例、附屬立法和習慣法，都按照基本法第 160 條的規定予以清理。

基本法第 160 條規定："香港特別行政區成立時，香港原有法律除由全國人民代表大會常務委員會宣佈為同本法抵觸者外，採用為香港特別行政區法律，如以後發現有的法律與本法抵觸，可依照本法規定的程序修改或停止生效。" 按照這一規定，1997 年 2 月 23 日，第八屆全國人大常委會第二十四次會議通過了《全國人民代表大會常務委員會根據〈中華人民共和國香港特別行政區基本法〉第一百六十條處理香港原有法律的決定》，對香港原有法律進行了區別處理，包括：對不與基本法相抵觸的，採用為香港特別行政區法律；對《受託人（香港政府證券）條例》等 14 項條例及附屬立法，因為與基本法抵觸而不予採用為香港特別行政區法律；對《人民入境條例》第 2 條中有關 "香港永久性居民" 的定義等 10 項與基本法相抵觸的香港原有法律中的部分條款，不採用為香港特別行政區法律；對採用為香港特別行政區法律的香港原有法律中的特定名稱和名詞（如 "女王陛下"、"王室" 等），在解釋和適用時遵循一定的原則進行替換，等等。回歸前，經全國人大常委會審查的香港原有法律共有條例 640 多個，附屬立法 1160 多個，決定不採用或部分不採用的僅有 24 個，這說明 "現行的法律基本不變" 的承諾得到兌現。

基本法第 160 條還規定，對採用為特區法律的香港原有法律，如以後發現與基本法相抵觸者，可依照基本法規定的程序修改或者停止生效。

六、香港基本法的合憲性

香港基本法是全國人民代表大會根據憲法制定的基本法律，它必須符合憲法規定才能有效，這是法律有效性的內在要求。我國憲法第 1 條規定社會主義制度是我國的根本制度，禁止任何組織和個人破壞社會主義制度；第 5 條規定一切法律、行政法規和地方性法規都不得同憲法相抵觸。因此，在香港基本法起草過程中，有一種觀點認為，由於憲法第 31 條只規定在特別行政區內實行的制度按照具體情況由全國人民代表大會以法律規定，沒有規定可以繼續保持香港原有的資本主義制度，這就可能使香港基本法有關香港繼續保持原有的資本主義制度的規定與憲法相抵觸而無效。這涉及對憲法 31 條的解釋與理解問題，也有人提出建議對憲法 31 條進行修改，明確特別行政區可以實行資本主義制度。

　　1982 年 11 月 26 日，在第五屆全國人大第五次會議上，彭真委員長代表憲法修改委員會作了《關於中華人民共和國憲法修改草案的報告》，其中對憲法第 31 條作了詳細說明。他指出："在維護國家的主權、統一和領土完整的原則方面，我們是絕不含糊的。"但同時又指出："（特別行政區）享有高度的自治權。這種自治權，包括台灣現行社會、經濟制度不變，生活方式不變，同外國的經濟、文化關係不變等等"。同時，"在具體政策、措施方面，我們又有很大的靈活性，充分照顧台灣地方的現實情況和台灣人民以及各方面人士的意願。這是我們處理這類問題的基本立場"。由於台灣現行的社會、經濟制度是資本主義制度，因此可以看出，憲法第 31 條的含義是允許在特別行政區內實行資本主義制度的。也就是說，儘管憲法序言規定了四項基本原則，第 1 條、第 5 條有上述的規定，但由於憲法第 31 條對特別行政區制度作出了特殊的規定，因此可以在特別行政區實行"一國兩制"，保持原有的資本主義制度和生活方式長期不變。

　　為消除誤解，明確憲法 31 條的原意，1990 年 4 月 4 日全國人大第三次會議在通過香港基本法的同時，還以大會決定的方式對其合憲性進行了特別的宣告，即作出了《關於〈中華人民共和國香港特別行政區基本法〉的決定》，具體內容為："第七屆全國人民代表大會第三次會議通過《中華人民共和國香港特別行政區基本法》，包括附件一：《香港特別行政區行政長官的產生辦法》，附件二：《香港特別行政區立法會的產生辦法和表決程序》，附件三：《在香港特別行政區實施的全國性法律》，以及香港特別行政區區旗和區徽圖案。《中華人民共和國憲法》第三十一條規定：'國家在必要時得設立特別行政區。在特別行政區內實行的制度按照具體情況由全國人民代表大會以法律規定。'香港特別行政區基本法是根據《中華人民共和國憲法》按照香港的具體情況制定的,是符合憲法的。香港特別行政區設立後實行的制度、政策和法律,以香港特別行政區基本法為依據。《中華人民共和國香港特別行政區基本法》自 1997 年 7 月 1 日起實施。"對基本法合憲性的宣告,明確了國家憲法與基本法的關係以及全國人大及其常委會在基本法制定和實施中的作用。

"一國兩制"從偉大構想到成功實踐、從解決港澳回歸到保障港澳治理,都同國家憲法密切相關。憲法是國家的根本法,是"一國兩制"在國家法治上的最高體現,包括港澳同胞在內的全國各族人民、國家機關、企事業單位、各政黨都要維護憲法尊嚴、保證憲法實施。同時,憲法是香港基本法的立法依據和效力來源。憲法為制定特別行政區基本法、貫徹落實"一國兩制"方針提供了根本法的依據。憲法是"母法",基本法來源於憲法,是"子法";憲法是根本法,是上位法,基本法是下位法,從屬於憲法並統一於國家法律體系。因此,要維護憲法和基本法確定的特別行政區憲制秩序,把憲法和基本法作為處理特別行政區事務的最高準則,鞏固基本法在特別行政區法律體系中的憲制地位,完善與基本法實施相關的法律制度和執行機制,確保基本法的各項規定得到落實,確保基本法的權威得到有效維護。

第二章

中央和香港特別行政區的關係

第一節　香港特別行政區的法律地位及其權力來源

香港特別行政區是我國第一個特別行政區。香港基本法是規定香港特別行政區實行的各種重要制度的基本法律。香港基本法的起草過程就是特別行政區制度體制的設計打造過程。在這一過程中，首先要確定的是香港特別行政區在我國的憲制地位，因為只有明確了香港特別行政區的憲制地位，才能理順中央與香港特別行政區的關係，明確香港特別行政區享有的高度自治權，規定香港特別行政區的政治體制等方面的制度體制。

一、中國的國家結構形式與香港特別行政區的憲制地位

（一）中國是一個單一制國家

香港特別行政區的憲制地位是一個與國家結構形式緊密聯繫的概念，要明確香港特別行政區的憲制地位，首先要瞭解我國的國家結構形式。中國在五千多年的文明發展過程中，各族人民共同創造了光輝燦爛的文化，締造了統一的多民族國家。憲法序言規定，中華人民共和國是全國各族人民共同締造的統一的多民族國家，就是對這一歷史進程的總概括。從歷史上看，中國自秦朝以來就是一個單一制國家，秦體制的最大特點是中央集權和郡縣制，這種體制延續了兩千多年。根據憲法，我國單一制的基本內涵是，由全國人民依據憲法和法

律選舉產生的全國人民代表大會行使國家的最高權力，由其產生的中央人民政府統一行使國家的行政管理權，在中央的統一領導下，全國劃分為不同的行政區域實施管理。目前，在行政區域設置方面，全國設立省、自治區、直轄市和特別行政區四種一級地方行政區域，共有 23 個省、5 個自治區、4 個直轄市和 2 個特別行政區，分別依據憲法和法律行使地方的治理權。中國的單一制與聯邦制國家最大的區別在於，在聯邦制國家中，一般先有各州或邦，這些州或邦出於共同的利益和福祉組成一個新的國家，各州或邦把部分權力交給聯邦政府行使，剩餘權力仍然屬於各州或邦；而在中國的單一制下，各族人民共同締造了一個統一的國家，出於國家管理的需要，劃分為不同的行政區域，由中央人民政府直接或者授權地方政府實施管理，這些行政區域都是地方行政區域，其權力來源於中央的授權。我國現行憲法在各方面都體現了單一制原則，例如，憲法規定中央和地方的國家機構職權的劃分，遵循在中央的統一領導下，充分發揮地方的主動性、積極性原則；全國人大常委會有權撤銷省、自治區、直轄市國家權力機關制定的同憲法、法律和行政法規相抵觸的地方性法規和決議（憲法第 67 條）；國務院統一領導全國地方各級行政機關的工作，規定中央和省、自治區、直轄市的國家行政機關的職權的具體劃分，並有權改變或者撤銷地方各級國家行政機關的不適當的決定和命令（憲法第 89 條）；縣級以上的地方各級人民政府領導所屬各工作部門和下級人民政府的工作，有權改變或者撤銷所屬各工作部門和下級人民政府的不適當的決定（憲法第 108 條）；地方各級人民政府對上一級國家行政機關負責並報告工作。全國地方各級人民政府都是國務院統一領導下的國家行政機關，都服從國務院（憲法第 110 條）。這些都是典型的單一制特徵，清楚表明了中央與地方的關係是領導與被領導關係。

（二）特別行政區的概念

1982 年憲法（現行憲法）在國家地方行政區域設置方面的一個重要發展是增加了特別行政區的建置，即憲法第 31 條規定："國家在必要時得設立特別行政區，特別行政區實行的制度由全國人民代表大會根據具體情況以法律規定"。特別行政區與其他地方行政區域一樣，都是國家統一的多民族大家庭的有機組成部分，是單一制國家下的一級地方行政區域，但特別行政區在中國行政區劃裏既不同於省和直轄市，也不同於民族自治區，具有特殊性。

特別行政區與各省、自治區、直轄市的主要不同，即其"特別"之處在於：第一，特別行政區實行資本主義，而其他地方行政區域實行社會主義，這是特別行政區最為"特別"之處，也是建立特別行政區的主要原因；第二，特別行政區享有高度自治權，這種自治權不僅大於其他地方行政區域，而且在某些方面也大於聯邦制國家各邦享有的權力；第三，特別行政區的制度由全國人民代表大會以法律規定，而其他地方行政區域的制度由憲法直接加以規定；第四，特別行政區的行政區域不可隨便更改，以國務院公佈的特別行政區行政區域圖為準。總之，特別行政區的設立具有很強的歷史性、目的性，是為了實現國家的統一，為了保持這些地區的繁榮穩定而專門設立的特殊地方建制。

（三）香港特別行政區的憲制地位

香港基本法第 1 條規定："香港特別行政區是中華人民共和國不可分離的部分"；第 12 條規定："香港特別行政區是中華人民共和國的一個享有高度自治權的地方行政區域，直轄於中央人民政府"。這就明確了香港特別行政區的憲制地位。對香港基本法的上述規定，可以從三個方面來認識：

首先，從國家結構形式角度上講，我國是單一制國家。在單一制國家中，國家領域任何部分都是國家不可分離的部分，這同聯邦制國家的各組成單位在一定條件下可以退出聯邦有著根本的區別。香港基本法第 1 條開宗明義規定香港特別行政區是中華人民共和國不可分離的部分，集中體現了我國是一個單一制國家的原則，這是確定香港特別行政區的憲制地位的前提。

其次，香港特別行政區是我國的一個直轄於中央人民政府的地方行政區域。按照單一制原則，我國的各行政區域都是根據國家管理需要劃分的，都是地方行政區域，香港特別行政區也不例外。按照憲法第 30 條的規定，我國內地的地方行政區域從省、自治區、直轄市一直到鄉鎮，最多可以劃分為四級，那麼特別行政區是屬於哪一級地方行政區域呢？香港基本法第 12 條規定香港特別行政區直轄於中央人民政府，這就確定了香港特別行政區是我國第一級地方行政區域，也就是相當於省、自治區、直轄市一級的地方行政區域，就這一點來說，它與各省、自治區、直轄市的憲制地位是一樣的。

最後，香港特別行政區是我國的一個享有高度自治權的地方行政區域。香港特別行政區不同於各省、自治區、直轄市的地方，不僅僅是名稱不同，最主要的是香港特別行政區享有高度自治權，不僅保持原有的資本主義制度不變，而且採用了不同於各省、自治區、直轄市的管治方式。

二、香港特別行政區的權力來源

（一）香港特別行政區的權力來源於中央的授權

香港特別行政區享有的高度自治權的來源是什麼，這是香港基本法起草過程中提出的一個重要問題。當時，圍繞中央與特別行政區的權限劃分問題出現了多種不同的意見和觀點，如"剩餘權力說"（指中央與特別行政區之間劃分清楚的權力範圍以外的權力）、"灰色地帶說"（指中央與特別行政區之間不能清楚劃分的權力範圍）以及"未界定權力說"（指未來因情況的改變而需要再加以劃分的權力範圍）等等。這些說法實質上都是罔顧中國是單一制國家的基本事實，盲目將聯邦制國家中聯邦政府與成員邦政府之間的關係套用於中國，認為在中央與特別行政區之間尚有一部分不明確的權力。[1] 我國是一個單一制國家，在單一制國家的結構形式下，各級地方享有的權力都是中央授予的，不存在所謂"剩餘權力"的問題。單一制國家中的地方行政區域是根據國家管理的需要設立的；特別行政區作為我國的一個地方行政區域，沒有固有的權力，要使其享有高度自治權，就需要中央作出授權。按照憲法的規定，全國人民代表大會是國家最高權力機關，香港特別行政區的高度自治權應當由全國人民代表大會授予。"授權"這個概念，把中央權力機關代表人民統一行使國家的主權、對特別行政區實施管理與特別行政區享有高度自治權有機地結合起來。從中央行使管治權的角度來講，授權特別行政區實行高度自治，是中央對特別行政區實施管理的方式。

中央的全面管治權是對特別行政區進行授權的前提，特別行政區

---

1 藍天主編：《"一國兩制"法律問題研究（總卷）》，法律出版社 1997 年版，第 44-46 頁。

的高度自治權來源於中央的授權。既然是授權，就不可能把全部權力都授出去，而且對於授權還要規定必要的條件。中央保留什麼權力，授予特別行政區什麼權力，特別行政區行使權力必須遵循什麼程序，決定權都在中央。"我國是單一制國家。香港特別行政區的高度自治不是香港固有的，而是由中央授予的。……中央授予香港特別行政區多少權，特別行政區就有多少權。沒有明確的，根據基本法第二十條的規定，中央還可以授予，不存在所謂的 '剩餘權力' 問題。"[2]2014年國新辦發表的《"一國兩制"在香港特別行政區的實踐》白皮書中明確指出，"中央擁有對香港特別行政區的全面管治權，既包括中央直接行使的權力，也包括授權香港特別行政區依法實行高度自治。對於香港特別行政區的高度自治權，中央具有監督權力。"因此，中央與香港特別行政區的權力關係是授權與被授權的關係，領導與被領導的關係，監督與被監督的關係。

（二）香港基本法是一部授權法

　　從授予香港特別行政區高度自治權的角度講，香港基本法是一部授權法，其各項規定構成了完整的授權體系。香港基本法第 2 條規定，"全國人民代表大會授權香港特別行政區依照本法的規定實行高度自治，享有行政管理權、立法權、獨立的司法權和終審權。"在這一條的統領下，基本法具體地授予了香港特別行政區廣泛的自治權。這裏有兩個概念需要說明，即"高度自治"和"依照本法的規定"。現在大家看到"高度自治"這個概念時，很自然地理解為特別行政區

2　吳邦國：《在紀念中華人民共和國香港特別行政區基本法實施十週年座談會上的講話》，載全國人大常委會香港基本法委員會辦公室編：《紀念香港基本法實施十週年文集》，中國民主法制出版社 2007 年版，第 6 頁。

的自治權是十分廣泛的，這種理解雖有道理，但並不全面。需要知道，"高度自治"還有另外一層含義，這就是高度自治不是完全自治，也就是說，自治權是有限度的。這個限度在哪裏？這就涉及上述規定中的另一個重要概念，也就是"依照本法的規定"，這個短語同樣具有兩層含義，第一層含義是特別行政區高度自治權的範圍要以基本法的規定為限，第二層含義是高度自治權要以基本法規定的方式行使。由於特別行政區高度自治權以基本法規定為限，這就提出一個問題，如果特別行政區還需要基本法沒有規定的其他權力，怎麼辦？因此，基本法第 20 條規定："香港特別行政區可享有全國人民代表大會和全國人民代表大會常務委員會及中央人民政府授予的其他權力"。香港回歸祖國前後，全國人大常委會已經對香港特別行政區做出過授權，如 1996 年授權香港特別行政區政府指定其入境事務處處理有關國籍申請事宜，[3] 2006 年授權香港特別行政區管轄深圳灣口岸內設立的港方口岸區。[4] 香港特別行政區在行使上述授權權力時，就是行使香港基本法第 20 條規定的權力，從而也就符合香港基本法第 2 條規定的"依照本法的規定"實行高度自治的要求。在香港基本法其他條文中，還有"授權"或"具體授權"等表述，這些都表明了基本法是一部授權法，各項規定之間構成完整的授權體系。基於授權理論，香港基本法的規定不存在所謂的"灰色地帶"，也就是說，只要香港基本法沒有明確規定授予特別行政區的權力，都是中央的權力。

3　1996 年 5 月 15 日全國人大常委會就《中華人民共和國國籍法》在香港特別行政區實施的幾個問題進行了解釋，其中第 5 條規定"授權香港特別行政區政府指定其入境事務處為受理國籍申請的機關，香港特別行政區入境事務處根據《中華人民共和國國籍法》和上述規定對所有國籍申請事宜作出處理"。

4　2006 年 10 月 31 日全國人大常委會就授權香港特別行政區對深圳灣口岸港方口岸區實施管轄作出了決定，其中第 1 條規定"授權香港特別行政區自深圳灣口岸啟用之日起，對該口岸所設港方口岸區依照香港特別行政區法律實施管理"。

　　由於香港特別行政區享有的高度自治權是最高國家權力機關授予的，因此中央與香港特別行政區的關係具體表現為授權與被授權的關係。中央與香港特別行政區之間的權力配置，就像中央與內地其他地方行政區域的職權劃分一樣，不是雙方協商、分權的結果，性質上不同於聯邦制下的權力配置關係。在單一制體制下，香港特別行政區享有的權力無論多大，都是中央授予的結果。香港基本法的制定機關、制定方式和制定程序，也清楚地說明了中央與香港特別行政區權力配置的性質。作為規定二者職權關係的香港基本法，儘管香港基本法起草委員會有相當多的香港委員，但該法仍然是由最高國家權力機關制定的，既不是兩地談判協商的結果，更不是香港自己單方制定的。

第二節　中央的權力

　　香港基本法第二章的標題是"中央與香港特別行政區的關係"。這裏用"中央"這個概念，是泛指中央國家權力機構，包括全國人民代表大會及其常務委員會、中華人民共和國主席、國務院等。根據憲法和香港基本法、香港國安法，中央對香港特別行政區享有的權力主要包括以下幾個方面：決定設立香港特別行政區的權力，制定香港基本法、規定香港特別行政區制度的權力，任命行政長官和主要官員的權力，發回香港特別行政區制定的法律的權力，決定部分全國性法律在香港特別行政區實施的權力，負責管理與香港特別行政區有關的外交事務的權力，負責管理香港特別行政區防務的權力，在一定的情況下決定香港特別行政區進入緊急狀態的權力，解釋、修改香港基本法的權力等。維護國家安全是中央事權，中央對與香港特別行政區有關的國家安全事務負有根本責任。中央授權香港特別行政區實行高度自治，並對高度自治享有監督權。

一、決定設立香港特別行政區的權力

　　憲法第 31 條規定："國家在必要時得設立特別行政區。在特別行政區內實行的制度按照具體情況由全國人民代表大會以法律規定"；第 62 條規定，全國人民代表大會的職權之一是"決定特別行政區的設立及其制度"。這表明決定設立特別行政區的權力在最高國家權力機關，即全國人民代表大會，這同憲法規定的省、自治區和直轄市的建置要由全國人民代表大會批准是完全一致的，是單一制原則的重要體現。

　　1990 年 4 月 4 日，全國人大在通過香港基本法的同時，通過了《全國人民代表大會關於設立香港特別行政區的決定》，其內容是："第七屆全國人民代表大會第三次會議根據《中華人民共和國憲法》第三十一條和第六十二條第十三項的規定，決定：一、自一九九七年七月一日起設立香港特別行政區。二、香港特別行政區的區域包括香港島、九龍半島以及所轄的島嶼和附近海域。香港特別行政區的行政區域圖由國務院另行公佈。" 1997 年 7 月 1 日，時任國務院總理李鵬簽署了《中華人民共和國國務院令第 221 號》，公佈了《中華人民共和國香港特別行政區行政區域圖》及香港特別行政區行政區域界線的文字表述，從而完成了設立香港特別行政區的全部法律程序。

二、制定基本法和決定香港特別行政區制度的權力

　　根據憲法第 31 條和第 62 條第 13 項的規定，全國人大不僅具有決定設立特別行政區的權力，還具有決定特別行政區實行的制度的權力，這兩項權力是一個有機整體，相輔相成。因為在我國的單一制原則下，地方行政區域是出於國家管理的需要而劃分的，各個地方行政區域的制度與國家制度是不可分離的，在通常情況下，中央和地方的制度是由憲法作出統一規定的。例如，憲法第三章 "國家機構" 共有八節，分別是：全國人民代表大會、中華人民共和國主席、國務院、中央軍事委員會、地方各級人民代表大會和地方各級人民政府、民族自治地方的自治機關、監察委員會、人民法院和人民檢察院，全面規

定了從中央到地方的政權機構及其職能、相互關係。憲法第 31 條規定特別行政區的制度由全國人大以法律規定，這是為了解決歷史遺留的特殊問題而作出的特殊安排。1982 年現行憲法通過時，儘管中央對香港的基本方針政策已經制定出來，但憲法不可能直接對特別行政區制度作出具體規定。實踐證明，將特別行政區制度留待將來以法律規定，是很好的憲法安排，因為按照"一國兩制"、"港人治港"、高度自治的方針政策，香港特別行政區制度與內地各地方的制度有比較大的差別，中央與香港特別行政區的關係同中央和內地各地方的關係也有重大的差別，需要經過廣泛聽取香港各界人士的意見和建議後進行制度設計。

香港基本法序言第三段規定，"根據中華人民共和國憲法，全國人民代表大會特制定中華人民共和國香港特別行政區基本法，規定香港特別行政區實行的制度，以保障國家對香港的基本方針政策的實施"。這一規定表明了香港基本法是規定香港特別行政區制度的法律文件，充分體現了全國人民代表大會所具有的決定特別行政區制度的權力。香港基本法規定了中央與香港特別行政區的關係，香港特別行政區的政治、經濟、法律、社會、文化等制度，居民的權利與義務等重大問題，創設了一套香港特別行政區制度。香港基本法不僅是香港特別行政區成立後特別行政區政府和居民要遵守的基本行為準則，也是中央和內地其他地方必須遵守的憲制性法律。在香港特別行政區的法律體系中，中國憲法和基本法處於最高地位。

根據國家憲法，只有最高國家權力機關即全國人大才有權制定規定香港特別行政區制度的法律。前面引述的香港基本法序言第三段的規定表明，全國人大行使制定香港基本法、規定香港特別行政區制度的權力，必須符合兩個條件：一是要根據國家憲法，也就是說，香港特別行政區的制度設計，要符合憲法規定的國家體制；二是要能夠很好地貫徹落實國家對香港的基本方針政策，即"一國兩制"、"港人治港"、高度自治的方針政策。除此之外，全國人大在制定香港基本法的過程中，還要充分聽取包括香港居民在內全國各族人民的意見和建議，在符合憲法規定的國家體制、"一國兩制"方針政策的前提下，儘可能吸納香港各界人士的意見和建議。香港基本法用了近五年的時間起草完成，經過"兩上兩下"徵求意見，香港各界人士通過各種渠道和形式充分參與。整個起草過程是十分嚴肅、嚴謹、慎重、科學的，體現出高度透明和充分民主。

法律的制定權包含了法律的修改權。法律的制定機關必然同時是有權修改法律的機關。全國人大既然是唯一有權制定香港基本法的機關，當然也是唯一有權對其進行修改的機關。由於香港基本法是一部全國性法律，在全國範圍內都要貫徹執行，因此基本法的解釋必須是統一的，中央必須保留對基本法的解釋權。根據我國的法律解釋制度，全國人大常委會負責解釋香港基本法。有關基本法的修改權和解釋權將在後面進行專章闡述。

三、組建特別行政區政權機構的權力

根據憲法和香港基本法，決定設立香港特別行政區、制定香港基本法以規定香港特別行政區實行的制度的權力在全國人大；同樣，在香港特別行政區成立時，組建香港特別行政區政權機構的權力也在全國人大。

1984 年 12 月 19 日中英兩國政府簽署《中英聯合聲明》後，中國政府按照憲法規定把這一重要國際協議提交最高國家權力機關全國人大審議。1985 年 4 月 10 日，第六屆全國人民代表大會第三次會議審議批准了《中英聯合聲明》，決定 1997 年 7 月 1 日起恢復行使對香港的主權，同時決定成立香港基本法起草委員會，負責香港基本法起草工作。1990 年 4 月 4 日，第七屆全國人民代表大會第三次會議通過了香港基本法和設立香港特別行政區的決定，同時還通過了《全國人民代表大會關於香港特別行政區第一屆政府和立法會產生辦法的決定》，該決定第 1 條規定："香港特別行政區第一屆政府和立法會根據體現國家主權、平穩過渡的原則產生"；第 2 條規定："在 1996 年內，全國人民代表大會設立香港特別行政區籌備委員會，負責籌備成立香港特別行政區的有關事宜，根據本決定規定第一屆政府和立法會的具體產生辦法。籌備委員會由內地和不少於 50％的香港委員組成，主任委員和委員由全國人民代表大會常務委員會委任"。後來，由於英方在香港後過渡時期的事務上一度採取了不合作態度，特別是單方面推行所謂的 "彭定康政改方案"，中國政府被迫提前進行籌備成立香港特別行政區的工作。1993 年 3 月 31 日，第八屆全國人民代表大會第一次會議通過決議，授權全國人大常委會設立香港特別行政區籌備委員會的準備工作機構。1993 年 7 月 2 日，第八屆全國人大常委會第二次會議決定設立全國人大常委會香港特別行政區籌備委員會預備工作委員會，開始為籌備香港特別行政區做初步準備工作。1996 年 1 月 26 日，全國人大香港特別行政區籌備委員會正式成立，籌備香港特別行政區的工作全面開始。1997 年 7 月 1 日，中英兩國政府舉行了政權交接儀式，香港回歸中國，在中央人民政府主持下，香港特別行政區政府主要官員宣誓就職，香港特別行政區第一屆政府正式成立。

香港特別行政區成立後，中央組建香港特別行政區政權機構的權力主要體現在兩個方面：

一是人事任免權。基本法第 15 條規定："中央人民政府依照本法第四章的規定任命香港特別行政區行政長官和行政機關的主要官員。"基本法第 45 條規定，行政長官在當地通過選舉或協商產生，然後報請中央人民政府任命；基本法第 48 條規定，特別行政區政府的主要官員由行政長官提名，報中央人民政府任命；基本法第 90 條規定，特區終審法院法官和高等法院首席法官的任免需報全國人大常委會備案。這樣，中央通過對香港特別行政區行政長官和主要官員的任命實現了組織香港特別行政區政府的權力。對於中央對行政長官和主要官員的任命權是名義上還是實質上的，有人主張既然中央的政策是"港人治港"，那麼行政長官在當地民主產生後，中央就應該尊重港人意願，在任命上只用履行一下法律手續，不能拒絕任命。這種主張是想效仿英國國王對首相的任命制度，即只要是在大選中獲勝的議會多數黨領袖，國王一定任命。然而，如果採用這種制度，中央享有的香港特別行政區政府的組織權也就成了名義性的，"高度自治"事實上也就變成了"完全自治"。因此，中央對行政長官的任命既有法律手續上的意義，又有實質上的意義，既是形式上的權力，又是實質上的權力，中央人民政府有權拒絕任命香港特別行政區產生的行政長官。同樣地，對主要官員的任命也是實質性的任命。

二是國家領導人對行政長官宣誓的監誓和出席特別行政區政府宣誓就職儀式。從第一屆政府開始，特別行政區每一位行政長官宣誓就職，都要由國家領導人監誓，在行政長官和特別行政區政府換屆時，國家領導人都要出席有關宣誓就職儀式並發表重要講話。這也是中央具有組織特別行政區政權機構權力的一個體現。

四、外交權

外交事務涉及國家主權，必須以主權國家的名義進行，因此外交是一國中央政府的重要職責，地方政府不享有外交權。香港在回歸前也是沒有外交權的。當時港英政府直接隸屬於英國外交及聯邦事務部管轄，如外國在香港設立領事機構必須經英國批准；港英政府只能在其他國家和地區設立經貿辦事機構；在有關以國家為單位的國際會議上，香港只能以英國代表團成員的身份參加；香港若要參加有關國際組織，也只能以 "準會員" 的身份和地位參加；涉及主權的外交談判，完全由英國掌握。20 世紀 60 年代以後，香港經濟日益繁榮，逐漸成為國際大都會，英國才授權港英政府開始自行處理一些非主權性的對外事務。

根據國家主權原則，照顧到香港的實際情況，香港基本法規定由中央人民政府負責管理與香港特別行政區有關的外交事務，同時授權特別行政區政府處理一些對外事務。為此，自回歸之日起，外交部在香港特別行政區設立駐香港特別行政區特派員公署，處理涉及香港的外交事務。應香港特別行政區的要求，回歸後外交部還為特別行政區提供了大量其他方面的涉外服務，例如出具特別行政區所派指人員是否享有外交特權與豁免的證明、處理國際貨幣基金組織在港設立分支機構等事宜、辦理香港特別行政區對外司法協助案件等。由於香港的特殊地位和情況，中央授權香港特別行政區自行處理有關的對外事務，如經濟貿易事務等。

五、防務權

國家重要的基本職能之一就是為人民提供安全防衛，抗擊他國入侵，維護領土內正常和平秩序，保衛人民的生命財產安全，捍衛國家的主權和領土完整。在任何國家，國家防務都是統一的，即全國的軍隊必須由中央集中統一領導，這一方面是由軍隊本身和國防的性質決定的，另一方面也是維護國家統一所必需的。為此，各國憲法對軍隊的統一都作了十分嚴密的規定。我國憲法第 93 條規定，中華人民共和國中央軍事委員會領導全國武裝力量；中央軍事委員會實行主席負責制。這體現了我國國防統一、軍隊統一的原則。

中央人民政府負責香港特別行政區的防務，這既是中央人民政府的權力，也是中央人民政府的責任。中央人民政府有責任維護香港特別行政區的對外安全；如遇外敵入侵，中央人民政府要負責抵禦侵略，捍衛香港特別行政區的和平。為了提供香港特別行政區的防衛，中央就要向特別行政區派駐軍隊，這既是香港防務和全國整體國防的需要，也是國家主權的重要體現。

香港地處珠江入海口，地理位置重要，歷來是國家的海防要地。明清兩代都有駐兵防守。英國佔領香港後，也一直有駐軍防守，包括陸、海、空三個軍兵種，分佈於整個香港地區，由具有少將軍銜的駐港英軍司令統領，總督兼任駐軍總司令。中國對香港恢復行使主權後，不管是執行防務需要，還是從維護國家主權和統一方面考慮，都必須向香港特別行政區派駐軍隊。為此，香港基本法作了明確規定。

國務院和中央軍事委員會 1993 年初開始組建中國人民解放軍駐香港部隊。1996 年 1 月 28 日香港駐軍組建完畢。1996 年 12 月 30 日，第八屆全國人大常委會第二十三次會議通過了《中華人民共和國香港特別行政區駐軍法》，規定了香港駐軍的職責、香港駐軍與香港特別行政區政府的關係、香港駐軍人員的義務與紀律以及香港駐軍人員的司法管轄問題。這是規範香港駐軍活動的一部主要法律。

根據香港基本法、香港特區駐軍法以及國務院和中央軍事委員會的公告，駐港部隊直接隸屬於中央軍事委員會，具體執行香港特別行政區的防務任務。駐港部隊不干預香港特別行政區的地方事務。香港特別行政區政府與駐軍互不隸屬，互不干預。當然，駐港部隊需要充分、有效的保障，這些保障不僅需要中央人民政府提供，也需要香港特別行政區政府提供必要的支持和配合，二者需就此進行聯絡與溝通。

根據香港基本法的規定，香港特別行政區政府在確有必要時，可以請求中央人民政府調動軍隊協助維持社會治安和救助自然災害。駐港部隊除了必須遵守全國性法律外，還必須遵守香港特別行政區的法律。關於軍地互涉的法律問題的解決，尤其是涉及駐軍的犯罪問題和有關民事糾紛的處理，香港特區駐軍法對有關司法管轄問題已經作出了妥善的規定。香港回歸後的實踐證明，駐港部隊嚴格遵守了有關法律和法令，成為維護香港特別行政區穩定和安全的強大力量。

關於軍費問題，回歸前香港承擔了駐港英軍的絕大部分開支。但是根據香港基本法的規定，駐香港解放軍的費用由中央人民政府負擔，香港特別行政區不承擔駐軍費用。

六、決定和宣佈特別行政區進入戰爭狀態或緊急狀態的權力

基本法第 18 條第 4 款規定：“全國人民代表大會常務委員會決

定宣佈戰爭狀態或因香港特別行政區內發生香港特別行政區政府不能控制的危及國家統一或安全的動亂而決定香港特別行政區進入緊急狀態，中央人民政府可發佈命令將有關全國性法律在香港特別行政區實施。"

這表明中央在兩種情況下可決定香港特別行政區進入非常狀態：一是當全國進入戰爭狀態時，作為中華人民共和國一部分的香港特別行政區自然也要進入戰爭狀態；二是當香港特別行政區發生了危及國家統一或安全的動亂而特別行政區政府已不能控制局勢時，中央有權宣佈香港特別行政區進入緊急狀態。在這種情況下，中央人民政府可以發佈命令增加在香港特別行政區內實施的全國性法律。

基本法只規定了出現戰爭或者嚴重動亂的情況下中央才有權宣佈香港特別行政區進入非常狀態，至於由於嚴重自然災害、經濟危機或其他社會問題而引起的騷亂或動亂，基本法第 14 條第 2 款規定："香港特別行政區政府在必要時，可向中央人民政府請求駐軍協助維持社會治安和救助災害。"《中華人民共和國香港特別行政區駐軍法》第 6 條和第 14 條作了相應規定。

七、其他權力

根據憲法和香港基本法，中央除了享有上述六項權力之外，還享有其他與國家主權有關的權力。《"一國兩制"在香港特別行政區的實踐》白皮書將中央全面管治權的內涵表述為"既包括中央直接行使的權力，也包括授權香港特別行政區依法實行高度自治。對於香港特別行政區的高度自治權，中央具有監督權力。"從權力行使主體來看，這裏的中央應作廣義理解，它包括全國人大及其常委會、中央人民政府即國務院、中華人民共和國國家主席、中華人民共和國中央軍事委員會等國家權力主體。

中央對香港、澳門的全面管治權具體體現為憲法和基本法規定的各種形式的職權。中央直接行使的權力可以具體化為：創制權（創制並授權香港、澳門特別行政區行使高度自治權）、基本法制定權、基本法修改權、基本法解釋權、政改決定權、立法監督權、“附件三”法律增減權、緊急狀態決定權、新增授權的權力、任命權、行政長官監督權、指令權、外交權、國防權等。例如在香港特別行政區政制發展問題上，中央擁有主導權和最終決定權。香港特別行政區實行什麼樣的政治體制以及如何改革，這些事項並不在香港基本法所列舉的高度自治範圍之內，屬於中央依法應該行使的權力。客觀上，規定香港特別行政區實行何種政治體制的香港基本法本身就是全國人大制定的，香港特別行政區本身也是根據全國人大的決定成立的，國家最高權力機關擁有香港特別行政區政制發展的主導權和最終決定權是毫無疑問的。

就中央對其所授予的香港高度自治權的監督權而言，因為香港特別行政區享有的行政權、立法權以及獨立的司法權和終審權都是由中央授予的，因此中央對香港特別行政區以上權力的行使均有監督權。基本法規定作為特別行政區首長的行政長官對中央負責，這意味著中央可以通過聽取行政長官述職等方式行使對整個特區治理的監督權。同時，中央還享有對行政長官和特別行政區政府主要官員的任命權。此外，中央人民政府就基本法規定的有關事務向行政長官發出指令的權力也是中央行使監督權的一種方式。立法權方面，香港立法會制定的法律須報全國人大常委會備案，全國人大常委會如認為香港特區立法機關制定的任何法律不符合關於中央管理的事務及中央和特區的關係的條款，可將有關法律發回，發回的法律立即失效。這意味著中央對香港立法會制定的法律有備案審查權。在司法權方面，行政長官任免香港特別行政區終審法院法官和高等法院首席法官需要報全國人大常委會備案。全國人大常委會享有對基本法的解釋權，其解釋對香港法院有法律效力。由此可以看出，中央直接行使的權力與中央對香港高度自治權的監督權並不是割裂的兩個部分，很多中央直接行使的權力本身就是對香港高度自治權的監督權。

從法理上講，既然單一制下地方的所有權力來自中央授權，因此也就不存在"剩餘權力"問題。如果出現沒有明確歸屬的權力，應該歸中央保留。香港基本法第 2 條規定，全國人民代表大會授權香港特別行政區實行高度自治；基本法第 20 條規定，香港特別行政區還"可享有全國人民代表大會和全國人民代表大會常務委員會及中央人民政府授予的其他權力"。這些規定說明，如果存在沒有明確歸屬的權力，應該歸中央享有，儘管中央可以根據香港特別行政區的需要和實際情況把這些權力繼續授予香港特別行政區行使。

第三節　中央授予香港特別行政區的權力

　　香港基本法第 2 條規定："全國人民代表大會授權香港特別行政區依照本法的規定實行高度自治，享有行政管理權、立法權、獨立的司法權和終審權。"基本法第 13 條第 3 款規定："中央人民政府授權香港特別行政區依照本法自行處理有關的對外事務。"這些就是中央授權香港特別行政區實行高度自治的基本內容。

一、行政管理權

　　行政管理泛指政府對經濟、文化、市政、治安、社會福利等社會事務以及對其自身進行日常管理的行為，是政府的基本職能。在傳統單一制體制下，中央政府通常掌握大量行政管理權，地方政府往往只能被動執行中央的有關政策和命令。

　　根據"一國兩制"、"港人治港"、高度自治的方針，香港特別行政區由中央授權享有行政管理權。基本法第 16 條規定："香港特別行政區享有行政管理權，依照本法的有關規定自行處理香港特別行政區的行政事務。"按照香港基本法的規定，除外交、防務及其他主權範圍內的事務由中央人民政府負責管理外，其他方面的行政事務，完全由香港特別行政區政府自行管理或處理。行政事務的範圍非常廣泛，幾乎涵蓋了社會生活的方方面面，香港基本法第五、六兩章詳細規定了香港特別行政區享有的行政管理權，如第五章有財政、金融、貿易和工商業、土地、航運、民用航空等，第六章有教育、科學、文化、體育、宗教、勞工和社會服務等。

（一）行政決策與執行權

香港特別行政區政府有權依法制定並執行政府的各項政策，香港特別行政區行政長官有權決定香港特別行政區政府各方面的政策，有權發佈行政命令，執行在香港特別行政區實施的全國性法律和香港特別行政區立法會通過的法律，執行中央人民政府就香港基本法規定的有關事務發出的指令。

香港特別行政區政府有權向立法會提交法律草案，行政長官有權簽署立法會通過的法案，公佈為法律。

（二）人事任免權

香港特別行政區行政長官有權提名香港特別行政區政府各主要部門負責人的人選，報中央人民政府任命；香港特別行政區有權依照法定程序任免特別行政區各級法院法官包括香港特別行政區終審法院法官；香港特別行政區有權依照法定程序任免其他公職人員等。

中央授權香港特別行政區享有的行政管理權廣泛而系統，除上述兩方面外，還有其他具體職權，諸如治安管理權、經濟管理權、教育管理權、醫療管理權、科技管理權、文化事業管理權、體育事業管理權、決定社會福利政策的權力、決定專業資格的權力、勞工管理權、出入境管理權等。

二、立法權

根據香港基本法，全國人大授權香港特別行政區享有立法權。

香港回歸前,英國政府掌握著對香港的立法權。根據《英王制誥》,"王室及其繼嗣人保留參照樞密院之意見制訂本殖民地法律之當然權力",這說明英國政府有權以英女王會同樞密院的形式為香港直接制定法律。儘管《英王制誥》也授權香港總督會同立法局有立法權,但第 8 條規定"國王及其繼嗣人保留透過王室之一名重要國務大臣駁回上述法律之絕對權力"。也就是說,英國政府對香港本地的立法擁有絕對否決權。不僅如此,《王室訓令》還規定了十類法律必須事先得到英國的授權才可以制定。[5]

根據"一國兩制"的方針,香港特別行政區保留原有的法律制度基本不變,全國性法律除非依照法定程序列入基本法附件三,否則不在香港特別行政區實施,因而香港特別行政區的立法權是十分廣泛的。中國內地一般地方立法包括民族自治地方的立法,大多是執行國家法律性質的。一般地方立法以國家憲法、法律和行政法規為依據,而香港特別行政區的立法則以憲法和香港基本法為依據。此外,香港特別行政區立法權的範圍遠遠超過一般地方立法,只要是香港特別行政區自治範圍內的各種事項,香港特別行政區立法機關都有權立法。

基本法第 17 條第 2 款規定:"香港特別行政區的立法機關制定的法律,須報全國人民代表大會常務委員會備案。"備案的含義是指將制定的法律連同有關立法的資料報送全國人大常委會,使其知曉並

---

5 回歸前,香港的殖民政制主要是按《英王制誥》(*Letters Patent*)和《王室訓令》(*Royal Instructions*)兩個具有憲制性文件的規定建立的。《英王制誥》和《王室訓令》明確規定,英王及英國議會保留對香港的立法權力,凡涉及香港本身地位的法律、香港政制的結構和組織形式、香港同其以外地區的關係,以及有關香港的一切根本制度的法律,由英國制定。英國或通過英王頒令形式,或以英國議會為香港專門立法的形式,或以英國樞密院、外交與聯邦事務大臣的敕令書、訓令等形式為香港立法。英國樞密院司法委員會也可為香港立法,因為英國樞密院的決定和英國貴族院的判例是香港必須遵循的判例法,對香港法院的判決有普遍的拘束力。

登記在冊。這不包含要全國人大常委會批准的意思，基本法緊接著規定"備案不影響該法律的生效"，這說明香港特別行政區立法機關制定的法律，只要完成規定的全部本地立法程序即可生效，不受備案的影響。

全國人大常委會在徵詢其所屬的香港基本法委員會的意見後，如果認為香港特別行政區立法機關制定的法律不符合香港基本法關於中央管理的事務及中央和香港特別行政區關係的條款，可將有關法律發回，但不作修改。經全國人大常委會發回的法律立即失效。但該法律的失效無溯及力，即除香港特別行政區法律另有規定外，在發回前根據這項立法成立的法律行為仍然有效。這樣處理既可避免因有溯及力而可能產生的一系列法律問題，又可照顧到特殊情況。

對全國人大常委會發回的法律，香港特別行政區或將其撤銷，或作出修改。至於修改後的法律，仍然要報全國人大常委會備案。全國人大常委會對發回的法律不作修改，這表明中央對香港特別行政區立法權的尊重。由此可見，全國人大常委會對香港特別行政區的立法享有一定的事後監督權。

在香港特別行政區實施的全國性法律，基本法在其附件三中已有明確列舉。全國人大常委會在徵詢其所屬的香港基本法委員會的意見後，可以對列於附件三中的法律作出增減，但所有列入附件三、在香港特別行政區實施的全國性法律，都必須限於國防、外交和其他不屬於香港特別行政區自治範圍的法律，因此這些法律在特別行政區的實施不會影響特別行政區立法權的行使。對於在香港特別行政區實施的全國性法律，要由香港特別行政區在當地公佈或者立法實施，而不是由中央直接在當地公佈實施，這也是對香港特別行政區立法權的尊重。

三、獨立的司法權和終審權

根據"一國兩制"方針，司法權屬於特別行政區高度自治權的重要內容之一。基本法第 19 條規定："香港特別行政區享有獨立的司法權和終審權。"這裏"獨立"的含義不僅是指獨立於香港特別行政區內的其他機關、團體和個人，也是指獨立於內地司法機關。中央不干預香港特別行政區的司法，香港特別行政區法院除繼續保持本地原有法律制度和原則對法院審判權所作的限制外，對香港特別行政區所有的案件均有管轄權。

獨立司法權的一個重要內容和重要特徵是香港特別行政區享有終審權。世界各國憲法都把司法終審權賦予本國的最高法院，這是一國司法統一的重要表現。在英國統治下，香港法院從來沒有享受過終審權。回歸前如果案件當事人對香港最高法院的判決不服，可以經過一定的程序向英國樞密院司法委員會提起上訴，而該司法委員會的判決是終局裁決。回歸後，香港特別行政區享有終審權，可見香港特別行政區的司法權是十分完整而獨立的。據此，香港特別行政區設立終審法院行使終審權，香港特別行政區其他法院則行使一般的司法權。

香港自 19 世紀中葉被英國佔領後，逐漸引進了英格蘭的普通法制度並建立起了一套完整的法律和司法體系，這為香港經濟繁榮和社會發展提供了有力的法律保障。基本法第 8 條規定："香港原有法律，即普通法、衡平法、條例、附屬立法和習慣法，除同本法相抵觸或經香港特別行政區的立法機關作出修改者外，予以保留。"

由於國防、外交等涉及國家行為的事務並非特別行政區高度自治事項，所以香港特別行政區法院對涉及國防、外交等國家行為的案件沒有管轄權。即使依照普通法的原則，法院對控告國家行為的案件也無權受理。如果法院在審理案件中涉及國家行為問題，法院必須就該事實問題要求行政長官提供有關證明。而行政長官提供的有關文件對法院有約束力，法院必須以此為根據作出判決。所以，基本法第 19 條第 3 款規定："香港特別行政區法院對國防、外交等國家行為無管轄權。香港特別行政區法院在審理案件中遇有涉及國防、外交等國家行為的事實問題，應取得行政長官就該等問題發出的證明文件，上述文件對法院有約束力。行政長官在發出證明文件前，須取得中央人民政府的證明書。"這既是維護國家主權的需要，也符合各國一般司法慣例。

香港特別行政區獨立行使司法權，與最高人民法院、最高人民檢察院無隸屬或業務指導關係，但回歸後，隨著涉及香港特別行政區與內地的法律案件增多，必須不斷加強兩地的司法協助。由於回歸前內地與香港法律衝突的解決主要是由中英兩國循著國際私法的途徑來進行，司法協助也按國際司法協助的方法進行，而 1997 年後再循國際私法的途徑解決兩地法律衝突和司法協助問題顯然很不合適。為此，回歸後內地與香港先後簽署了《關於內地與香港特別行政區法院相互委託送達民商事司法文書的安排》（1999 年）、《關於兩地相互承認與執行仲裁裁決的協議安排》（1999 年）、《關於內地與香港特別行政區法院相互認可和執行當事人協議管轄的民商事判決的安排》（2006 年）、《關於內地與香港特別行政區法院相互認可和執行民商事判決的安排》（2019 年）等司法互助協議，填補了香港回歸後兩地司法協助領域的空白，也為兩地進一步協商達成其他的司法協助協議提供了有益的示範。這也是新形勢下進一步貫徹落實"一國兩制"方針政策的重要成果之一。

四、自行處理有關對外事務的權力

香港是一個國際性大都會，也是亞太地區最發達的現代化工商業港口城市之一，是世界重要的金融、貿易、航運和通信中心。近代以來，香港逐漸成為中國通向世界的主要通道，而國際社會也主要通過這個窗口認識東方這個巨大的文明古國。這樣，香港又成為東西文化薈萃交融的地方。香港是國際化、現代化的城市，已經與整個世界資本主義體系緊密地結合在一起，與國際社會有千絲萬縷的聯繫。一旦切斷了這些聯繫，香港地區也就失去了生機與活力。香港地區成功的一個重要原因就是它對全世界開放。要維持香港的繁榮和國際地位，就要授予香港特別行政區一定的自行處理對外事務的權力。為此，基本法規定，與香港特別行政區有關的外交事務由中央人民政府負責，但香港特別行政區有權依照基本法的規定或經中央人民政府授權自行處理有關經濟文化等對外交往事務。

五、中央授予的其他權力

香港特別行政區享有的上述各項權力，儘管已經很充分，但並不是說香港特別行政區只能享有這些權力。香港基本法在詳細列舉了香港特別行政區所享有的各項高度自治權後，在第 20 條規定，香港特別行政區可享有全國人大和全國人大常委會及中央人民政府授予的其他權力。2006 年 10 月 31 日，第十屆全國人大常委會表決通過了《關於授權香港特別行政區對深圳灣口岸港方口岸區實施管轄的決定》，就是中央在基本法規定之外授予香港特別行政區的一項新的權力。

綜上所述，香港基本法關於中央與香港特別行政區之間職權的劃分是科學合理的,完全是在"一國兩制"方針政策指導下,根據一國中央人民政府與地方政府的不同職能,根據事項的性質去劃分二者之間的職權,宜歸中央行使的權力就歸中央行使,宜歸香港特別行政區行使的權力就歸香港特別行政區行使。儘管中央與香港特別行政區之間的職權劃分已由基本法作了明文規定,雙方應各司其職、各負其責,但是這絕不是說二者完全是孤立的、機械的甚至對立的。相反,二者應該是密切合作、互相配合的。中央人民政府和香港特別行政區都負有維護國家的統一與主權,並促進香港特別行政區繼續繁榮與穩定的共同責任。

第四節　維護國家安全的根本責任和憲制責任

　　2020 年 5 月 28 日，第十三屆全國人民代表大會第三次會議通過《關於建立健全香港特別行政區維護國家安全的法律制度和執行機制的決定》，明確了建立健全香港特別行政區維護國家安全的法律制度和執行機制的原則要求，授權全國人大常委會制定相關法律。6 月 30 日，全國人大常委會根據憲法和這一授權制定了《中華人民共和國香港特別行政區維護國家安全法》（以下簡稱香港國安法），同日決定將該法列入基本法附件三，由特別行政區公佈實施。香港國安法明確規定，中央人民政府對香港特別行政區有關的國家安全事務負有根本責任，香港特別行政區負有維護國家安全的憲制責任，應當履行維護國家安全的職責。

一、中央維護國家安全的根本責任和機構

　　根據我國的憲法體制，維護國家安全當然首先是中央的職責。中央對維護包括香港特別行政區在內的全國範圍內的國家安全負有最大和最終的責任，有憲制權力也有憲制責任在維護國家安全的廣泛領域、根據形勢發展變化需要進行各種必需的立法。香港自回歸之日起，重新納入國家治理體系和憲制秩序之中，當然也就納入維護國家安全的總體格局和制度體系當中。雖然香港基本法通過第 23 條授予香港特別行政區就維護國家安全可行使部分立法權，但這並不改變國

家安全是中央事權的屬性，不影響中央立法機構根據實際情況和需要繼續建構維護國家安全的法律制度和執行機制。

　　香港國安法出台前，中央在香港特別行政區設立的中央人民政府駐香港特別行政區聯絡辦公室、中華人民共和國外交部駐香港特別行政區特派員公署、中國人民解放軍駐香港部隊三個機構承擔了部分維護國家安全的職責。為更好履行維護國家安全的責任，香港國安法第五章專門規定了"中央人民政府駐香港特別行政區維護國家安全機構"。根據香港國安法，中央人民政府設立駐香港特別行政區維護國家安全公署，作為履行維護國家安全職能的專責機構。駐港國安公署的職責包括：分析研判香港特別行政區維護國家安全形勢，就維護國家安全重大戰略和重要政策提出意見和建議；監督、指導、協調、支持香港特別行政區履行維護國家安全的職責；收集分析國家安全情報信息；依法辦理危害國家安全犯罪案件。在履行上述職責時，駐港國安公署應當加強與香港中聯辦、外交部駐港公署、駐港部隊、香港特區政府的工作聯繫和工作協同。根據香港國安法規定，駐港國安公署、外交部駐港公署會同香港特別行政區政府採取必要措施，加強對外國和國際組織駐香港特別行政區機構、在香港特別行政區的外國和境外非政府組織和新聞機構的管理和服務。

二、香港特別行政區維護國家安全的憲制責任和機構

　　香港維護國家安全的憲制責任是由香港特別行政區的法律地位決定的。香港基本法第 1 條、第 12 條規定，"香港特別行政區是中華人民共和國不可分離的部分"，"香港特別行政區是中華人民共和國的

一個享有高度自治權的地方行政區域，直轄於中央人民政府。"作為直轄於中央人民政府的一個地方行政區域，特別行政區同內地的省、自治區、直轄市一樣，要承擔維護國家安全的責任。儘管香港特別行政區是中國的一個特殊地方行政區域，但不是因其"特殊"就可以從中國分離或顛覆中央人民政府，也不是因其"特殊"就可以允許外部勢力將其作為危害我國國家統一、主權和領土完整的基地。香港特別行政區行政機關、立法機關、司法機關應當依據香港國安法和其他有關法律規定有效防範、制止和懲治危害國家安全的行為和活動。此外，特別行政區的中國公民也負有與我國其他地區公民同樣的維護國家安全的義務。2015 年全國人大常委會通過的《國家安全法》對此予以確認，其第 11 條規定"維護國家主權、統一和領土完整是包括港澳同胞和台灣同胞在內的全中國人民的共同義務"。第 40 條規定"香港特別行政區、澳門特別行政區應當履行維護國家安全的責任"。

根據香港國安法，香港特別行政區正逐步建立健全特區層面維護國家安全的法律制度和執行機制。在法律制度方面，已出台《中華人民共和國香港特別行政區維護國家安全法第四十三條實施細則》；修訂《電影檢查條例》，防止危害國家安全的影片上映；修訂《個人資料（私隱）條例》，打擊侵犯個人資料私隱的"起底"行為。在執行機制方面，已成立以行政長官為首的維護國家安全委員會。該委員會負責香港特別行政區維護國家安全事務、承擔維護國家安全的責任，並接受中央人民政府的監督和問責。香港特別行政區維護國家安全委員會的具體職責是：分析研判香港特別行政區維護國家安全形勢，規劃有關工作，制定香港特別行政區維護國家安全政策；推進香港特別行政區維護國家安全的法律制度和執行機制建設；協調香港特別行政區維護國家安全的重點工作和重大行動。香港特區維護國家安全委員會的工作不受香港特別行政區其他機構、組織和個人的干涉，工作信息不予公開。香港特區維護國家安全委員會作出的決定不受司法覆核。香港特區維護國家安全委員會設立國家安全事務顧問，由中央人民政府指派，就香港特區維護國家安全委員會履行職責相關事務提供意見。國家安全事務顧問列席香港特區維護國家安全委員會會議。為確保有專門機構和力量履行維護國家安全職責，香港特區政府警務處設立了維護國家安全的部門並配備執法力量。警務處維護國家安全部門的職責為：收集分析涉及國家安全的情報信息；部署、協調、推進維護國家安全的措施和行動；調查危害國家安全犯罪案件；進行反干預調查和開展國家安全審查；承辦香港特區維護國家安全委員會交辦的維護國家安全工作；執行香港國安法所需的其他職責。香港特區律政司設立了專門的國家安全犯罪案件檢控部門，負責危害國家安全犯罪案件的檢控工作和其他相關法律事務。香港特區行政長官還指定若干法官，負責處理危害國家安全犯罪案件。經行政長官批准，特區政府財政司長還從政府一般收入中撥出專門款項支付關於維護國家安全的開支。

2024 年 3 月 19 日，香港特區立法會全票通過《維護國家安全條例》，順利完成基本法第 23 條立法，標志著香港特區履行維護國家安全憲制責任取得重大進展，補上了特區維護國家安全制度機制的漏洞和短板，實現了包括香港同胞在內的全國人民期盼已久的共同願望，是新世代新征程 "一國兩制" 事業發展的重要里程碑。香港基本法第 23 條規定："香港特別行政區應自行立法禁止任何叛國、分裂國家、煽動叛亂、顛覆中央人民政府及竊取國家機密的行為，禁止外國的政治性組織或團體在香港特別行政區進行政治活動，禁止香港特別行政區的政治性組織或團體與外國的政治性組織或團體建立聯繫。" 新通過的香港國安條例對基本法第 23 條規定的危害國家安全的行為和活動作了規管，並適應香港維護國家安全的實際需要完善了相關制度機制，使香港特區能夠全面有效防範、制止和懲治危害國家安全的行為和活動，和香港國安法有機銜接，共同構築起維護國家安全的堅強防線，共同成為護衛"一國兩制"的重要法律保障。

第三章

居民的基本權利和義務

　　保障香港居民基本權利和自由是香港特別行政區制度的重要內容之一。香港基本法第三章對香港居民基本權利和自由的規定，與基本法的其他規定一起，對香港居民的基本權利和自由作了全面系統的保障，為香港實現長期繁榮穩定奠定了堅實基礎。

第一節　香港特別行政區居民的構成

　　香港自古以來就是中國的領土，是中國不可分割的一部分。香港曾被英國殖民管治 150 多年，在回歸祖國前，已發展為一個中外交融的國際性城市，香港居民的構成情況複雜。按其國籍的標準劃分，有中國公民、非中國籍人以及由於歷史原因形成的少數無國籍人。香港居民除絕大多數是中國公民以外，還有來自英國、印度、印尼、菲律賓、加拿大、美國、泰國、澳大利亞、日本、尼泊爾等國家的人。

　　香港基本法在規定權利義務主體時使用居民的概念，以指代居住在香港的各色人等。這樣的規定方式充分考慮了香港的"居民"並不都是具有中國國籍的中國公民這一歷史和現實情況，也有利於照顧到居民中的外籍人士的合法利益。

　　居民是指居住於一國（某地區）境內並受該國（該地區）管轄的人，包括本國人和外國人。居民這個概念與法律上的"住所"有某種聯繫。住所是法律關係主體生活和生產、經營的主要場所，包括自然人的住所和法人住所。設定住所對於自然人的婚姻登記、失蹤、宣告死亡、繼承和對自然人和法人的債務履行、票據權利的行使、審判管轄、書狀送達、國籍的取得和恢復以及法律的適用等問題具有重要的法律意義。[6] 香港居民可以說是以香港為經常居住地、由香港法律決定其權利義務，與香港形成固定法律關係的人。

　　香港回歸前，根據香港《人民入境條例》的規定，以下三類人屬

6　參見《中國大百科全書·法學（修訂版）》，中國大百科全書出版社 2006 年版，第 719 頁。

於香港居民：香港本土人士，即在香港出生的和在香港歸化為英國國籍的人士及其配偶和子女；有純粹或部分中國人血統，並通常在香港連續居住不少於 7 年的華裔居民；通常在香港連續居住不少於 7 年的英國公民及聯合王國本土人士。香港回歸後，基本法第 24 條第 1 款規定："香港特別行政區居民，簡稱香港居民，包括永久性居民和非永久性居民。"

一、永久性居民和非永久性居民

（一）永久性居民

根據基本法第 24 條第 2 款的規定，香港特別行政區永久性居民包括：

（1）在香港特別行政區成立以前或以後在香港出生的中國公民；

（2）在香港特別行政區成立以前或以後在香港通常居住連續 7 年以上的中國公民；

（3）第（1）、（2）兩項所列居民在香港以外所生的中國籍子女；

（4）在香港特別行政區成立以前或以後持有效旅行證件進入香港、在香港通常居住連續 7 年以上並以香港為永久居住地的非中國籍的人；

（5）在香港特別行政區成立以前或以後第（4）項所列居民在香港所生的未滿21週歲的子女；

（6）第（1）至（5）項所列居民以外在香港特別行政區成立以前只在香港有居留權的人。

上述規定完整表述了香港特區永久性居民的概念，包含固定、不變、連續或長期居住的意思。符合上述六種法定條件之一的人就是香港永久性居民。

從國籍的角度來講，香港基本法上述規定的永久性居民可以分為三類，第一種是符合法定條件的中國公民，即第 24 條第 2 款第 1、2、3 項規定的中國公民以及他們在香港以外所生的中國籍子女。第二種是符合法定條件的非中國籍人，即第 24 條第 2 款第 4、5 項規定的非中國籍人及其在香港所生的未滿 21 週歲的子女。第三種是符合法定條件的無國籍人，即第 24 條第 2 款第 6 項所規定的無國籍人。他們要取得香港永久性居民身份必須具備的條件分別是：

1. 中國公民取得香港永久性居民資格的條件

（1）在香港出生。至於是在香港特別行政區成立之前還是成立之後在香港出生無關緊要。但是這裏所說的在香港出生的中國公民，是指父母雙方或一方合法定居在香港期間所生的子女，不包括非法入境、逾期居留或在香港臨時居留的人在香港期間所生的子女。

（2）在香港特別行政區成立以前或以後在香港通常居住連續 7 年以上。這裏所講的“通常居住連續”是指當事人必須是在香港合法居住，以香港為常居地，且時間又未長期間斷，同時在香港通常連續居住的時間必須在 7 年以上。“連續 7 年”的計算方法，是指任何時間的連續 7 年。考慮到香港的歷史與現實情況，短期到其他國家或地區經商、求學而暫時離開香港的情況仍屬於“通常居住連續”的範疇。符合這些條件的中國公民雖不在香港出生，但亦可取得香港永久性居民資格。這裏特別要指出的是，下列情況不屬於基本法第 24 條第 2 款第 2 項規定的在香港“通常居住”：一是非法入境或在非法入境後獲入境處處長准許留在香港；二是在違反逗留期限或其他條件的情況下留在香港；三是以難民身份留在香港；四是在香港被依法羈留或被法院判處監禁；五是根據政府的專項政策獲准留在香港。

（3）無論本人是在香港特別行政區成立以前或以後出生，其出生時，其父母雙方或一方須是符合基本法第 24 條第 2 款第 1 項或第 2 項規定條件的人。概括講，香港永久性居民中的中國公民在香港以外所生的中國籍子女要取得香港永久性居民資格的前提條件是，在其出生時，其父母雙方或一方已經依法成為香港永久性居民。

中國公民只需具備上述三個條件之一，即可取得香港永久性居民的資格。

2. 非中國籍人取得香港永久性居民資格的條件

非中國籍人取得香港永久性居民資格有兩種情況：

（1）持有效旅行證件進入香港、在香港通常居住連續 7 年以上並以香港為永久居住地，即必須同時具備以下三個條件：

第一，持有效旅行證件進入香港。即當事人必須是合法進入香港，通過偷渡、使用偽造證件等非法手段和途徑進入香港的，不在此列。

第二，在香港通常居住連續 7 年以上。由於非中國籍人要成為香港永久性居民必須是以香港為永久居住地，因此，"連續 7 年"的計算方法與第 24 條第 2 款第 2 項規定的中國公民在香港通常居住連續 7 年的計算方法略有不同，是指緊接其申請成為香港永久性居民之前的連續 7 年，而後者是指任何時間的連續 7 年。

第三，以香港為永久居住地。這意味著將香港作為臨時居住地的不在此列。而且，是否以香港為永久居住地並不是只憑當事人自己宣稱，而是要經過法定程序認可的。例如：該人須在申請成為香港永久性居民時依法簽署一份聲明，表示願意以香港為永久居住地；該人在作上述聲明時須如實申報以下個人情況，供香港特別行政區政府審批其永久性居民身份時參考：在香港有無住所（慣常住所）、家庭主要成員（配偶及未成年子女）是否通常在香港居住、在香港有無正當職業或穩定的生活來源、在香港是否依法納稅等。

上述非中國籍人，無論在香港特別行政區成立之前或之後進入香港，必須同時具備以上三個條件，才能取得香港永久性居民的資格。在香港工作的很多菲傭和外傭，他們進入香港時不是以在香港定居為目的，而是以工作為目的，即使他們在香港住滿七年，也無資格成為香港永久性居民。

（2）已成為香港永久性居民的非中國籍人在香港所生的未滿21週歲的子女。之所以規定這個年齡界限，是因為在制定基本法時，香港成年人的法定年齡是21週歲，不滿21週歲為未成年人，應受父母的監護。因此，賦予他們以香港永久性居民的身份，使其能與父母同住。

3. 無國籍人取得香港永久性居民資格的條件

所謂無國籍人，就是指不具有任何國家國籍或者無法查明其屬於何國國籍的人。在香港的無國籍人多屬於歷史遺留問題。無國籍人要取得香港永久性居民的資格，必須符合在香港特別行政區成立以前只在香港有居留權，在其他國家或地區都沒有居留權的條件。基本法沒有規定其在香港居住的期限。

根據基本法的規定，以上居民在香港特別行政區享有居留權和有資格依照香港特別行政區法律取得載明其居留權的永久性居民身份證。

一般情況下，享有居留權並持有永久性居民身份證的人，才是永久性居民，但也有例外，主要體現在11歲以下兒童的情況。因為根據當時的香港法律，在香港出生並長大的兒童，10歲以前就享有居留權，但卻無須領取身份證；只有到了11歲後，才可以領取載明其居留權的永久性居民身份證。基本法正是參考了當時的有關做法，沒有硬性規定所有永久性居民必須領取永久性居民身份證，而只是規定"有資格依照香港特別行政區法律取得載明其居留權的永久性居民身份證"。

（二）非永久性居民

根據基本法第 24 條第 4 款的規定，香港特別行政區非永久性居民是指有資格依照香港特別行政區法律取得香港居民身份證，但沒有居留權的人。

（三）永久性居民與非永久性居民的區別

從基本法的規定看，香港永久性居民與非永久性居民的區別主要在於是否享有香港居留權。永久性居民享有香港居留權，有資格依照香港特別行政區法律取得載明其居留權的永久性居民身份證；而非永久性居民則沒有香港居留權，只有資格依照香港特別行政區法律取得香港居民身份證，其居民身份證沒有載明居留權。

"香港居留權（簡稱居留權）"是指有權自由出入香港、享有不受任何入境條件限制而在香港居留以及免受遞解出境或遣送離境的權利。"居留權"是一個在各國憲法或憲法性法律當中極為罕見的法律概念。香港法律原本沒有永久性居民和居留權這兩個概念，在《中英聯合聲明》附件一發佈以後，港英政府才在 1987 年修訂《人民入境條例》時引入永久性居民和居留權這兩個概念，將"居留權"規定為：包括入境權，不受居留條件限制而在香港居留及免受遣送離境或遞解出境的權利。該條例還規定，"香港本土人士"和"華籍居民"享有不被遞解出境的權利，因而是香港的永久性居民，並發給香港永久性居民身份證。[7] 需要強調的是，基本法所規定的"居留權"，是基本法所明確規定的一項十分重要和非常特殊的基本權利，類似於"擁有權利的權利"，香港終審法院在吳嘉玲案中甚至認定居留權是基本法所規定的香港永久性居民的一項核心權利。

前已述及，居留權意味著永久性居民無論在香港發生什麼情況，都不能被強制遣送離開香港，任何時候也不能以任何理由拒絕其返回香港。可以說，基本法裏的居留權在任何情況下均不得被強制性剝奪。非永久性居民不享有居留權是指不享有上述權利，而並非指非永久性居民只是在香港臨時居住的意思。如果非永久性居民在香港進行犯罪活動而觸犯了香港法律，特別行政區政府有權依法將其遣送或遞解出境。

根據基本法的規定，永久性居民與非永久性居民雖同為香港居民，但他們的法律地位和享有的權利並不完全相同。除了是否享有居留權外，還體現在選舉權利和擔任公職的權利方面。這樣的差異性規定符合香港的歷史和現實情況。因為永久性居民出生在香港或者長期居住在香港，他們是香港的當地人，且主要是中國人，佔香港居民的絕大多數，香港的繁榮穩定與他們的生存發展息息相關，他們對香港的繁榮穩定也負有更大的使命和責任。因此，基本法在政治上賦予他們比非永久性居民更多的權利，十分必要。

二、居民中的中國公民

以"是否享有居留權"為標準可以將香港居民分為永久性居民

7　王叔文主編：《香港特別行政區基本法導論（第三版）》，中國民主法制出版社、中共中央黨校出版社 2006 年版，第 157 頁。

和非永久性居民。如果以國籍為標準進行劃分，還可以把香港居民分為中國公民和非中國籍人（包括具有外國國籍的人和無國籍人）。根據國籍來區分香港居民具有重要意義。因為基本法賦予香港居民中的中國公民較多的權利，如參與國家事務管理、擔任特別行政區一些重要公職等。根據基本法規定，永久性居民須擁有中國公民身份並沒有外國居留權才可成為行政長官、主要官員、行政會議成員、立法會主席，以及高等法院和終審法院的首席法官等。基本法的這種規定完全符合國際通行做法，體現了國家主權原則。

（一）香港居民的國籍問題

國籍是指一個人屬於某一個國家的公民或國民的法律資格。具有一個國家國籍的人，在法律上稱為該國的公民或國民，並據此享有該國憲法和法律確認的權利，承擔該國憲法和法律規定的義務，接受該國的法律管轄。國籍是確認公民資格的唯一條件，擁有一國的國籍即成為隸屬於國家的成員。因此，國籍是與國家密切相連的。

公民這一身份概念在個人與國家之間的關係上包含了兩個方面內涵，一是個人對國家的忠誠義務，二是個人在國家中享有的權利。《不列顛百科全書》解釋公民身份的概念是"指個人同國家之間的關係，這種關係是，個人應對國家保持忠誠，並因而享有受國家保護的權利。公民資格意味著伴隨有責任的自由身份。一國公民具有的某些權利、義務和責任是不賦予或只部分賦予在該國居住的外國人和其他非公民的。一般地說，完全的政治權利，包括選舉權和擔任公職權，是根據公民資格獲得的。公民資格通常應負的責任有忠誠、納稅和服兵役。"[8]

---

8 《不列顛百科全書（第4卷）》，中國大百科全書出版社 1999 年版，第 236 頁。

　　1982 年憲法第 33 條對中國公民作了明確界定：凡具有中華人民共和國國籍的人都是中華人民共和國公民。公民享有憲法上的基本權利，並且承擔相應的基本義務。中國公民身份不僅僅是形式意義上的個人歸屬於國家的一種資格，它還伴隨著公民對國家的忠誠義務，凸顯了對國家的歸屬感，不依賴於民族、宗教、性別、種族等標誌，而是擁有同一的政治信念要求，分擔共同的社會責任。

　　必須看到，在"一國兩制"下，香港居民中的中國公民在我國公法秩序中的形象是多重性和多樣化的。1980 年頒佈的《中華人民共和國國籍法》（以下簡稱《國籍法》）是我們正確處理香港居民國籍問題的重要法律依據，基本法附件三將其列為在香港特別行政區實施的全國性法律之一。根據《國籍法》關於"父母雙方或一方為中國公民，本人出生在中國，具有中國國籍"的規定，由於香港是中國領土的一部分，因此父母雙方或一方為中國公民，本人出生在香港，當然就是具有中國國籍的中國公民。這體現了《國籍法》在國籍的原始取得方面實行血統主義與出生地主義相結合的原則。此外，不承認雙重國籍是《國籍法》的另一項重要原則。

　　但是，英國是承認雙重國籍的國家。根據 1981 年通過的《英國國籍法》，英國國籍分為英國公民、英國屬土公民、英國海外公民及不列顛臣民四種類型，所有在香港、九龍和"新界"的原居民及在當地出生的人士均屬英國屬土公民，可以獲得英國政府簽發的"英國屬土公民護照"。持有這種護照的人雖然具有英國國籍，但在英國本土沒有居留權。

　　為解決因 1997 年中國對香港恢復行使主權而引發的香港居民的國籍問題，中英兩國政府在 1984 年 12 月 19 日簽署《中英聯合聲明》的同時，交換了關於國籍問題的備忘錄。英國政府在其備忘錄中聲明：根據英國實行的法律，在 1997 年 6 月 30 日由於同香港的關係為英國屬土公民者，從 1997 年 7 月 1 日起，不再是英國屬土公民，但將有資格保留某種適當地位，使其可繼續使用英國政府簽發的護照，而不賦予在英國的居留權。在 1997 年 7 月 1 日或該日以後，任何人不得由於同香港的關係而取得英國屬土公民的地位。

我國政府則在備忘錄中作出如下聲明：（1）根據中華人民共和國國籍法，所有香港中國同胞，不論其是否持有"英國屬土公民護照"，都是中國公民。（2）考慮到香港的歷史和現實情況，自 1997 年 7 月 1 日起，允許原被稱為"英國屬土公民"的香港中國公民使用由英國政府簽發的旅行證件去其他國家和地區旅行。（3）上述中國公民在香港特別行政區和中華人民共和國其他地區不得因其持有上述英國旅行證件而享受英國的領事保護的權利。

這裏所講的旅行證件，實際上就是指"英國國民（海外）護照"。一般來講，持有經法定程序領取的護照，即被視為具有該護照簽發國國籍的公民，自然就可享受該國為其公民所提供的領事保護。但是，由於我國不承認雙重國籍，也不承認持有"英國國民（海外）護照"的香港中國公民具有英國國籍，因此，中國政府僅將"英國國民（海外）護照"視為旅行證件，而非國籍意義上的"護照"，允許香港中國公民使用該旅行證件去其他國家和地區旅行。中國政府的上述聲明既堅持了我國在國籍問題上的原則立場，又便利了香港居民去其他國家和地區旅行，有利於維護香港的繁榮和穩定。

至此，有關香港居民的國籍問題本已基本解決。但英國政府節外生枝，在 1989 年 12 月違反其在上述備忘錄中所作的承諾，單方面宣佈了所謂的居英權方案，給予 5 萬戶（約 22.5 萬人）香港居民包括在英國的居留權在內的完全英國公民地位。這個方案違反了《中英聯合聲明》及雙方的協議，也是對中國主權的干涉。英方這一片面改變部分香港居民國籍的做法，又重新將該問題複雜化。

（二）中國政府關於香港居民國籍問題的原則立場

關於香港居民的國籍問題，中國政府的一貫立場是：香港是中國領土的一部分，居住在香港的中國同胞不是僑居外國的華僑，而是具有中國國籍的中國公民。中國國籍法是確定香港居民是否具有中國國籍的唯一標準。但是，國籍法在香港的適用要考慮香港的歷史和現實情況。為此，全國人大常委會於 1996 年 5 月 15 日通過了《關於〈中華人民共和國國籍法〉在香港特別行政區實施的幾個問題的解釋》。按照解釋，凡具有中國血統的香港居民，本人出生在中國領土（含香港）者，及其他符合《中華人民共和國國籍法》規定的具有中國國籍的條件者，都是中國公民。所有香港中國同胞，不論其是否持有＂英國屬土公民護照＂或者＂英國國民（海外）護照＂，都是中國公民。任何在香港的中國公民因英國政府的＂居英權計劃＂而獲得的英國公民身份，根據《中華人民共和國國籍法》不予承認。這類人仍為中國公民，在香港特別行政區和中華人民共和國其他地區不得享有英國的領事保護的權利。

需要注意的是，作為直轄於中央人民政府的地方行政區域，在現行憲制安排下，港人是否具有中國公民身份非常重要。首先，它會直接影響到其是否可以依據基本法第 24 條第 1 款或第 2 款的規定獲得香港居留權，又或者依據基本法第 24 條第 3 款的規定而成為香港永久性居民。其次，在現行的憲制安排下，香港居民中的中國公民被賦予了較多的基本權利。基本法的這種規定實際上是國家主權原則的一種體現，非中國籍香港居民此方面的權利會受到較大的限縮。

三、居民以外的其他人

在香港特別行政區,除居民(包括永久性居民和非永久性居民)以外,還有其他一些臨時在香港工作、停留的人士,如赴港經商、求學、出席會議的人,甚至還有難民、非法入境者等,這些人士在基本法中都被冠以"其他人"的稱謂。"其他人"與香港居民(含永久性居民和非永久性居民)的區別在於:前者不能領取居民身份證,而後者則可依法取得特別行政區永久性居民身份證或居民身份證。按照基本法規定,對特別行政區居民和其他人的權利和自由都必須予以保護。除法律另有特別規定,例如居留權、選舉權和被選舉權、自由出入香港以及擔任特別行政區重要公職等政治權利和自由,非香港居民的其他人依法不能享有外,香港居民享有的其他權利和自由,其他人一般都可以享有。當然,其他人既然不是香港居民,也就不能享受香港居民在醫療衛生、社會福利等方面的一些待遇。

四、香港居民在內地的身份定位

按照內地現行法律,香港的中國公民進出內地尚需接受出入境管制。香港和內地雖同為中國領土組成部分,但屬於不同的司法管轄區,在出入境管理方面實行不同的制度。公安部 1986 年 12 月 25 日頒佈了《中國公民因私事往來香港地區或澳門地區的暫行管理辦法》,根據該規定,香港居民來往於香港與內地之間,需要憑國家公安機關簽發的港澳同胞回鄉證或者入出境通行證,從中國對外開放的口岸通行。香港居民來內地,須申請領取港澳同胞回鄉證,港澳同胞回鄉證由廣東省公安廳簽發。申領港澳同胞回鄉證須交驗居住身份證明,填寫申請表。不經常來內地的香港居民，可申請領取入出境通行證。申領辦法與申領港澳同胞回鄉證相同。

　　香港自古以來就是中國的領土，無論回歸前後，居住在香港的中國同胞都是具有中國國籍的中國公民。我國政府一般把他們和澳門同胞統稱為"港澳同胞"。至於"港澳同胞"的定義，國務院港澳事務辦公室曾於1991年針對部分省、市、自治區僑務部門所反映的情況，專門下達過《關於港澳同胞等幾種人身份的解釋（試行）》的文件，對"港澳同胞"的規範含義做了專門界定。根據該解釋，香港同胞應定義為香港居民中的中國公民，即在香港享有居留權的永久性居民中的中國公民和雖未取得居留權但係經內地主管部門批准、正式移居香港的中國公民。

第二節　居民基本權利和義務的內容

　　基本權利是指憲法規定的公民在國家和社會生活中享有的最重要、最基本的權利。香港基本法第 11 條規定："香港特別行政區的制度和政策，包括社會、經濟制度，有關保障居民的基本權利和自由的制度，行政管理、立法和司法方面的制度，以及有關政策，均以基本法的規定為依據。"基本法是依據我國憲法制定的，憲法和基本法共同構成了香港特別行政區的憲制基礎。所以，香港居民的基本權利和自由直接依據是基本法，但最終依據是國家憲法，受到基本法和憲法的雙重保障。

　　基本法總則規定，香港特別行政區保持原有的資本主義制度和生活方式，五十年不變；有關保障居民的基本權利和自由的制度以基本法的規定為依據。也就是說，我國憲法中有關公民的基本權利和義務的規定並不直接適用於香港特別行政區。這就從總原則上確立了香港居民的基本權利和自由的制度與內地有所不同的特點，基本法正是遵循這一立法總原則，首次全面規定了香港居民的權利與自由。例如，規定香港永久性居民中的中國公民享有參與國家事務管理的權利；規定香港特別行政區行政長官、主要官員、行政會議成員、立法會主席、終審法院和高等法院的首席法官等必須由在外國無居留權的香港永久性居民中的中國公民擔任等，這些體現了"一國"的原則。基本法規定香港居民有旅行和出入境的自由；香港居民的婚姻自由和自願生育的權利受法律保護；香港居民有權得到秘密法律諮詢、向法院提起訴訟、選擇律師及時保護自己的合法權益或在法庭上為其代理和獲

得司法補救；香港居民有權對行政部門和行政人員的行為向法院提起
訴訟等，這些彰顯了"兩制"的特色。相較於憲法規定，基本法對
香港居民的基本權利和自由進行了更為詳細而深入的規定，既體現了
"一個國家"的根本原則，亦凸顯了"一國兩制"的優越性和獨特性。

一、居民的基本權利和自由

（一）平等權

平等權作為基本人權之一，在各國憲法和國際人權公約等法律文
件中都有明確規定。我國憲法第 33 條第 1 款規定"中華人民共和國
公民在法律面前一律平等"。在基本法中，平等權被列於居民基本權
利之首。基本法第 25 條規定："香港居民在法律面前一律平等。"其
基本含義是，凡香港居民，不論是永久性居民還是非永久性居民，不
論他是否是中國公民，都不應因國籍、血統、種族、性別、語言、宗
教、政治或思想信仰、文化程度、經濟狀況或社會條件而受到歧視，
他們在法律面前的地位是平等的。他們的合法權益一律平等地受到保
護，對違法的行為一律依法予以追究。不允許任何人享有法律以外的
特權，也不允許強迫任何人承擔法律以外的任何義務。平等權不僅是
香港居民的一項基本權利，也是保障香港居民享有和行使權利、自由
的一項基本原則。

香港作為一個國際性大都市，其居民的國籍、宗教、血統、語
言、社會階層、財富佔有等條件千差萬別。基本法對平等權的規定有
利於保障香港居民及社會各界、各階層、各團體和睦相處，社會長治
久安。同世界上大多數國家或地區憲法和法律規定的"在法律面前一
律平等"一樣，"香港居民在法律面前一律平等"不僅是指法律適用

上一律平等，而且包含在立法、守法、司法上一律平等。立法上的一律平等，是指在立法時，同樣的情況不能區別對待，不同情況應不同對待，所有居民都有權依法參與法律的制定（如選舉立法會議員、參加立法諮詢），所有制定出來的本地法律都必須反映和體現香港市民的根本利益和願望。守法平等是指香港居民在遵守法律方面，不論其職務大小、地位高低、貧富貴賤，都必須同樣受法律的約束，不得有超越法律的任何特權。為此，基本法第 42 條明確規定"香港居民和在香港的其他人有遵守香港特別行政區實行的法律的義務。"司法平等是指司法機關在適用法律上，對任何人均一視同仁，不得因人而異，居民的合法權益均受法律的保護；同樣，任何人違法犯罪都要依法予以制裁，違法必究，不允許任何人享有不受法律約束的特權。這是現代社會在保障人權方面所確立的一項重要原則。

這裏特別要指出的是，在《中英聯合聲明》中並沒有關於香港居民平等權的規定，基本法作出這一規定，充分顯示了國家對香港居民基本權利和自由的重視和保障。

（二）政治權利和自由

1. 政治權利

政治權利主要是指參政權，包括參與地區事務和國家事務的管理權。參政權主要通過行使選舉權和被選舉權來實現。

（1）參與香港特別行政區地方事務管理權。這主要體現在基本法規定的香港地區的永久性居民通過一定方式選舉產生香港特別行政區立法機關、政權機關和其他社會組織組成人員的權利和自由。基本法第 26 條規定："香港特別行政區永久性居民依法享有選舉權和被選舉權。"該條規定的含義有二：一是享有選舉權和被選舉權的主體是香港永久性居民，而無論他是否是中國公民、非中國籍人還是無國籍人。非永久性居民和其他人都不能享有這項權利。二是這裏所講的選舉權和被選舉權，是指香港永久性居民有權依法按照自己的意願，選舉特別行政區行政長官、選舉委員會有關界別委員和立法會議員及非政權性組織成員，如區議會議員等；有權依法被選舉為特別行政區行政長官、選舉委員會有關界別委員、立法會議員及非政權性組織成員。需要指出的是，選舉權由香港永久性居民普遍享有，不論是中國籍的，還是非中國籍的外國人，只要他們是香港特別行政區永久性居民，都平等地享有選舉權；但是對於被選舉權的行使，永久性居民中的中國公民和非中國籍人士尚有一定的差異。根據基本法的規定：只有年滿四十週歲，在香港通常居住連續二十年並在外國無居留權的香港特別行政區永久性居民中的中國公民才可以被選為行政長官；立法會主席的任職資格與行政長官的任職資格完全相同；香港特別行政區立法會由在外國無居留權的香港特別行政區永久性居民中的中國公民組成，非中國籍的香港特別行政區永久性居民和在外國有居留權的香港永久性居民也可以被選為立法會議員，但其所佔比例不得超過立法會全體議員的 20%。此外，基本法第 26 條規定的權利是 “依法享有”，即香港特別行政區法律可以對選舉權和被選舉權的享有資格、條件、範圍等作出必要的具體規定。

（2）參與國家事務管理權。我國憲法第 34 條規定：“中華人民共和國年滿十八週歲的公民，都依法享有選舉權和被選舉權。” 全國人民代表大會制度是我國的根本政治制度，因此，中國公民參與國家事務管理的主要途徑是選舉人民代表大會代表（以下簡稱人大代表）或被選舉為人大代表，通過人大代表在人民代表大會的工作和活動實現公民參與國家事務管理的權利。基本法第 21 條規定：“香港特別行政區居民中的中國公民依法參與國家事務的管理。根據全國人民代表大會確定的名額和代表產生辦法，由香港特別行政區居民中的中國公民在香港選出香港特別行政區的全國人民代表大會代表，參加最高國家權力機關的工作。"回歸至今，香港居民中的中國公民已按照全國人大制定的選舉辦法，相繼選出了香港特別行政區第九至十四屆全國人大代表，並組成香港特別行政區代表團參加全國人大會議，行使參與國家事務管理的權利，如參加對國家重大問題的討論和決定，反映香港居民的意見和要求等。例如，第十四屆港區全國人大代表 36 人，其代表名額比例（每一代表所代表的人口數）大大超過了內地各省、自治區和直轄市的比例，顯示出國家對香港的照顧。此外，香港居民中的中國公民還可通過擔任全國政協委員、特聘公職人員以及擔任基本法委員會委員等方式參與國家事務管理。例如，在第十三屆全國政協中，有 124 位特邀香港委員。除特邀香港人士界別外，其他一些界別也吸收了香港社會代表性人士。這意味著香港居民中的中國公民依法參政議政的渠道是多層次、多維度的。

需要指出的是，目前國家的《公務員法》、《事業單位人事管理條例》等法律法規並未列入基本法附件三，涉國家公職權的法律規範還不能直接適用於港澳居民。但憲法和法律都未禁止港澳居民報考公務員和事業單位，隨著港澳融入國家發展大局的進程加快，有關的制度機制也正在不斷健全完善，如《粵港澳大灣區發展規劃綱要》首次強調："鼓勵港澳居民中的中國公民依法擔任內地國有企事業單位職務，研究推進港澳居民中的中國公民依法報考內地公務員工作。"2020年 11 月，為落實《粵港澳大灣區發展規劃綱要》，服務"雙區"建設，深圳首次從港澳定向計劃招錄五類職位共 1,069 名公務員，從港澳地區選拔優秀青年融入國家、參與大灣區建設。這意味著港澳居民參與國家事務管理，在取得國家公職權的同等待遇方面會不斷進步和發展。

2. 政治自由

政治自由是居民表達自己的意見和願望以及參加社會政治活動所必須具有的民主自由權利。根據基本法第 27 條的規定，香港居民享有以下政治自由：

（1）言論、新聞、出版自由。言論自由是指通過語言表達意見、宣傳自己主張的自由。新聞自由是指通過新聞傳播媒介宣傳自己的主張和要求，以及通過新聞傳播媒介獲取各方面資訊的自由。出版自由是指通過各種出版物（紙質或電子出版物）表達自己的思想和見解的自由。言論、新聞、出版自由均屬於表達自由，基本法將此作為居民的基本權利予以保障。

在法治社會，任何權利和自由的行使都不是毫無約束的，表達自由也要受法律的規範。香港法律和法院的判例，十分強調要以《公民權利和政治權利國際公約》規定的標準對表達自由施加限制，即要有明確的法律規定，要以維護國家安全、公共利益和其他人的權利為限，而且有關限制要與所要達到的目的相稱，即符合相稱性原則。根據基本法、香港國安法及香港本地的有關法律（包括《維護國家安全條例》），對言論、新聞、出版自由的行使主要有以下限制：第一，不得煽動或宣揚叛國、分裂國家、煽動叛亂、煽動或鼓吹顛覆國家政權；第二，不得宣揚恐怖主義、煽動實施恐怖活動；第三，不得侮辱、誹謗、陷害他人；第四，不得散佈淫穢性言論；第五，不得煽動和教唆犯罪；第六，不得洩露國家機密等。

（2）結社、集會、遊行、示威的自由。結社自由是指香港居民為了一定的（政治、經濟或其他方面的）目的或宗旨而組織社團，並在法律允許及社團章程內開展活動的自由。集會、遊行、示威等自由都屬於通過參加群體性行動，表達思想和訴求的自由。由於集會、遊行、示威往往需要佔用公共場所或公共道路，參加人數眾多，難免會對社會公共秩序造成一定的影響，因此，香港居民在行使這些權利時，必須依法進行，不得損害國家、香港社會的穩定和其他人的利益，否則要受到法律的制裁。目前香港規管上述政治自由的法律主要有《維護國家安全條例》、《社團條例》、《公安條例》、《刊物管理綜合條例》、《違禁出版物條例》等。此外，根據基本法的規定，禁止外國的政治性組織或團體在香港特別行政區進行政治活動，禁止香港特別行政區的政治性組織或團體與外國的政治性組織或團體建立聯繫。香港國安法也對勾結外國或者境外勢力危害國家安全罪及其刑罰作了明確規定，這是維護國家安全的需要。

（3）組織和參加工會、罷工的權利和自由。工會是各行各業的僱員自願、自發組織的社會團體，是結社的一種形式，其主要目的是代表僱員參加與僱主的談判，調節僱員與僱主的關係，為僱員爭取及改善福利待遇及其他權益等。在香港，各行各業基本上都有自己的工會，它們作為僱員的代言人，向政府和資方反映民意，提出訴求，在協調勞資關係方面發揮著重要的作用，是香港政治、社會、經濟生活不可忽視的一支力量。罷工是僱員為達到某種目的而集體性的、一致性的停止工作的行為。香港居民享有罷工的權利和自由，工會有權組織僱員罷工，行使罷工權不構成違反合同，也不構成解僱的合法理由。

總之，香港居民享有的政治自由得到了基本法的充分保障，但這些自由不是絕對的、無條件的，它們也需要受到法律的限制。這些限制表現在三個方面：一是基本法規定的總括性的原則限制。即基本法

第 42 條 "香港居民和在香港的其他人有遵守香港特別行政區實行的法律的義務"。二是基於維護國家安全的限制。基本法第 23 條規定香港特別行政區應自行立法禁止任何叛國、分裂國家、煽動叛亂、顛覆中央人民政府等七種行為。根據基本法第 11 條關於特區制度和政策均以基本法為依據的規定，第 23 條的立法目的和原則要求已經構成了特區法律秩序的基本規範，不能違反。2020 年 6 月 20 日，全國人大常委會制定《香港國安法》並將其列入基本法附件三，由香港特區在當地公佈實施。2024 年 3 月 23 日，香港特區《維護國家安全條例》刊憲生效。至此，完備、系統、嚴密的香港特區維護國家安全的法律制度和執行機制得以建立。三是《香港國安法》規定的關於基本法根本性規範的限制。該法第 2 條規定："關於香港特別行政區法律地位的香港特別行政區基本法第一條和第十二條規定是香港特別行政區基本法的根本性條款。香港特別行政區任何機構、組織和個人行使權利和自由，不得違背香港特別行政區基本法第一條和第十二條的規定。"這也構成香港居民行使權利自由的根本性規範限制。

（三）人身自由

1. 人身自由不受侵犯

人身自由，又被稱為身體自由，是指公民的人身完全受自己自由支配，不受非法拘禁、逮捕、搜查等任何形式的非法侵犯。人身自由是人的最基本的自由，也是人們從事社會、政治、經濟活動，享受其他各項權利自由的前提條件。基本法第 28 條規定："香港居民的人身自由不受侵犯。香港居民不受任意或非法逮捕、拘留、監禁。禁止任意或非法搜查居民的身體、剝奪或限制居民的人身自由。禁止對居民施行酷刑、任意或非法剝奪居民的生命。"這裏需要加以明確的有：

（1）所謂任意，是指無理、專橫，沒有任何理據的意思。（2）所謂非法，是指沒有法律依據，或者不符合法定程序。如果發生了任意或非法的逮捕、拘留、監禁的情況，居民有權向法院要求頒發人身保護令狀，停止這種對人身自由的任意或非法的逮捕、拘留、監禁。基本法關於保護人身自由的規定是比較嚴格的，特別是有關 "禁止任意或非法……"、"不受任意或非法……" 的寫法，切實保護了居民的人身自由不受侵犯。基本法第 87 條第 2 款還規定："任何人在被合法拘捕後，享有盡早接受司法機關公正審判的權利，未經司法機關判罪之前均假定無罪。" 這從刑事訴訟原則角度再度強化了對居民人身自由的保障。

2. 住宅不受侵犯

住宅不受侵犯是指個人居住處所不受侵犯，非得到本人同意，無論任何人均不能私自侵入。這是人身自由權的進一步延伸。這裏的個人居住處所並不限於私家住宅或私人房屋，還包括臨時居住地，暫時居住的賓館、旅館及宿舍等。如果居民的住宅受到任意的侵犯，居民的生活安全就得不到保障，進而居民的隱私權和財產權也會受到侵犯。可以說，住宅不受侵犯包含著從不同角度和層面維護香港居民的人身權、財產權和隱私權的意義。基本法第 29 條規定："香港居民的住宅和其他房屋不受侵犯。禁止任意或非法搜查、侵入居民的住宅和其他房屋。" 該規定中 "非法搜查" 是指沒有法律依據而對居民住宅或其他房屋進行搜查的行為。"非法侵入" 是指既無法律的授權，也未獲得當事人或所有人的許可，擅自以非法手段闖入居民的住宅或其他房屋。"其他房屋" 包括辦公室、私人工廠、個人的辦事處、寫字樓等。基本法將居民的 "其他房屋" 也列入不受侵犯之列，這符合現代社會發展的需求及法律對人身自由保護的趨勢。

3. 通訊自由和通訊秘密

通訊是個人生活、社會生活中的社交方式和基本權利,屬於人的隱私權的一項內容。通訊自由是指居民有權運用電話、電報、通信、電傳、網絡、電子郵件等方式和手段進行社會交往,非依法律不受干涉和限制。通訊秘密是指居民通訊的內容不得非法竊取或洩露,任何部門或個人未經本人許可或授權,都不能私自拆閱他人的信件、函件、郵件等,也不能竊聽他人的電話等,否則即屬違法,須追究法律責任。

基本法第 30 條規定:"香港居民的通訊自由和通訊秘密受法律的保護。除因公共安全和追查刑事犯罪的需要,由有關機關依照法律程序對通訊進行檢查外,任何部門或個人不得以任何理由侵犯居民的通訊自由和通訊秘密。" 通訊自由和通訊秘密與人身自由密切相關。從基本法對通訊自由和通訊秘密的保護來看,主要是基於對居民隱私權的保護。因此,通訊自由和通訊秘密作為居民的隱私權而成為居民人身自由的一項實質性內容。此外,通訊自由和通訊秘密也屬於香港居民精神、文化活動自由的一項實質性權利內容。當然,通訊自由和通訊秘密也不是絕對的,如確因公共安全和追查刑事犯罪的需要,可以由有關機關依照法律程序對通訊進行檢查。基本法所保護的通訊自由和通訊秘密是一種合法的、正當的通訊自由和通訊秘密,危害公共秩序與侵害他人權益的行為不屬於通訊自由和通訊秘密的範疇。

4. 遷徙、移居和出入境自由

基本法第 31 條規定:"香港居民有在香港特別行政區境內遷徙的自由,有移居其他國家和地區的自由。香港居民有旅行和出入境的自由。有效旅行證件的持有人,除非受到法律制止,可自由離開香港特別行政區，無需特別批准。"

從基本法上述規定看，香港居民的遷徙自由是指香港居民享有在香港特別行政區境內選擇或改變住所或居住地點的自由。移居自由是指香港居民享有到外國定居或永久居留的自由。出入境自由是指香港居民享有進出香港特別行政區的自由。居民只要持有合法領取的有效證件，不需要再辦理審批手續，即可自由出入香港特別行政區，但依法受到法律制止的人除外。這裏的"法律制止"，包括受到刑事、民事追訴；正在服刑；取保候審；因偷稅漏稅及債務等原因而被有關機關限制出境的情形。基本法規定香港居民享有遷徙、移居和出入境自由，是對居民人身自由權的進一步保障。

（四）信仰自由和宗教信仰自由

基本法第 32 條規定："香港居民有信仰自由。""香港居民有宗教信仰的自由。有公開傳教和舉行、參加宗教活動的自由。"與人身自由不同，信仰自由屬於精神方面的自由、思想方面的自由。從廣義上講，信仰自由既包括宗教信仰自由，也包括其他信仰自由，如信仰無神論等。宗教信仰自由則既包括信仰宗教的自由，也包括不信仰宗教的自由；既包括參加宗教活動的自由，也包括不參加宗教活動的自由。任何個人或團體不得強制居民信仰或不信仰宗教，因為是否信仰宗教以及信仰何種宗教完全是居民個人的事情，政府和社會均不得干預。在信仰自由的原則下，只要不構成犯罪，各種宗教教義和思想都可以在香港特別行政區傳播。香港特別行政區是一個多種宗教並存的地區，是多元文化和不同宗教共生並存的社會典範。據統計，香港的宗教徒大約佔本地居民人口的三分之二，信徒較多的宗教有佛教、道教、基督教、天主教、伊斯蘭教等。因此基本法有必要對香港居民依據自身宗教習慣進行宗教活動的權利予以保障。為了保障居民的宗教信仰自由，基本法還在第六章對宗教事務進行了進一步規定。

（五）經濟、社會、文化權利

經濟、社會、文化權利是居民基本權利和自由的一個重要方面。這些權利和自由如果得不到充分保障，也會對居民行使其他權利和自由造成不利的影響。因此，基本法對此作了具體規定，主要有：

1. 財產權

財產權是指香港居民個人通過勞動或其他合法方式取得財產和佔有、使用、處分以及繼承財產的權利，這是香港居民最為重要的基本權利之一。根據"一國兩制"原則，香港特別行政區保持資本主義制度和生活方式，五十年不變。保護私有財產是資本主義制度的一項重要內容，財產權是事關香港居民生存利益和香港地區社會發展基礎的基本權利。因此，對私有財產權的保護必然被列入基本法中。基本法在總則第 6 條中就明確規定："香港特別行政區依法保護私有財產權。"這是確保資本主義制度不變的法律基礎。

值得注意的是，基本法並未在第三章居民的基本權利和義務中規定財產權，而是在總則中加以規定，並在第五章的"經濟"一章中具體規定。基本法第 105 條規定："香港特別行政區依法保護私人和法人財產的取得、使用、處置和繼承的權利，以及依法徵用私人和法人財產時被徵用財產的所有人得到補償的權利。"這種對財產權保障的獨特立法方式，體現了"一國兩制"之下，基本法對香港特別行政區經濟制度的尊重和保障，體現了國家促進和保障香港特別行政區長期繁榮穩定的決心和意志。

財產權的內容包括財產的取得、使用、處置和繼承的權利。財產權既可以存在於有形財產，如樓宇、家具、藝術品等，也可以存在於無形財產，如發明權、商標權、著作權、專利權等。基本法關於居民財產權的規定首先確認了財產權是居民的一項基本權利，不可侵犯。其次，確立了對財產權的保障機制，在財產權因公共利益而依法受到限制時，政府必須給以補償。

2. 選擇職業的自由

基本法第 33 條規定："香港居民有選擇職業的自由。"選擇職業的自由也叫工作自由，是指居民有根據自己的意願或能力、專長等選擇職業，參加工作並獲得相應勞動報酬的權利。選擇在何處工作以及從事何種職業往往是居民生存和發展的前提和基礎，因此，擇業自由也就成為了居民個人生活形成和人格發展的一個組成部分，對居民的生存和發展具有重要的意義，是居民重要的基本權利之一。當然，居民享有選擇職業的自由並不是毫無限制的。例如，居民如選擇醫生、律師、會計師、測量師等職業，必須依照相關法律、法規及行業規定，取得相應的專業資格，並經政府批准獲得執業資格，方可從事相關工作。

3. 社會福利權

社會福利權，是指香港居民享有由特區政府建立的社會保障制度帶來的社會福利，在因年老、疾病、死亡或失業需要援助時得到必要物質資助的權利。基本法第 36 條規定："香港居民有依法享受社會福利的權利。勞工的福利待遇和退休保障受法律保護"。

眾所周知，社會福利是以經濟條件為基礎的，社會福利的水平應與經濟發展水平相適應，如果超越了經濟發展的水平，社會福利就會難以為繼。目前，香港的社會保障制度以綜合社會保障援助金（綜援金）計劃及公共福利金計劃為主，輔以三個意外賠償計劃，即暴力及執法傷亡賠償計劃、交通意外傷亡援助計劃和緊急救濟計劃。此外，香港的社會福利及保障還包括安老服務、康復服務、醫務社會服務等內容。

孔允明案[9]是香港回歸以來第一個關於福利政策的重要案件。該案判決為香港的福利政策確立了新的規則，任何香港居民只要符合法定條件均可向政府申領綜合社會保障援助，無須受到居留時間的限制。

4. 婚姻自由和自願生育權

婚姻自由包括結婚自由和離婚自由。生育權是從婚姻自由派生的從屬性權利。基本法第 37 條規定："香港居民的婚姻自由和自願生育的權利受法律保護。"

5. 教育、科學、文化活動的權利和自由

基本法關於居民享有教育、科學、文化活動的權利和自由主要是從以下幾方面作出規定的：

（1）教育權。基本法規定香港居民享有的教育權包括三方面的內容：一是受教育權。基本法第 137 條規定："學生享有選擇院校和在香港特別行政區以外求學的自由。"目前香港實行九年免費強制教育制度，法律規定，在政府為每一適齡兒童提供學費的條件下，每一

9　亞洲金融危機之後，香港政府收緊了社會福利政策，2003 年特區政府成立了專責小組研究綜援計劃的改革，在 2003 年 6 月將原有的 1 年居住年限提升至 7 年，該政策於 2004 年 1 月 1 日生效。原告孔允明是出生在內地的中國公民，2003 年 10 月與香港永久性居民陳先生再婚，後於 2005 年 11 月 30 日獲發單程證，並於同年 12 月 21 日進入香港。不幸的是，其來港翌日丈夫病逝。由於其丈夫長期居住公屋且領取綜援，該公屋在陳先生病逝後被政府收回，原告因此喪失在香港生活的必要經濟來源，因而向香港特區社會福利署申請"綜援"。然而，根據新政策規定，孔允明的申請因未居住滿七年被拒絕。其後，孔允明在法律援助署協助下向法院申請司法覆核，認為有關居留要求違反香港基本法及《香港人權法案條例》有關規定。最終，本案上訴至終審法院，並於 2013 年 12 月 17 日判決。終審法院五位法官一致裁定孔允明上訴得直，並宣佈特區政府所制定的須在港居留滿七年的綜援申請資格規定"違憲"。

位兒童的家長都須承擔其子女入學接受文化教育的義務。在完成九年免費強制教育後，學生可根據本人學習情況選擇接受包括大學、專上學院、教育學院以及香港專業教育學院在內的高等教育。與此相關的是，學生有擇校自由以及在香港特別行政區以外求學的自由。二是辦學自由。在香港，除了官辦的公立學校外，社會團體和私人可依法在香港特別行政區興辦各種教育事業。三是教學自由。即香港特別行政區的各類學校的教學內容、教學方法以至教學語言等均由學校自行決定。

（2）學術自由，科學技術、文學藝術創作及其他文化活動的自由。基本法第 34 條規定：“香港居民有進行學術研究、文學藝術創作和其他文化活動的自由。”學術自由是指香港居民無論是在社會科學還是自然科學的研究方面，都依法享有按照自己的意願自由探索，研究問題，並可自由發表研究所得的學術成果及見解，交流並傳播學術思想的自由。科學技術、文學藝術創作及其他文化活動的自由是指香港居民享有發揮自己在科學技術研究、文學藝術創作等方面的才能，取得科技研究成果，創作各種形式文藝作品的自由。基本法除明確規定居民享有上述自由外，還在第 139 條規定特別行政區以法律保護科學技術的研究成果、專利和發明創造；在第 140 條規定以法律保護作者在文學藝術創作中所獲得的成果和合法權益。

（六）法律及司法權利

1. 提起法律訴訟及獲得司法補救權

基本法第 35 條規定：“香港居民有權得到秘密法律諮詢、向法院提起訴訟、選擇律師及時保護自己的合法權益或在法庭上為其代理和獲得司法補救。”這一條全面具體地規定了香港居民在法律訴訟方面的權利。具體來說，包括以下四個方面：

一是向法院提起訴訟的權利。居民在需要時可訴諸法律，向法院提起訴訟。對於居民來講，這是一項權利，但對於法院來講，則是一項義務。只要居民提起訴訟，符合法律規定的條件，屬於法院管轄的範圍，法院就必須受理，不得拒絕。

二是有權得到秘密法律諮詢。香港居民可向有關法律專業人士或法律援助機構進行法律諮詢，而且為維護居民的隱私權，可以要求提供這種諮詢服務是秘密的。

三是可以"民告官"。除了民事或刑事訴訟外，基本法還規定，香港居民有對行政部門和行政人員的行為向法院提起訴訟的權利（基本法第 35 條第 2 款）。由於在日常生活中，行政部門和行政人員的決策及行為對居民產生的影響比較大，而在"官與民"這一對矛盾中，"民"是相對弱勢的一方，因此基本法強調，當行政部門和行政人員的行為給居民的利益造成損害時，居民有權向法院提起訴訟。

四是獲得司法補救的權利。當居民基本權利受到損害或者侵害的時候，需要得到及時的補救、恢復，以及對造成權利侵害的行為予以糾正和懲罰，這就是所謂基本權利的救濟。基本權利救濟是基本權利保障的最後手段，同時它也是基本權利保障不可或缺的一個重要環節。司法救濟是基本權利救濟的關鍵手段。香港居民在遇到問題和訴訟時，有選擇律師、得到律師幫助的權利，以便及時保護自己的合法權利。在進行訴訟時，居民可聘請律師作為代理人或代為出庭，為其辯護及得到律師的各種幫助。香港實行法律援助制度，即政府對由於經濟困難不能支付訴訟費用的當事人，提供必要的法律援助，如派出政府律師，或通過"律師當值計劃"為當事人指派律師幫助當事人進行訴訟，使貧困居民的法律訴訟權得到保障，從而維護其合法權益。

司法補救權是產生於早年英國衡平法的一項制度。在普通法制度下有普通法院與衡平法院之別，在司法活動中，普通法院只能命令損害賠償，但不能解決受害人的其他訴求。如關於噪聲污染問題的訴訟，普通法院只有判決加害人對受害人提供損害賠償，但卻不能解決噪聲加害行為，即不能令加害人消除噪聲，恢復安靜。而衡平法院則可以提供各種救濟辦法，如法院可用頒發禁止令的方式，命令加害人消除噪聲，恢復安靜等。基本法的規定保持了原在香港實行的司法補救制度，使居民的合法權益在最大程度上獲得保護，以求做到公正、合理。

2. 獲得公正審判的權利

基本法第 87 條第 2 款規定："任何人在被合法拘捕後，享有儘早接受司法機關公正審判的權利，未經司法機關判罪之前均假定無罪。"

在刑事司法中，公正審判權用來保護受刑事指控者免遭不合法、不公正的定罪。香港基本法對此作出了明確規定。假定無罪即無罪推定原則，是指被告在未被法院確定有罪以前，均應當被視為無罪的人。這一原則已成為世界上多數國家刑事訴訟理論的基本原則之一，並作為公民的基本權利列入憲法或法律予以保障。基本法也將無罪推定原則作為保護香港居民權利的一項重要內容。

（七）"新界"原居民的合法傳統權益受到保護

基本法第 40 條規定："'新界'原居民的合法傳統權益受香港特別行政區的保護。"這是基本法規定的一項極為特殊的基本權利。這個權利之所以特殊，是因為這項基本權利有特定主體，只能是新界原居民，或者說這是該主體所獨享的權利。

根據香港有關法律文件，所謂"新界"原居民是指其父系在

1898 年為香港 "新界" 鄉村居民的人士。英國佔領 "新界" 地區後，於 1910 年制定了《新界條例》，宣佈從 1900 年 7 月 23 日起，"新界" 內所有土地均屬英王所有，從而引起 "新界" 居民的激烈抗爭，最後迫使英國人承諾 "新界" 原居民的權利可按傳統方式不變，並在法律上作出規定。從此以後，"新界" 原居民就在法律上享有了一些特定的權利，而這些權利是其他香港居民所不能享有的。

在起草基本法時，香港社會上對此有較大分歧，有不少人士認為 "新界" 原居民的傳統權益屬於特權，與香港居民在法律面前一律平等的原則相矛盾，且具有殖民色彩，因此不應保留。起草委員會經反覆研究，認為保護 "新界" 原居民的合法傳統權益是必要的，理由是：（1）符合《中英聯合聲明》在土地問題上有關保護 "新界" 原居民權利的規定；（2）體現了保持原有制度不變的原則；（3）體現了照顧和保護少數人群體利益的原則；（4）"新界" 原居民的傳統權益是通過與英國殖民者的鬥爭所獲得的，不屬於特權，而且是歷史上所形成的。繼續保護 "新界" 原居民的合法傳統權益有利於穩定他們對香港的信心。因此，起草委員會決定仍保留上述條款。

根據香港法律的規定，"新界" 原居民的傳統合法權益主要有：收地賠償權、興建丁屋權、成立 "新界" 鄉議局、豁免差餉權、收地補償權、政府免費批地予 "新界" 原居民安葬死者、遺產繼承權（無遺囑繼承情況下遺產繼承權屬男丁所有）、保留傳統習俗等。

二、居民的義務

基本法第三章及其他有關章節規定了香港居民享有內容廣泛的基本權利和自由。而基本法關於香港居民的義務的規定則只有一條，即

第 42 條："香港居民和在香港的其他人有遵守香港特別行政區實行的法律的義務。"在特區實行的法律包括哪些法律呢？根據基本法第 18 條的規定，在特區實行的法律包括基本法及根據第 8 條被保留下來的香港原有法律、香港特別行政區立法機關制定的法律以及列入基本法附件三的全國性法律。2020 年 6 月 30 日，香港國安法列入基本法附件三並在香港本地公佈實施。香港國安法第 6 條第 1 款和第 2 款分別規定："維護國家主權、統一和領土完整是包括香港同胞在內的全中國人民的共同義務"；"在香港特別行政區的任何機構、組織和個人都應當遵守本法和香港特別行政區有關維護國家安全的其他法律，不得從事危害國家安全的行為和活動"。香港國安法的上述規定，是"一國兩制"制度體系在香港居民基本權利與義務制度方面發展完善的必然結果。

需要注意的是，基本法沒有規定香港居民有遵守憲法的義務，原因在於香港居民中不但有中國公民，還有不少非中國籍的人，因此憲法中有關中國公民的基本義務，在基本法中不便統一規定為香港居民的基本義務。但從理論上看，由於基本法根據憲法而制定，憲法效力當然覆蓋包括香港在內的全中國範圍，從憲法的空間效力和對人的效力而言，香港居民和在香港的其他人中的中國公民，法理邏輯上當然應當遵守憲法，但憲法上的公民基本權利與義務的規定對於香港居民中的中國公民的適用，已經根據憲法第 31 條之特別規定，具體化為基本法中關於香港居民的基本權利與義務。因此，憲法上的公民基本權利與義務的規定一般不直接適用於香港居民，況且香港居民中還有非中國公民。特別是，如果憲法規定的義務和基本法規定的內容不一致，則需要根據"一國兩制"的原則和憲法第 31 條特別條款的精神，優先按照基本法的規定來處理。考慮到憲法關於中國公民的基本權利與義務的規定中，往往有"享有法律規定的權利"、"依照法律被剝奪政治權利"、"依照法律規定實行"等等字樣，這裏的法律顯然是全國性法律，如果這些法律沒有列入附件三成為在香港實施的全國性法律的話，憲法關於中國公民的基本權利與義務的規定就缺乏具體的制度機制在香港落實，這是憲法關於中國公民的基本權利與義務的規定不直接適用於香港居民的又一原因。

第三節　國際人權公約和勞工公約
在香港的適用

　　基本法第 39 條第 1 款規定："《公民權利和政治權利國際公約》、《經濟、社會與文化權利的國際公約》和國際勞工公約適用於香港的有關規定繼續有效，通過香港特別行政區的法律予以實施。"該條款將人權公約引入了香港基本法，成為香港人權保護的重要法律依據。本條第 2 款規定："香港居民享有的權利和自由，除依法規定外不得限制，此種限制不得與本條第一款規定抵觸。"1984 年《中英聯合聲明》中，中方承諾兩個人權公約適用於香港的規定在 1997 年後繼續有效。第 39 條可以說是履行中方在聯合聲明中的人權保護承諾。本節解讀本條上述兩款規定。

一、兩個國際人權公約適用於香港的有關規定

　　所謂兩個國際人權公約是指《公民權利和政治權利國際公約》和《經濟、社會與文化權利的國際公約》。兩個公約由聯合國大會於 1966 年 12 月 9 日通過，分別於 1976 年 1 月 3 日和 1976 年 3 月 23 日正式生效。這兩個公約是把早在 1948 年 12 月 18 日聯合國大會通過的對世界各國並無法律約束力的《世界人權宣言》具體化，並成為具有法律約束力的公約。

　　公約只開放給聯合國會員國、專門機構的任何會員國、國際法院規約的當事國及聯合國大會邀請為公約的締約國簽字。香港不是一個

主權國家，不具有自行決定成為人權條約締約國的權利能力，但由於香港曾被英國長期殖民統治，解讀香港基本法第 39 條第 1 款的規定就要追溯到英國政府批准在香港適用兩個國際人權公約的情況。兩個國際人權公約的中心內容是保障人權，英國簽署並於 1976 年正式批准兩個國際人權公約，同時宣佈公約延伸適用於非本國領土的香港。由於當時香港處於英國管治之下，被視為英國的屬土，因此兩個國際人權公約對香港也同樣有效。但這裏特別需要注意的是，英國在將兩個國際人權公約延伸適用於香港的同時，對其中的一些條款作了保留。[10]

所謂保留，是國際法特有的一項制度，是指締約國在簽署、批准、接受、贊同或加入條約時聲明作出保留的條約內容將不在該締約國適用。

英國在將上述兩個人權公約延伸適用於香港時，對其中的部分條款作出了保留。其中對《公民權利和政治權利國際公約》的第 10 條第 2 款 b 項關於少年被告和少年犯的規定、第 12 條第 1 款關於遷徙自由的規定、第 13 條關於驅逐出境的規定、第 20 條關於禁止戰爭宣傳和民族歧視的規定、第 23 條第 4 款關於男女平等的規定、第 24 條第 3 款關於兒童國籍的規定和第 25 條 b 項關於選舉和擔任公職的規定作了保留；對《經濟、社會與文化權利的國際公約》第 6 條關於人人有自由選擇工作的權利、第 7 條關於男女同工同酬的規定和第 8 條關於有權成立全國性工會或聯盟的規定作了保留。這意味著，兩個國際人權公約的規定並非全部適用於香港。因此，只有兩個國際人權公約中原來已經在香港適用的有關規定，方可在香港特別行政區繼續

---

10 英國在批准公約時對公約作了兩種保留，一種是一般性的保留，另一種是專門針對香港的保留。

適用。

　　由於在起草基本法時我國不僅尚未加入上述兩個國際人權公約，而且當時也難以預測何時會加入這個公約，[11] 在起草基本法時，為了消除港人當時普遍存在的對回歸後人權問題的擔心，保證在香港回歸後，上述兩個國際人權公約適用於香港的規定能夠繼續在香港適用，基本法第 39 條第 1 款作出了兩個國際人權公約適用於香港的有關規定繼續有效的規定。這無疑是一種靈活、務實、可行的解決辦法，不但解決了兩個國際人權公約繼續適用於香港的問題，也兼顧到中國暫未加入兩個國際人權公約的事實。[12]

　　此外，這裏特別要指出《公民權利和政治權利國際公約》第 25 條 b 項與香港普選的關係問題。

　　《公民權利和政治權利國際公約》第 25 條 b 項的主要內容是：公民享有選舉權和被選舉權，且選舉權必須普及而平等。但正如前所述，當年英國政府在交存公約批准書並聲明公約擴展適用於香港時，對該項作出了保留，聲明："聯合王國政府就第二十五條（丑）款可能要求在香港設立經選舉產生的行政局或立法局，保留不實施該條文的權利。" 英國政府的這一保留直至香港回歸前都未向有關方面撤

11 我國政府於 1997 年 10 月簽署了《經濟、社會與文化權利的國際公約》。2001 年 2 月 28 日，第九屆全國人大常委會第 20 次會議通過了該公約。1998 年 10 月 5 日，我國政府簽署了《公民權利和政治權利國際公約》，現未被全國人大常委會批准。
12 香港回歸祖國後，現已在香港生效的條約哪些將繼續適用，在國際法上並沒有任何先例可循，一般來說，應根據條約的性質和內容來決定。根據《中英聯合聲明》和香港基本法規定的 "一國兩制" 的宗旨，在處理條約適用問題上應遵循下列原則：國家主權原則、符合香港的非主權地位原則、不適用條約繼續原則、符合現行國際法並被國際社會所接受原則、原則性與靈活性有機結合原則。這些原則當然也適用人權條約的繼承，但人權條約又具有其自身的特點，即保護基本權利和自由的核心價值，故對人權條約的繼承既應堅持國家主權、高度自治這一基本法體現的根本原則，又需要特別重視連續性原則和人權保護原則。分別參見：饒戈平、李贊著：《國際條約在香港的適用問題研究》，中國民主法制出版社 2010 年版，第 69-70 頁；鄒平學等著：《香港基本法實踐問題研究》，社會科學文獻出版社 2014 年版，第 858-860 頁。

回，因此該保留始終具有法律效力。而我國政府在《中英聯合聲明》中所作的承諾是：上述兩個國際人權公約"適用於香港的規定將繼續有效"，基本法也作了相應的規定。因此從法律上講，《公民權利和政治權利國際公約》第 25 條 b 項關於公民普選權的規定並不適用於香港，因而該項規定與香港的普選沒有任何關係，香港政治體制發展的依據只能是基本法以及全國人大常委會所作的有關決定。具體講，就是香港特別行政區的政制體制要根據香港的實際情況和循序漸進的原則發展，遵循基本法的規定和全國人大常委會有關普選決定所確定的憲制框架和程序安排，最終達至普選的目標。

二、國際勞工公約適用於香港的有關規定繼續有效

關於國際勞工公約適用於香港的問題在《中英聯合聲明》中並未具體提及，只是在附件一第 11 節中規定，中華人民共和國尚未參加但已適用於香港的國際協定仍可繼續適用。中央人民政府根據需要授權或協助香港特別行政區政府作出適當安排，使其他有關的國際協定適用於香港特別行政區。鑒於國際勞工公約對維護香港工人的權益非常重要，基本法第 39 條專門將國際勞工公約單列出來加以規定，表明對香港勞工利益的重視和保護。

第 39 條所提國際勞工公約是國際勞工組織制定的一系列公約的總稱。國際勞工組織是一個國際性的機構，誕生於 1919 年為結束第一次世界大戰而召開的巴黎和會。該組織的主要工作是向各會員國政府頒佈國際性的勞工標準。這些標準通常是以公約和建議書的形式出現，涵蓋了結社自由、組織權利、集體談判、廢除強迫勞動、機會和

待遇平等以及其他規範整個工作領域工作條件的標準。公約由國際勞工組織頒佈後，再由各個會員國簽署承認。

同兩個國際人權公約一樣，國際勞工公約也是英國在簽署加入後將其延伸適用於香港的。在起草基本法時，英國承認了69項公約，其中27項已在香港全面實施，另外有19項經過修改後採用。加上頗為特殊的第83號公約，該公約提供了8項由主權國家承認而只適用"非主權國地區"的公約，英國政府批准了其中3項在香港實施，其他5項由因技術性理由而不適用。因此，截止到基本法起草之時，共有49項國際勞工公約在香港適用。

在香港特別行政區繼續適用的國際勞工公約的內容，同兩個國際人權公約一樣，也只能是原來已經在香港適用的有關規定。

三、兩個國際人權公約和國際勞工公約在香港的適用方式

在回歸以前，兩個國際人權公約和國際勞工公約在香港沒有直接的適用性，而是對適用於香港的相關規定，經本地立法的方式，通過香港法律在香港實施的。香港回歸以後，基本法通過相關條款確保了兩個國際人權公約和國際勞工公約在香港適用的條款繼續有效，同時規定通過香港特別行政區的法律予以實施。這意味著必須將公約轉化為國內法（本地法）才能實施，公約"適用於香港的規定"並非構成在香港本地可以直接適用的權利依據，也就是說基本法第39條沒有為香港居民直接創設可以適用的權利，必須經過本地立法程序。"通過香港特別行政區的法律予以實施"也不是意味著第39條規定了香港立法機關必須制定本地立法實施公約的義務，而只是說明公約在香

港的適用方式，是否需要立法及如何立法完全是本地立法機關權限範圍內的事情。

　　為了回應一些港人擔心在 1997 年後香港特別行政區的立法將限制上述國際公約所規定的權利和自由，基本法第 39 條第 2 款專門規定，依照法律對居民享有的權利和自由所作的限制"不得與本條第 1 款規定抵觸"。這就是說，基本法第 39 條第 1 款已經規定兩個國際人權公約和國際勞工公約在香港適用的有關規定繼續有效，通過香港特別行政區的法律適用於香港，在 1997 年 7 月 1 日以後，香港特別行政區立法機關制定的法律不能與該條第 1 款的內容相抵觸，以保證上述國際公約適用於香港的有關規定在香港特別行政區繼續有效。這對於保障香港特別行政區居民的權利和自由具有重大意義。因為該款事實上創設了在香港居民權利自由方面違反基本法的審查標準。

　　基本法第 39 條的規定妥善解決了兩個國際人權公約和國際勞工公約在香港繼續適用的問題，是"一國兩制"的重大創新。

第四章

政治體制

第一節　香港特別行政區政治體制概述

香港回歸後應建立什麼樣的政治體制、採取什麼樣的地方政權組織形式,不僅是嶄新的課題,也是重大的理論和實踐問題。1987 年 4 月 16 日,鄧小平在會見香港基本法起草委員會委員時就曾明確指出:"香港的制度也不能完全西化,不能照搬西方的一套。香港現在就不是實行英國的制度、美國的制度,這樣也過了一個半世紀了。現在如果完全照搬,比如搞三權分立,搞英美的議會制度,並以此來判斷是否民主,恐怕不適宜。"根據鄧小平這一重要思想,香港基本法確立了以行政為主導的政治體制。這樣一種政治體制符合香港的實際情況和香港特別行政區的憲制地位,有利於維護國家的主權安全和香港的穩定繁榮。

2017 年 7 月 1 日,習近平主席在會見香港特別行政區行政長官和行政、立法、司法機構負責人的講話中指出,特別行政區政府管治團隊是一個整體,關鍵是要全面落實和進一步完善以行政長官為核心的行政主導體制,處理好行政、立法關係,真正做到議而有決、決而有行,確保政府依法施政的順暢、高效;要自覺維護管治團隊的團結,堅決維護行政長官的權威,在工作上相互支持、相互配合,共同維護政府整體的威信和聲譽。2022 年 7 月 1 日,習近平主席在慶祝香港回歸祖國二十五週年大會暨香港特別行政區第六屆政府就職典禮上的講話中指出,特別行政區堅持實行行政主導體制,行政、立法、司法機關依照基本法和相關法律履行職責,行政機關和立法機關既互相制衡又互相配合,司法機關依法獨立行使審判權。

一、香港特別行政區政治體制是我國的一種地方政治體制

香港基本法第 1 條明確規定："香港特別行政區是中華人民共和國不可分離的部分"，第 12 條規定："香港特別行政區是中華人民共和國的一個享有高度自治權的地方行政區域，直轄於中央人民政府。"因此，香港特別行政區的政治體制是"一國兩制"框架下的一種嶄新的地方政治體制，是我國的一種特殊地方政權形式：

第一，香港特別行政區直轄於中央人民政府。特別行政區是中央人民政府領導下的一級地方行政單位，它和省、自治區、直轄市屬於同一等級。香港特別行政區不是一個獨立的政治實體，而是一個直轄於中央人民政府的地方行政區域。

第二，香港特別行政區的政治體制是中央以法律規定的。香港特別行政區不能自行決定其政治體制，中央在香港特別行政區政制發展問題上，包括最終達至普選產生行政長官和全部立法會議員的時間以及普選的制度設計等問題上，擁有主導權和最終決定權。

第三，香港特別行政區的政治體制與國家的政治體制存在密切的聯繫。香港特別行政區的政治體制同全國人大及其常委會、國務院等憲法規定的國家政治體制存在內在的聯繫，中央不僅負責管理有關香港的國防、外交事務，也擁有其他不屬於特別行政區高度自治範圍內的權力。中央與特別行政區的關係是領導與被領導、管轄與被管轄的關係。

第四，香港特別行政區政治體制既是實行"港人治港"、高度自治的地方政權組織形式，又是中央在"一國兩制"下對香港實施管治的政權組織架構的一個組成部分。

二、香港特別行政區政治體制的設計原則

香港實行什麼樣的政治體制，關係到“一國兩制”方針和中央對香港基本方針政策的貫徹落實，關係到中央與香港特別行政區的關係，關係到香港社會各方面的利益，關係到香港的長期繁榮穩定。因此，香港基本法起草委員會主任委員姬鵬飛在《關於中華人民共和國香港特別行政區基本法（草案）及其有關文件的說明》中指出：香港特別行政區的政治制度，要符合“一國兩制”的原則，要從香港的法律地位和實際情況出發，以保障香港的穩定繁榮為目的。為此，必須兼顧社會各階層的利益，有利於資本主義經濟的發展；既保持原政治體制中行之有效的部分，又要循序漸進地逐步發展適合香港情況的民主制度。據此，設計香港特別行政區的政治體制遵循了以下幾項基本原則：

（一）堅持“一國兩制”方針

《“一國兩制”在香港特別行政區的實踐》白皮書指出，“一國兩制”是一個完整的概念。“一國”是指在中華人民共和國內，香港特別行政區是國家不可分離的部分，是直轄於中央人民政府的地方行政區域。“兩制”是指在“一國”之內，國家主體實行社會主義制度，香港等某些區域實行資本主義制度。“一國”是實行“兩制”的前提和基礎，“兩制”從屬和派生於“一國”，並統一於“一國”之內。香港特別行政區政治體制的設計堅持“一國兩制”方針，就是體現了“一國兩制”的上述內涵，既要考慮到香港實行高度自治的需要，又要考慮到維護國家主權和統一的需要。

（二）維護香港繁榮穩定

　　保持香港經濟的繁榮與社會的穩定是我國制定基本法所要達到的目標之一。在"一國兩制"方針指導下，對香港特別行政區政治體制的設計當然應以維護香港的經濟繁榮與社會穩定為原則。一套政治體制要達到維護香港繁榮穩定的目的，就要求它適合香港的實際情況，有助於香港資本主義經濟的發展；要求它兼顧各階層的利益，以得到香港社會的廣泛認同；要求它不僅符合設計這套政治體制時香港的現實情況，又有很強的前瞻性，通過政治體制的穩定，達到維護社會穩定的目的。

（三）堅持均衡參與

　　香港是一個高度市場化、國際化的成熟資本主義社會，香港的成功有賴於各階層的合作。要保持原有的資本主義制度、保持香港的穩定繁榮，必然要求香港的政治體制能夠兼顧各階層、各界別、各方面的利益，實現各方的均衡參與。香港特別行政區的政治體制設計，就要充分考慮社會各方面的利益訴求，確立一個社會各界都能夠均衡參與的政治架構，以保證香港社會各階層和各界人士平等參與政治活動的民主權利，保障所有市民和團體都有參政議政的機會。

（四）循序漸進發展民主

　　"循序漸進"就是遵循一定的步驟，有序地逐漸前行、逐步發展。香港特別行政區政治體制的發展必須根據香港的實際情況、穩步有序地向前推進，以建立和發展適合於香港特別行政區的民主制度。即使是西方發達國家，其民主發展歷程也無不按照本國的實際情況、循序漸進地進行，用了上百年甚至二三百年的時間才發展到今天的狀況。英國管治香港期間，實行的是殖民管治制度，香港人民不能當家作主，也不可能有"管治"香港的機會和經驗。管治香港的最高權力，掌握在英國派來的殖民官僚手中。作為英王全權代表的香港總督，獨攬香港的行政、立法大權，不受任何監督，在香港無人能彈劾罷免他，只有英國政府才可撤換他。香港總督只對英王（以及英國政府）負責，而不對港人負責。回歸以後，香港特別行政區在"一國兩制"下實行"港人治港"、高度自治，才開始逐步建立一整套適合香港情況的民主政治制度。任何民主的發展都要循序漸進，不可能一蹴而就。"循序漸進"的"進"不應只追求民主"量"的增加，更應強調民主"質"的提升。香港特別行政區民主的發展必須追求建設優質民主，即必須在保持香港經濟繁榮和社會穩定的條件下，逐步發展並完善香港特別行政區的民主政治體制。

（五）保持香港原有政制中行之有效的成分

政治體制的建立不能脫離一個社會的歷史及現實情況。香港特別行政區政治體制只有符合香港的實際情況，才能有效地運作。經過一百多年的發展，香港原有的政治體制中也有一些適應經濟及社會發展的特點和優點，如以行政為主導、公務人員制度、諮詢組織制度等。尤其是港英政府實行港督主導下的"委任議局"模式，行政局和立法局都只具有諮詢性質，港督對這兩個機構有完全的控制權，他既是行政局會議的當然主席，也是立法局主席，對行政決策和制訂法律有決定性影響，這一模式確保了港英政府管治上的順暢和效率，對保持一個高效率、高權威的行政體制有著積極意義。香港特別行政區對原有體制應去蕪存菁，吸取和保留好的方面，以利於政治體制的順利運作，以利於保持香港的繁榮和穩定。

三、以行政為主導的政治體制

確定香港特別行政區政治體制的模式要考慮多方面因素，主要有：（1）要符合"一國兩制"方針，從香港特別行政區的法律地位和實際情況出發，既有利於維護國家的主權、統一和領土完整，又能保證香港特別行政區實行高度自治；（2）要確保香港特別行政區管治權掌握在愛國者手中；（3）要同香港的歷史情況和具體現實相適應；（4）要有利於"港人治港"和保持香港特別行政區的繁榮穩定。同時，各種現成的政治體制模式的優點，包括香港特別行政區成立前的原有模式中一些行之有效的部分，也應作參考或者適當予以吸收。

考慮到上述因素，香港基本法確定的政治體制，既不採用內地的人民代表大會制，也不照搬外國的"三權分立"制，不照搬香港原來的總督制，而是一種新的以行政為主導的政治體制。香港社會有部分人認為，香港特區實行的是"三權分立"的政治體制，這種說法是錯誤的。"三權分立"作為一種政治體制模式是有特定含義的。香港特區是直轄於中央人民政府的地方行政區域，就其政治體制的屬性和定位而言，是一種地方政治體制，不可能實行建立在主權國家完整權力基礎上的"三權分立"。"三權分立"不是基本法的制度設計，也從未在香港存在過。香港的政治體制是直轄於中央政府的以行政長官為核心的行政主導體制。從基本法層面看，香港基本法第四章政治體制部分，包含了行政長官、行政機關、立法機關、司法機關、區域組織和公務人員六節內容，也就是香港特別行政區的政治架構。其中，行政長官在政治架構中佔據核心地位。從國家法律層面看，在 2004 年 4月 26 日《全國人民代表大會常務委員會關於香港特別行政區 2007 年行政長官和 2008 年立法會產生辦法有關問題的決定》中，明確出現了"行政主導制"的表述:"有關香港特別行政區行政長官和立法會產生辦法的任何改變,都應遵循與香港社會、經濟、政治的發展相協調,有利於社會各階層、各界別、各方面的均衡參與,有利於行政主導體制的有效運行,有利於保持香港的長期繁榮穩定等原則"。這是全國人大常委會在國家層面以具有法律效力的決定形式明確了香港特區的"行政主導"體制。

行政、立法和司法是政治體制中最基本、最重要的三個部分,這三者的關係構成了政制模式的基本內容。根據設計香港特別行政區政治體制的基本原則,以及基本法對行政、立法和司法三者職能及權力關係的規定,香港特別行政區形成了獨特的政治體制,即實行以行政為主導的政治體制,行政與立法既互相制衡又互相配合,且重在配合,司法獨立。這套政治體制既保留了香港原有政治體制中行之有效的部分,也適應了香港回歸後的現實需要,是實現"港人治港"、高度自治最好的政權組織形式。

(一) 行政主導

就政治權力而言,"主導"至少有兩層含義:一是起主導作用的權力具有主動性,而不只是對其他權力的被動回應;二是公共決策最終結果反映了這種權力所體現的意志。在政治權力結構中,由於司法權的行使通常遵循"不告不理"原則,具有被動性,因而一般不會成為主導性權力。所以,"行政主導"主要是對立法的關係而言。所謂行政主導,是指行政權相對於其他權力,特別是立法權而言佔優勢,公共決策的最終結果掌握在行政首長手中。

為什麼香港只能實行行政主導而不能實行立法主導?這是由香港的法律地位和實際情況所決定的。立法主導與行政主導是兩種不同的管治模式。立法主導也即議會主導，是公共權力為立法機關所掌控的一種政治體制。在立法主導體制中，行政機關處於從屬地位，其權力來自立法機關的授予。與立法主導不同，行政主導是以行政首腦及其所領導的行政機關為公共權力中心的一種政治體制。回歸後，香港同胞真正實現了當家作主，成為國家的主人、香港的主人。在“一國兩制”、“港人治港”、高度自治的基本方針政策下，作為直轄於中央人民政府的一個享有高度自治權的特別行政區，香港的政治體制必須建立起與國家政治體制的有機聯繫，即香港特別行政區的行政長官必須代表香港特別行政區對中央人民政府負責。要做到這一點，只能實行行政主導的政治體制。

以行政長官為核心的行政主導體制是香港基本法所設計的香港特別行政區政治體制的一大特徵。這是一個具有創造性的地方政權組織形式，是香港特別行政區政治體制的最大特色。基本法關於行政主導政治體制的安排主要體現在以下幾個方面：

1. 在香港特別行政區政權機構的設置和運作中，行政長官處於主導地位

根據基本法規定，行政長官具有雙重身份，既是特別行政區的首長，代表特別行政區；又是特別行政區政府的首長，領導特別行政區政府。行政長官享有超出行政機關首長的廣泛權力，包括負責執行基本法和其他法律。只有行政長官才可以代表特別行政區向中央人民政府述職，與中央人民政府聯繫；只有行政長官才可以代表特別行政區政府處理中央授權的對外事務和其他事務。在政府決策方面，決定政府政策的權力屬於行政長官。在人事任免方面，提名主要官員報中央人民政府任命的權力屬於行政長官，任免特別行政區政府各級公職人員、任命各級法院法官的權力屬於行政長官。行政長官這種特殊的法

律地位，體現了行政長官在香港政治生活中的主導和核心地位。

2. 在行政與立法的關係中，行政處於主導地位

根據基本法規定，在特別行政區高度自治範圍內的事務處理上，行政權具有主動和主導地位，具體表現在：第一，政府擁有絕大部分的立法創議權，特別行政區政府擬訂並提出法案、議案，經行政會議討論後，向立法會提出。第二，立法會議員不能提出涉及公共開支、政治體制及政府運作的法案、議案（包括修正案），這方面的法案、議案只能由政府提出。第三，政府提出的法案、議案應當優先列入立法會議程。第四，立法會議員提出涉及政府政策的法案、議案，在提出前必須得到行政長官的書面同意。第五，在表決程序方面，政府提出的法案只需簡單過半數即可通過，而立法會議員個人提出的議案、法案和對政府法案的修正案須按分組計票辦法進行。第六，行政長官擁有立法相對否決權，即立法會通過的法案須經行政長官簽署、公佈，方能生效；行政長官有權拒絕簽署法案，發回立法會重議，發回的法案須以三分之二多數通過，即使再次通過，行政長官如果拒絕簽署，在其一任任期內可以解散立法會一次。第七，雖然政府要向立法會負責，但這種負責只是定期向立法會作施政報告、答覆立法會議員的質詢等，立法會無權對政府提出不信任案迫使行政長官或政府高官辭職。行政長官涉嫌有嚴重違法或瀆職行為，立法會通過對行政長官的彈劾案，須報請中央人民政府決定。第八，行政長官決定政府官員或其他負責公務的人員是否向立法會作證和提供證據。

3. 行政會議協助行政長官決策，加強了行政主導

基本法規定，香港特別行政區行政會議是協助行政長官決策的機構；行政會議的成員由行政長官從行政機關的主要官員、立法會議員和社會人士中委任，其任免由行政長官決定；行政會議由行政長官主

持。同時，基本法明確規定，行政長官在作出重要決策、向立法會提交法案、制定附屬法規和解散立法會前，須徵詢行政會議的意見。這一安排有利於行政長官的科學決策和有效施政。由於行政會議成員來自行政機關、立法機關和社會人士三個方面，如果行政機關與立法機關對某一問題存在不同的意見，就會在行政會議中反映出來，因此，行政長官決策時就已經清楚立法會的態度。行政會議除了在行政與立法之間起相互配合的作用外，由於所有問責制官員都進入了行政會議，他們直接參與制定政府的整體政策，決定政策推行的優先次序，協調跨部門的工作事項，所以政府施政能夠做到議而得決，決而得行，這更加符合行政主導的原則。

（二）行政與立法相互制約、相互配合

香港特別行政區政治體制實行行政主導，並不意味著行政與立法之間沒有制約關係；相反，基本法明確規定了它們之間相應的制約關係，主要體現在以下幾個方面：

1. 行政機關有權擬定並提出法案、議案、附屬法規，而議員的提案權受到特定限制

根據基本法第 62 條、第 74 條的規定，香港特別行政區政府可以提出法律草案和有關行政管理事務方面的議案。議員根據基本法規定並依照法定程序提出法律草案，凡不涉及公共開支、政治體制或政府政策者，可由立法會議員個別或聯名提出。凡涉及政府政策者，在提出前必須得到行政長官的書面同意。

2. 行政長官決定是否簽署法案

根據基本法第 49 條、第 73 條、第 76 條的規定，香港特別行政區立法會有權制定法律，但立法會通過法案後，必須經行政長官簽

署、公佈方能生效。如果行政長官認為立法會通過的法案不符合特別行政區的整體利益，有權拒絕簽署立法會通過的法案，並將有關法案在三個月內發回立法會重議。

3. 在法律規定的條件和程序下，行政長官對立法會有解散權

基本法第 49 條規定："香港特別行政區行政長官如認為立法會通過的法案不符合香港特別行政區的整體利益，可在三個月內將法案發回立法會重議，立法會如以不少於全體議員三分之二多數再次通過原案，行政長官必須在一個月內簽署公佈或按本法第五十條的規定處理。"第 50 條第 1 款規定："香港特別行政區行政長官如拒絕簽署立法會再次通過的法案或立法會拒絕通過政府提出的財政預算案或其他重要法案，經協商仍不能取得一致意見，行政長官可解散立法會。"由此可見，在以下兩種情況下，行政長官有權解散立法會：（1）行政長官拒絕簽署立法會再次通過的法案（即行政長官發回立法會後又被立法會通過的法案）；（2）立法會拒絕通過政府提出的財政預算案或其他重要法案，經協商仍不能取得一致意見。行政長官在其一任任期內可解散立法會一次。

4. 在法律規定的條件和程序下，行政長官必須辭職

根據基本法第 52 條第 2 項和第 3 項的規定，行政長官與立法會關係出現下列情況之一者，行政長官須辭職：（1）因兩次拒絕簽署立法會通過的法案而解散立法會，重選的立法會仍以全體議員三分之二多數通過所爭議的原案，而行政長官仍拒絕簽署；（2）因立法會拒絕通過財政預算案或其他重要法案而解散立法會，重選的立法會繼續拒絕通過所爭議的原案。

5. 立法會有權彈劾行政長官

基本法第 73 條第 9 項規定："如立法會全體議員的四分之一聯合

動議，指控行政長官有嚴重違法或瀆職行為而不辭職，經立法會通過進行調查，立法會可委託終審法院首席法官負責組成獨立的調查委員會，並擔任主席。調查委員會負責進行調查，並向立法會提出報告。如該調查委員會認為有足夠證據構成上述指控，立法會以全體議員三分之二多數通過，可提出彈劾案，報請中央人民政府決定"。

6. 行政機關對立法會負責

基本法第 64 條規定："香港特別行政區政府必須遵守法律，對香港特別行政區立法會負責：執行立法會通過並已生效的法律；定期向立法會作施政報告；答覆立法會議員的質詢；徵稅和公共開支須經立法會批准。" 需要說明的是，基本法對特區政府向立法會 "負責" 的含義作了列舉性的規定，列明了 "負責" 的具體內容或事項，因此，這裏的 "負責" 有著特定的含義，即 "執行立法會通過並已生效的法律；定期向立法會作施政報告；答覆立法會議員的質詢；徵稅和公共開支須經立法會批准。" 這說明行政對立法的這種 "負責" 不是上下級關係、從屬關係的負責；立法會既不能 "倒閣"，也不能罷免官員。

按照基本法的規定，香港特別行政區的行政機關與立法機關之間除了相互制約的關係外，還應確立相互配合的關係，這是香港特別行政區政治體制的一個特點。對香港特別行政區來說，制約與配合，缺少任何一方面都是不適當的。香港特別行政區強調行政與立法之間互相配合，表現在：

第一，在香港特別行政區設有協助行政長官決策的機構，即行政會議。這個機構的成員由行政長官從行政機關的主要官員、立法會議員和社會人士中委任。行政長官在作出重要決策、向立法會提交法案、制定附屬法規和解散立法會之前，須徵詢行政會議的意見；行政長官如不採納行政會議多數成員的意見，應將具體理由記錄在案。由於在行政會議中既有立法會議員，也有行政機關的主要官員，行政長官在決策時可以聽取來自立法機關和行政機關不同方面的意見，進行協調，以消除分歧，從而加強行政與立法的配合。又由於行政會議中有社會人士，可以代表社會上各界人士的意見，以比較超脫的立場，從中進行協調，促使行政與立法之間相互配合。

第二，根據基本法第 50 條的規定，如果出現行政長官拒絕簽署立法會再次通過的法案，或立法會拒絕通過政府提出的財政預算案或其他重要法案的情況，應進行協商，經協商仍不能取得一致意見，行政長官可解散立法會。同時規定，行政長官在解散立法會前，須徵詢行政會議的意見。這種就重大事項進行協商的制度安排體現了基本法關於行政與立法相互溝通和配合的立法精神。

第三，立法會舉行會議時，政府應委派官員列席並代表政府在會議上發言，就有關問題作出說明，以便相互瞭解和溝通。

此外，在香港特別行政區第一屆、第二屆立法會產生辦法以及修改完善選舉制度後的第七屆立法會產生辦法中，還規定了部分議員由選舉委員會選舉產生。該選舉委員會也是選舉產生行政長官的同一個選舉委員會，因此，這部分議員在立法會中能夠較多地支持行政長官的工作和政策。

（三）司法獨立及行政與司法的關係

根據基本法的規定，香港特別行政區享有獨立的司法權和終審權。這是香港特別行政區高度自治權的一個組成部分。香港特別行政區法院獨立進行審判，不受任何干涉，司法人員履行審判職責的行為不受法律追究。香港特別行政區享有終審權，並設立了香港特別行政區終審法院，香港特別行政區的終審權屬於香港特別行政區終審法院。

當然，香港特別行政區的司法獨立並不意味著其可超越基本法規定的香港特別行政區政治體制，更不是"司法獨大"。獨立的司法權和終審權是中央授權香港特別行政區實行高度自治的一個部分，也是香港特別行政區政治體制的基本組成部分之一。司法機關也必須遵守憲法和基本法，維護香港特別行政區的憲制秩序。雖然司法獨立是香港特別行政區政治體制的基本原則，然而在以行政為主導的政治體制中，行政長官仍然是政治體制的核心，因此，基本法對行政長官在司法方面的職權和作用作出了相應的規定。

1. 行政長官對法官具有任免權

根據基本法的規定，行政長官有權依照法定程序任免各級法院法官。基本法第 88 條規定，行政長官根據當地法官和法律界及其他方面知名人士組成的獨立委員會的推薦任命法官。從法官任命權的性質上說，行政長官按照基本法對法官的任命權是實質性的，而不是程序性的。基本法第 88 條規定的獨立委員會有推薦權，行政長官應在該委員會推薦名單中作出任命決定，但是推薦權不能演繹為決定權，行政長官有權不接受該委員會作出的推薦，要求其重新推薦，直至行政長官接受並作出任命。從法理上說，按照基本法，只有行政長官有權任命法官。

基本法第 89 條規定，法官在無力履行職責或行為不檢的情況下，行政長官可以根據終審法院首席法官任命的不少於 3 名當地法官組成的審議庭的建議，予以免職。終審法院的首席法官在無力履行職責或行為不檢的情況下，行政長官可任命不少於 5 名當地法官組成的審議庭進行審議，並可根據其建議，依照基本法規定的程序予以免職。終審法院法官和高等法院首席法官的任免，除依照上述程序以外，還須由行政長官徵得立法會同意，並報全國人大常委會備案。

2. 行政長官可報請中央人民政府向全國人大常委會提出解釋基本法的要求

基本法第 48 條規定，香港特別行政區行政長官行使的職權中第 2 項為："負責執行本法和依照本法適用於香港特別行政區的其他法律"，這是一項十分重要的職權。同時，基本法第 158 條規定，全國人大常委會授權香港特別行政區法院在審理案件時，對基本法關於香港特別行政區自治範圍內的條款自行解釋。對於基本法的其他條款，法院審理案件時也得到授權進行解釋；如果需要對基本法關於中央人民政府管理的事務或中央和香港特別行政區關係的條款作出解釋，而該解釋影響到案件的判決，在終局判決前，應由香港特別行政區終審法院提請全國人大常委會對有關條款作出解釋。行政長官負責執行基本法，既體現在制定政策提出法案等施政活動中，體現在政府律政司在司法訴訟活動中提出正確的基本法觀點，也體現在如果法院沒有履行上述提請義務、對基本法有關條款作出錯誤解釋時，行政長官有權向中央人民政府提出報告，請中央人民政府提請全國人大常委會對有關基本法條款作出正確解釋。這是行政長官負責執行基本法，對中央人民政府和香港特別行政區負責，確保基本法得到正確理解和實施、維護基本法權威的必然要求。

3. 行政長官可就國家行為的事實問題向法院發出有約束力的證明文件

基本法第 19 條第 3 款規定，香港特別行政區法院對國防、外交等國家行為無管轄權。香港特別行政區法院在審理案件中遇有涉及國防、外交等國家行為的事實問題，應取得行政長官就該等問題發出的證明文件，上述文件對法院有約束力，行政長官在發出證明文件前，須取得中央人民政府的證明書。這是因為，國家行為是由最高國家行政機關作出的，根據該款規定，行政長官在發出證明文件之前，必須取得中央人民政府的證明書，因此，該證明文件對法院具有約束力。基本法並沒有規定由法院直接向中央人民政府取得相關證明書或證明文件，而是由行政長官出面取得證明書後再行發出證明文件，即是要凸顯行政長官在特別行政區與中央之間所起的橋樑作用，以及作為特別行政區首長的核心地位。

4. 行政長官有赦免或減輕刑事罪犯刑罰的權力

根據基本法第 48 條第 12 項的規定，香港特別行政區行政長官依法享有赦免或減輕刑事罪犯的刑罰的職權，這也是行政主導的重要體現。

四、香港選舉制度的發展與完善

香港的選舉制度主要是指行政長官、立法會的選舉制度。基本法第 45 條規定："行政長官的產生辦法根據香港特別行政區的實際情況和循序漸進的原則而規定，最終達至由一個有廣泛代表性的提名委員會按民主程序提名後普選產生的目標。行政長官產生的具體辦法由附件一《香港特別行政區行政長官的產生辦法》規定。" 基本法第 68 條規定："立法會的產生辦法根據香港特別行政區的實際情況和循序漸進的原則而規定，最終達至全部議員由普選產生的目標。立法會產生的具體辦法和法案、議案的表決程序由附件二《香港特別行政區立法會的產生辦法和表決程序》規定。" 上述規定確定了香港民主發展的原則和目標，如根據香港特別行政區的實際情況、循序漸進、最終達至普選。回歸之後，中央政府為推動香港特別行政區民主向前發展作出過三次重大努力，但由於反中亂港勢力極力阻撓，僅在 2010 年成功修訂了行政長官和立法會產生辦法，增加了選舉制度的民主成分，2005 年 12 月、2015 年 6 月反中亂港勢力兩次否決了行政長官和立法會產生辦法的修改議案，使香港民主發展遭遇挫折。2019 年 "修例風波" 和區議會選舉亂象，充分暴露出香港特別行政區選舉制度存在重大的缺陷和漏洞。2021 年，在中央主導下再次完善了香港特別行政區選舉制度，修改了行政長官和立法會產生辦法，這是確保香港民主在正確軌道上向前發展的固本之基。

（一）基本法通過時的選舉制度

基本法通過時的附件一、附件二規定了 2007 年之前行政長官、立法會的產生辦法。行政長官的選舉制度主要包括以下內容：

1. 行政長官由一個具有廣泛代表性的選舉委員會選出，由中央人民政府任命。

2. 選舉委員會委員共 800 人，由下列各界人士組成：工商、金融界，200 人；專業界，200 人；勞動、社會服務、宗教等界，200 人；立法會議員、區域性組織代表、香港地區全國人大代表、香港地區全國政協委員的代表，200 人。選舉委員會每屆任期五年。

3. 各個界別的劃分，以及每個界別中何種組織可以產生選舉委員的名額，由香港特別行政區根據民主、開放的原則制定選舉法加以規定。各界別法定團體根據選舉法規定的分配名額和選舉辦法自行選出選舉委員會委員。選舉委員以個人身份投票。

4. 不少於 100 名的選舉委員會可聯合提名行政長官候選人。每名委員只可提出一名候選人。

5. 選舉委員會根據提名的名單，經一人一票無記名投票選出行政長官候選人。具體選舉辦法由選舉法規定。

　　6. 第一任行政長官按照《全國人民代表大會關於香港特別行政區第一屆政府和立法會產生辦法的決定》產生。

　　7. 2007 年以後各任行政長官的產生辦法如需修改，須經立法會全體議員三分之二多數通過，行政長官同意，並報全國人大常委會批准。

　　立法會的選舉制度主要包括以下內容：

　　1. 香港特區立法會議員每屆 60 人，第一屆立法會按照《全國人民代表大會關於香港特別行政區第一屆政府和立法會產生辦法的決定》產生。

　　第二屆立法會的組成：功能團體選舉的議員 30 人，選舉委員會選舉的議員 6 人，分區直接選舉的議員 24 人。

　　第三屆立法會的組成：功能團體選舉的議員 30 人，分區直接選舉的議員 30 人。

　　除第一屆立法會外，上述選舉委員會即基本法附件一規定的選舉委員會。上述分區直接選舉的選區劃分、投票辦法，各個功能界別和法定團體的劃分、議員名額的分配、選舉辦法及選舉委員會選舉議員的辦法，由香港特別行政區政府提出並經立法會通過的選舉法加以規定。

　　2. 香港特別行政區立法會對法案和議案的表決採取下列程序：政府提出的法案，如獲得出席會議的全體議員的過半數票，即為通過。立法會議員個人提出的議案、法案和對政府法案的修正案均須分別經功能團體選舉產生的議員和分區直接選舉、選舉委員會選舉產生的議員兩部分出席會議議員各過半數通過。

　　3. 2007 年以後香港特別行政區立法會的產生辦法和法案、議案的表決程序，如需進行修改，須經立法會全體議員三分之二多數通過，行政長官同意，並報全國人大常委會備案。

根據上述規定，香港特別行政區 1996 年、2002 年分別選舉產生了第一任、第二任行政長官，1998 年、2000 年、2004 年分別選舉產生了第一屆、第二屆、第三屆立法會。由於反中亂港勢力 2005 年否決了對基本法附件一、附件二的修改議案，2007 年第三任行政長官和 2008 年第四屆立法會只能沿用原有辦法產生。

（二）2010 年基本法附件一、附件二修改後規定的選舉制度

2010 年 6 月 24 日、25 日，香港立法會分別通過關於 2012 年行政長官和立法會產生辦法的修訂。2010 年 7 月 28 日，行政長官同意這兩個修訂並報請全國人大常委會批准和備案。2010 年 8 月 28 日，全國人大常委會決定予以批准和備案。修改後的附件一、附件二規定：

1. 2012 年選舉第四任行政長官人選的選舉委員會共 1,200 人，由下列各界人士組成：工商、金融界，300 人；專業界，300 人；勞工、社會服務、宗教等界，300 人；立法會議員、區議會議員的代表、鄉議局的代表、香港特別行政區全國人大代表、香港特別行政區全國政協委員的代表，300 人。選舉委員會每屆任期五年。

2. 不少於 150 名的選舉委員可聯合提名行政長官候選人。每名委員只可提出 1 名候選人。

3. 2012 年第五屆立法會共 70 名議員，其組成如下：功能團體選舉的議員，35 人；分區直接選舉的議員，35 人。

按照上述辦法，2012 年香港特別行政區順利選舉產生了第四任行政長官和第五屆立法會。由於反中亂港勢力 2015 年否決了對基本

法附件一、附件二的修改議案，2017 年第五任行政長官和 2016 年第六屆立法會只能沿用原有辦法產生。

（三）2021 年基本法附件一、附件二修改後規定的選舉制度

2020 年 8 月，全國人大常委會根據香港特別行政區行政長官報請國務院提出的有關議案，就因受新冠肺炎疫情影響推遲第七屆立法會選舉而出現的立法機關空缺問題，作出《關於香港特別行政區第六屆立法會繼續履行職責的決定》，明確 2020 年 9 月 30 日後香港特別行政區第六屆立法會繼續履行職責不少於一年，直至第七屆立法會任期開始為止。

為彌補香港特別行政區選舉制度存在的重大缺陷和漏洞，落實"愛國者治港"原則，2021 年 3 月 11 日，第十三屆全國人大第四次會議通過《關於完善香港特別行政區選舉制度的決定》，明確完善選舉制度應當遵循的基本原則和核心要素，授權全國人大常委會修改基本法附件一和附件二。3 月 30 日，第十三屆全國人大常委會第二十七次會議全票通過新的基本法附件一、附件二，3 月 31 日起實施。基本法原附件一和附件二及有關修正案不再施行。香港特別行政區隨即以本地立法方式落實全國人大及其常委會的上述決定和對基本法附件一和附件二的修訂。特別行政區政府提出了涵蓋 8 項主體法例和 24 項附屬法例的有關本地法律修訂法案。2021 年 5 月 27 日，香港特別行政區立法會通過《2021 年完善選舉制度（綜合修訂）條例》，標誌著完善香港特別行政區選舉制度的工作順利完成。

這次完善香港特別行政區選舉制度主要有三個方面內容：

第一，重新構建選舉委員會，擴大規模、增加界別、優化分組、完善職能。一是選舉委員會的規模由原來的 1,200 人擴大到 1,500

人，組成由原來的四大界別擴大為五大界別，每個界別 300 人。增加了第五屆別"港區全國人大代表、港區全國政協委員和有關全國性團體香港成員的代表界"。選舉委員會每屆任期五年，委員必須是香港特別行政區永久性居民。二是明確規定了選舉委員會五大界別共 40 個界別分組的劃分、名額分配以及產生方式，調整優化了有關界別分組。選舉委員會委員的產生繼續沿用原來的三種方式，即當然委員、由提名產生的委員和由選舉產生的委員。三是完善和擴大了選舉委員會的職能，保留選舉委員會選舉產生行政長官人選的職能，恢復選舉委員會選舉產生部分立法會議員的職能，增加選舉委員會參與提名立法會議員候選人的職能。重新構建的選舉委員會覆蓋面更廣、代表性更強，社會各界參與更加均衡，更能體現香港社會的整體利益和根本利益，更加符合香港作為一個國際化、多元化、高度發達的資本主義社會的特點，也更加符合香港特別行政區作為直轄於中央人民政府的地方行政區域的憲制地位和實際情況。

第二，規定了行政長官和立法會的產生辦法。基本保留原來的行政長官選舉制度，在提名機制等方面有所調整，以確保行政長官必須由中央政府信任的、堅定的愛國者擔任。重點改革立法會選舉制度，更好地平衡香港社會的整體利益、界別利益和地區利益。立法會議席由 70 席增加至 90 席；由選舉委員會選舉、功能界別選舉和分區直接選舉分別產生 40 名、30 名和 20 名議員；同時對立法會選舉的提名、選民資格、選舉方式等作出了具體規定。

第三，完善候選人資格審查制度。設立候選人資格審查委員會，對參加選舉委員會選舉、行政長官選舉和立法會選舉的候選人進行資格審查，確保"愛國者治港"原則的全面落實，堅決把反中亂港勢力排除在香港特別行政區政權機關之外。

　　2021 年 9 月 19 日，香港特別行政區選舉委員會選舉成功舉行。
2021 年 12 月 19 日，第七屆立法會選舉成功舉行。實踐表明，完善
後的香港特別行政區選舉制度具有廣泛代表性、政治包容性、均衡參
與性和公平競爭性等特點和優越性。完善後的香港特別行政區選舉制
度，全面準確貫徹了"一國兩制"方針和基本法，符合香港特別行政
區的實際情況，為香港特別行政區民主的長遠健康發展打下了堅實的
基礎，為實現"雙普選"目標創造了有利條件。

第二節　行政長官

一、行政長官的地位

香港特別行政區行政長官在香港的政治體制中居於主導地位。根據基本法的有關規定，行政長官的法律地位具有雙重性。

（一）行政長官是香港特別行政區的首長

如前所述，香港特別行政區作為一個享有高度自治權的地方行政區域，與我國其他省、自治區、直轄市大為不同。政制上，不實行人民代表大會制，而是確立了行政主導、行政機關與立法機關相互制衡又相互配合、司法獨立的政治體制；經濟上，繼續保持世界自由港的地位，財政、稅收、金融、貨幣等制度保持獨立；對外事務方面，享有一定的處理涉外事務的權力，在某些領域可以"中國香港"的名義單獨地同世界各國、各地區及有關的國際組織保持和發展關係、簽訂和履行有關的協議等。由於這些特點，就有必要有一個最高地方長官在各項事務或活動中代表香港特別行政區。此外，由於香港特別行政區與中央人民政府之間是較為特殊的地方與中央關係，也需要有人代表香港特別行政區同中央進行各種事務的聯繫，而由行政長官擔當這一角色較為恰當。為此，基本法第 43 條第 1 款規定："香港特別行政區行政長官是香港特別行政區的首長，代表香港特別行政區"。

（二）行政長官是香港特別行政區政府的首長

香港特別行政區政府是香港特別行政區的行政機關，對香港的行政管理負有主要責任。為保證各政府部門的順利運作，實現對香港的有效管理，香港特別行政區政府也必須有一位行政首長負責指揮管理，基本法將這一職責也賦予行政長官。基本法第 60 條第 1 款規定：“香港特別行政區政府的首長是香港特別行政區行政長官。”

二、行政長官的產生

香港特別行政區行政長官是香港特別行政區的首長，也是香港特別行政區政府的首長，在香港特別行政區政治體制中佔有極為重要的地位。因此，行政長官按照什麼原則、採用什麼方法產生，不僅僅是一個技術和方式問題，實質上涉及社會各個階層的利益，涉及到社會權力的分配。基本法第 45 條規定：“香港特別行政區行政長官在當地通過選舉或協商產生，由中央人民政府任命。”根據這一規定，行政長官的產生有以下條件：

第一，在當地產生。行政長官在香港當地由香港居民以法定方式產生，而不是在內地產生，更不是由內地人擔任，這充分體現了“港人治港”方針。

第二，通過選舉或協商方式產生。按照基本法附件一的規定，行政長官採用了選舉產生的辦法，充分地體現了民主，以保證產生的行政長官能夠代表和反映廣大香港居民的意願和利益。

第三，由中央人民政府任命。香港特別行政區是我國的一個地方行政區域，行政長官是特別行政區首長，由中央人民政府進行實質性的任命，既是國家主權的體現，也是行政長官依法向中央人民政府負責的要求。

以上是正常情況下行政長官的產生辦法，需要特別交代的是行政長官辭職後新任行政長官如何產生的問題。2005 年 3 月 12 日，國務院批准董建華先生辭去香港特別行政區行政長官職務的請求後，香港特別行政區政府宣佈其缺位後補選的行政長官的任期是剩餘任期。然而，香港社會出現了兩種不同意見，有的認為補選的行政長官的任期是剩餘任期，有的認為是新的一屆五年任期。針對這一問題，2005 年 4 月 27 日，第十屆全國人大常委會第十五次會議通過了《全國人民代表大會常務委員會關於〈中華人民共和國香港特別行政區基本法〉第五十三條第二款的解釋》。該解釋指出，基本法第 53 條第 2 款中規定：“行政長官缺位時，應在六個月內依本法第四十五條的規定產生新的行政長官。”其中“依本法第四十五條的規定產生新的行政長官”，既包括新的行政長官應依據基本法第 45 條規定的產生辦法產生，也包括新的行政長官的任期應依據基本法第 45 條規定的產生辦法確定。因此，在行政長官由任期五年的選舉委員會選出的制度安排下，如出現行政長官未任滿基本法第 46 條規定的五年任期而導致行政長官缺位的情況，新的行政長官的任期應為原行政長官的剩餘任期。

三、行政長官的職權和責任

行政長官負有重大的政治責任和行政責任，為使其責任與權力相適應，就應賦予行政長官一定的實權，以作為其履行責任的保證。為此，基本法第 48 條規定了行政長官的十三項職權，加上基本法的其他有關規定，歸納起來，有以下幾個方面：

（一）行政管理權

行政管理權是行政長官對香港特別行政區進行行政管理的基本權力。行政長官的行政管理權有：（1）執行基本法和依照基本法適用於香港特別行政區的其他法律；（2）領導香港特別行政區政府；（3）決定政府政策和發佈行政命令。

（二）與立法有關的職權

制定法律通常需要經過三個階段：一是提出法案，二是討論和通過法案，三是簽署法案和公佈法律。行政長官所行使的與立法有關的職權主要體現在：（1）批准向立法會提出有關財政收入或支出的動議。（2）香港特別行政區政府依據基本法第 62 條第 5 項"擬定並提出"的法案、議案和附屬法規，實際上也須經行政長官批准。（3）立法會議員提出的法律草案，凡涉及政府政策，在提出前必須得到行政長官的書面同意。（4）簽署立法會通過的法案，公佈法律。法案只有經行政長官簽署、公佈，才能生效。簽署立法會通過的財政預算案，並代表香港特別行政區將財政預算、決算報中央人民政府備案。（5）如認為立法會通過的法案不符合香港特別行政區的整體利益，可在三個月內將法案發回立法會重議。

（三）人事任免權

行政長官的人事任免權包括：（1）提名並報請中央人民政府任命主要官員（即各司司長、副司長，各局局長，廉政專員，審計署署長，警務處處長，入境事務處處長，海關關長），建議中央人民政府免除上述官員職務；（2）委任行政會議成員；（3）依據法定程序任免各級法院法官；（4）依照法定程序任免公職人員。

（四）中央交辦事務的執行權和處理權

行政長官的這項職權包括：（1）執行中央人民政府就基本法規定的有關事務發出的指令。香港特別行政區直轄於中央人民政府，中央人民政府有權依照基本法的有關規定對香港特別行政區政府發佈指令，作為香港特別行政區政府首長的行政長官有責任執行這些指令。（2）代表香港特別行政區政府處理中央授權的對外事務和其他事務。基本法第 13 條第 3 款規定："中央人民政府授權香港特別行政區依照本法自行處理有關的對外事務。"基本法第 20 條又規定："香港特別行政區可享有全國人民代表大會和全國人民代表大會常務委員會及中央人民政府授予的其他權力。"對於中央授予的上述權力，行政長官有權代表香港特別行政區行使，以處理各項有關事務。

（五）與財政有關的職權

根據基本法第 51 條規定，香港特別行政區行政長官擁有臨時撥款申請權和臨時短期撥款批准權，即香港特別行政區立法會如果拒絕批准政府提出的財政預算案，行政長官可向立法會申請臨時撥款；如果由於立法會已被解散而不能批准撥款，行政長官可在選出新的立法會前的一段時期內，按上一財政年度的開支標準，批准臨時短期撥款。

（六）與司法有關的職權

行政長官除按法定程序任免各級法院法官以外，還有權依法赦免或減輕刑事罪犯的刑罰。

（七）其他職權

除以上六個方面的職權外，行政長官還擁有兩項重要職權，即：（1）根據安全和重大公共利益的考慮，決定政府官員或其他政府公務人員是否向立法會或其屬下的委員會作證和提供證據；（2）處理請願、申訴事項。

權力與責任的統一是現代政治體制的要求，即享有權力的大小應與承擔的責任多少相適應。基本法除了規定行政長官必須宣誓擁護中華人民共和國香港特別行政區基本法、效忠中華人民共和國香港特別行政區，必須廉潔奉公、盡忠職守外，還規定行政長官必須依照基本法的規定對中央人民政府和香港特別行政區負責。香港特別行政區是國家根據憲法的有關規定設立的一個地方行政區域，行政長官是由中央人民政府任命的一個地方行政官員。因此，在法律上必須就其職權範圍內的有關事項向中央人民政府負責。行政長官對中央人民政府負責的主要內容包括：（1）負責執行基本法和依照基本法在香港特別行政區實施的法律；（2）執行中央人民政府就基本法規定的有關事務發出的指令；（3）代表香港特別行政區政府處理中央授權的對外事務和其他事務；（4）提請中央人民政府任免政府主要官員。

四、行政會議

（一）行政會議的設立

基本法規定，香港特別行政區行政會議是協助行政長官決策的機構。這一機構的設立吸收了港英政府行政局制度的經驗。在港英政治體制中，行政局作為港督的決策諮詢機關，在香港的行政管理中發揮了重要作用，保證了港英政府的行政效率。同時，行政局的設置對於溝通行政與立法的關係起到了較好的作用。吸收香港原有政制中行之有效的成分是香港特別行政區政制設計的原則之一，因此，基本法參照原有行政局制度，規定在香港特別行政區設行政會議，以協助行政長官決策。這一規定符合香港實際，有益於行政長官及特別行政區政府開展工作，有利於提高行政管理效率。

（二）行政會議的制度

基本法第 54 條、第 55 條以及第 56 條規定了香港特別行政區的行政會議制度。歸納起來，主要有以下幾個方面：

1. 行政會議的職能

行政會議的主要職能就是在決策過程中向行政長官提供諮詢意見。作為香港特別行政區政治體制中的一個法定機構，基本法要求行政長官在作出重要決策、向立法會提交法案、制定附屬法規和解散立法會前，須徵詢行政會議的意見，但人事任免、紀律制裁和緊急情況下採取的措施除外。為了保證行政會議的意見能對行政長官的決策產生影響，保證決策具有廣泛的基礎，基本法規定，行政長官如不採納行政會議多數成員的意見，應將具體理由記錄在案，以促使行政長官更慎重地考慮行政會議多數成員的意見。

2. 行政會議成員的組成

基本法規定，行政會議的成員由行政長官從行政機關的主要官員、立法會議員和社會人士中委任，成員的任免由行政長官全權決定。同時，基本法對行政會議成員的資格作出了規定，要求行政會議成員必須由在外國無居留權的香港特別行政區永久性居民中的中國公民擔任。至於行政會議的人數，基本法未具體規定，可由行政長官酌情確定。

3. 行政會議成員的任期

行政會議既然是協助行政長官決策的機構，其成員就必須與委任他們的行政長官共進退，以便新任行政長官可委任新的行政會議成員協助其工作。因此，基本法規定，行政會議成員的任期應不超過委任他的行政長官的任期。

4. 行政會議的運作

香港特別行政區行政會議作為協助行政長官決策的機構，其會議由行政長官主持，行政長官認為必要時還可以邀請有關人士列席會議，但這些人士不是行政會議的正式成員。

第三節　行政機關

一、香港特別行政區政府的組成

香港特別行政區的行政機關，即以行政長官為首長的香港特別行政區政府，由政務司、財政司和律政司，以及各局、處、署組成。其機構設置自上而下大致劃分為司、局、署（處）三個層次：

第一，三大司。政務司長、財政司長和律政司長是行政長官之下級別最高的官員。根據基本法第 53 條規定，在行政長官短期不能履行職務時，由政務司長、財政司長、律政司長依排序臨時代理其職務；行政長官缺位時，依上述次序代理行政長官職務（即通常所稱的“署理行政長官”）。其中，律政司長領導律政司的工作，是特別行政區政府總法律顧問，負責向特別行政區政府提供各種法律意見，起草政府法案，在民事訴訟中代表特別行政區政府等。同時，律政司還擔負一項獨立的工作，即負責刑事檢控，按照基本法第 63 條的規定，律政司主管刑事檢察工作，不受任何干涉。政務司長和財政司長分別統領若干政府部門的工作，在其領導的政策領域，負有協助行政長官督導有關部門工作，協調政策制定和實施的重要作用。

第二，各政策局。各政策局負責具體的不同範疇的政策制定和執行。香港特別行政區政府成立後，為適應香港社會轉變及施政需要，曾多次就局級行政架構進行調整。特別是 2002 年 7 月在推行主要官員問責制時，將 16 個局改組為 11 個局。2007 年 5 月，時任行政長官曾蔭權再次就行政架構進行改組，並根據工作需要對政策局的職能進行了調整，組成 12 個局。2015 年 11 月，時任行政長官梁振英成立創新及科技局，加入行政架構，組成 13 個局。2022 年 5 月，行政長官李家超對香港特區新一屆政府架構進行重組，將 13 個局改組為 15 個局，即公務員事務局、政制及內地事務局、文化體育及旅遊局、教育局、環境及生態局、醫務衛生局、民政及青年事務局、勞工及福利局、保安局、商務及經濟發展局、發展局、財經事務及庫務局、房屋局、創新科技及工業局、運輸及物流局。

第三，各署、處。香港的政府部門通常稱為"署"或"處"，如衛生署、警務處等。這些部門按照執行政策的範圍與第二層次的各局相對應，直接負責執行政策和法律所賦予的各項行政權力。

目前，香港特別行政區政府的主要施政和行政工作由政策局和部門執行，大部分職位都由公務員擔任。在 2002 年實行主要官員問責制前，政策局只向政務司司長負責。實行主要官員問責制後，政務司長、財政司長、律政司長與各政策局局長同屬問責官員，直接向行政長官負責。在具體運作中，司長分別協調所屬的局，司、局長為行政會議成員，協助行政長官決策。而廉政公署、審計署、申訴專員公署等機構則直接向行政長官負責，起到監察作用。

需要說明的是，香港特別行政區政府的問責官員是"三司十五局"的首長，與基本法所指的"主要官員"有所不同。在香港基本法中，"主要官員"是一個特定的概念。按照基本法第 48 條第 5 項規定，"主要官員"包括：各司司長、副司長，各局局長，廉政專員，審計署署長，警務處處長，入境事務處處長，海關關長。這些官員身居香港特別行政區政府的各個關鍵崗位，負有十分重大的社會責任，因此，這些官員的任職條件與行政長官一樣有特別的要求。基本法第 61 條規定："香港特別行政區的主要官員由在香港通常居住連續滿十五年並在外國無居留權的香港特別行政區永久性居民中的中國公民擔任"。

基本法所列的上述主要官員由行政長官提名並報請中央人民政府任命,其免職也由行政長官向中央人民政府提出建議。一般情況下,主要官員的任期不超過提名他的行政長官的任期。新任行政長官可以提名原任主要官員,報請中央人民政府再次任命。中央人民政府對特區政府主要官員的任命也是實質性的,而非程序性的。

二、香港特別行政區政府的職權

按照基本法第 62 條的規定,香港特別行政區政府行使以下六個方面的職權:(1)制定並執行政策;(2)管理各項行政事務;(3)辦理基本法規定的中央人民政府授權的對外事務;(4)編制並提出財政預算、決算;(5)擬定並提出法案、議案、附屬法規;(6)委派官員列席立法會並代表政府發言。

此外,在基本法其他章節的條文中,也涉及政府的職權,主要有:負責對香港特別行政區境內的屬於國家所有的土地和自然資源進行管理、使用、開發和批租;負責維持社會治安;自行制定貨幣和金融政策,保障金融企業、金融市場的經營自由,並依法進行管理和監督,發行貨幣等。

由於行政長官是香港特別行政區政府的首長,領導特別行政區政府,因此,香港特別行政區政府的有些職權和行政長官的職權密不可分。如基本法第 48 條關於行政長官的職權中規定,行政長官負責執行基本法和依照基本法適用於香港特別行政區的其他法律;依照法定程序任免公職人員等。行政長官在行政組織中領導特別行政區政府,分別行使決策指揮、擬定政策和實施管理等不同層次的行政管理權。與此同時，特別行政區政府的各項職權，都是在行政長官的領導下行使的，特別行政區政府各部門的工作也都要接受行政長官的統一領導，並對行政長官負責。

基本法賦予香港特別行政區政府這些職權，主要是由香港特別行政區的法律地位和行政機關的性質所決定的。作為一個直轄於中央人民政府的地方行政區域，香港特別行政區享有包括行政管理權在內的高度自治權，依照基本法的有關規定有權自行處理香港特別行政區的行政事務，並在中央授權下依照基本法自行處理有關的對外事務。

第四節　立法機關

一、立法會的產生

在基本法設計的香港特別行政區政治體制中，全國人大授權香港特別行政區實行高度自治，享有立法權。香港特別行政區立法會是香港特別行政區的立法機關。有觀點認為，立法會要立即實現全部議員由選民直接選舉產生，否則就是缺乏民主。這實際是不顧香港現實，沒有法律依據和事實根據，甚至是不負責任的言論。民主形式豐富多樣，民主制度並非選舉一途。不能把民主簡單等同於選舉，把選舉簡單等同於直接選舉，把民主進步簡單等同於增加直選議席，而要看有關安排有沒有擴大民意代表性，能不能反映廣大居民的根本利益和共同意願。基本法第 68 條第 2 款規定："立法會的產生辦法根據香港特別行政區的實際情況和循序漸進的原則而規定，最終達至全部議員由普選產生的目標。"結合基本法和香港國安法的有關規定來看，香港特別行政區立法會的產生遵循以下原則：

（一）符合香港實際情況

關於香港回歸後的憲制地位，基本法明確規定"香港特別行政區是中華人民共和國不可分離的部分"，"是中華人民共和國的一個享有高度自治權的地方行政區域，直轄於中央人民政府"。"一國兩制"下香港特別行政區的憲制地位和實際情況決定了其政治體制的基本屬性是一種地方政治體制。香港立法會選舉制度的發展完善必須符合香港特區的憲制地位，有利於鞏固憲法和基本法確定的憲制秩序，這是香港最大的實際情況。

（二）維護國家安全

任何民主都是在特定國家或地區範圍內的民主，必須以維護本國國家安全為基本前提條件，任何地方的民主發展都不能以損害國家安全為代價。香港特別行政區立法會選舉制度的發展必須把維護國家安全放在更加突出的位置，消除可能危害國家安全的各種隱患和風險，防止反中亂港勢力利用立法會議事平台挑戰"一國兩制"原則底線，衝擊香港特別行政區憲制秩序，破壞香港法治，進行危害國家安全、損害香港繁榮穩定的各種活動。

（三）有助於落實行政主導

香港特別行政區立法會選舉制度的發展完善，必須有利於落實行政主導，強化行政長官在特別行政區治理中的核心地位和權威，提高施政效能。在立法會要形成穩定支持行政長官和特別行政區政府的強大力量，破解立法會機關與行政機關長期對立、立法會內部長期對抗的困局，使特別行政區政府和各界能夠集中精力發展經濟、改善民生，不斷增強香港在激烈競爭中的優勢。

二、立法會的職權

根據基本法第 73 條的規定，香港特別行政區立法會的職權主要有以下幾項：

（一）制定法律

制定法律是立法會最基本的職權。由於香港特別行政區是中國的一個特殊的地方行政區域，香港特別行政區立法會的立法權也具有與其法律地位相適應的特點：首先，它不能就有關國防、外交和其他按照基本法規定不屬於特區自治範圍內的事項進行立法；其次，其立法的適用範圍僅及於香港特別行政區；再次，其立法不得同基本法相抵觸，基本法是立法會制定各項法律的法律依據。為此，基本法第73條第1項規定，香港特別行政區立法會"根據本法規定並依照法定程序制定、修改和廢除法律"。但立法會制定的法律須報全國人大常委會備案，備案不影響該法律的生效。

（二）控制財政

立法會在財政方面的權力主要體現在對政府的財政預算案的審核權及對公共開支等的批准權兩個方面。基本法第73條第2項和第3項規定，香港特別行政區立法會"根據政府的提案，審核、通過財政預算"；"批准稅收和公共開支"。立法會是由香港居民選舉產生的，具有民意機關的性質，由它控制財政支出，有利於保護納稅人的利益，防止政府濫用公帑，這是立法會對行政機關進行財政控制的一種機制。這種權力也是世界上一切立法機關的傳統權力。

（三）制衡行政

這方面職權包括：（1）聽取行政長官的施政報告並進行辯論；（2）對政府的工作提出質詢；（3）就任何有關公共利益問題進行辯論。質詢是立法會對行政機關進行監督的主要手段，這既包括對行政機關實施政策的監督，也包括對行政機關工作的監督。

此外，行政長官如有嚴重違法或瀆職行為而不辭職，立法會可以進行彈劾。這是立法會對行政長官進行監督的重要手段。香港特別行政區立法會行使彈劾權的條件是：行政長官有嚴重違法和瀆職行為而不辭職。彈劾的程序是：（1）有立法會全體議員的四分之一聯合動議；（2）經立法會通過進行調查，立法會可委託終審法院首席法官負責組成獨立的調查委員會，並擔任主席；（3）調查委員會負責進行調查，並向立法會提出報告；（4）調查委員會認為有足夠證據構成上述指控，立法會以全體議員三分之二多數通過，可提出彈劾案；（5）報請中央人民政府決定。由於行政長官是由中央人民政府任命的，所以立法會只是有權提出對行政長官的彈劾案，他的去留應由中央人民政府來決定。中央人民政府將以香港特別行政區立法會提出的彈劾案為基礎，作出行政長官去或留的決定。

需要指出的是，立法會彈劾權的對象僅限於行政長官，不包括香港特別行政區政府主要官員。如果特別行政區政府主要官員中有違法、瀆職行為，只能由司法機關或行政機關進行法律制裁或紀律處分。

（四）其他職權

香港特別行政區立法會除行使上述職權外，還行使基本法規定的其他權力，主要有：（1）同意任免法官。香港特別行政區立法會擁有關於終審法院法官和高等法院首席法官任免的同意權。立法會的這項同意權是行政長官對上述法官進行任免的一項不可缺少的條件。（2）處理申訴。立法會有權接受香港居民的申訴並作出處理。

第五節　司法機關

一、司法體制

按照基本法的政制設計，香港特別行政區享有獨立的司法權和終審權。這項權力是由香港特別行政區的司法機關行使的。香港特別行政區的各級法院是香港特別行政區的司法機關，行使香港特別行政區的審判權。

在司法方面，香港特別行政區除因設立香港特別行政區終審法院而產生的變化外，保留了原來的司法體制。香港現行的法院體系，由終審法院、高等法院（設立上訴法庭和原訟法庭）、區域法院、裁判署法庭和其他專門法庭組成。

香港特別行政區設置終審法院是香港回歸祖國後在司法制度上的重大變化。回歸前，英王室樞密院掌握著香港的終審權。我國的一個重要政策，是 1997 年恢復在香港行使主權時，將終審權從英國收回，而後賦予香港特別行政區，並設立終審法院。這一政策寫入了《中英聯合聲明》，並在制定香港基本法時寫入了基本法。基本法第 82 條規定：“香港特別行政區的終審權屬於香港特別行政區終審法院。終審法院可根據需要邀請其他普通法適用地區的法官參加審判。”基本法的規定是恢復行使主權、貫徹 “一國兩制”、“港人治港”、高度自治的充分體現。

二、司法機關的審判原則

"一國兩制"決定了香港特別行政區司法機關的審判原則不同於內地。基本法第 84 條至第 87 條規定了香港特別行政區法院審理案件的基本原則。這些原則是 1997 年以後香港特別行政區司法制度的重要組成部分。

（一）依法審判原則

基本法第 84 條規定："香港特別行政區法院依照本法第十八條所規定的適用於香港特別行政區的法律審判案件，其他普通法適用地區的司法判例可作參考。"這一規定回答了香港特別行政區法院審理案件的法律依據問題。香港特別行政區法院審判案件的法律依據包括：基本法；香港原有法律（即普通法、衡平法、條例、附屬立法和習慣法）；香港特別行政區立法機關制定的法律；全國性法律（僅限於基本法附件三列舉的法律以及全國人大常委會認為必要時經徵詢香港基本法委員會和香港特別行政區政府的意見後增列的法律）。另外，從香港原有法律屬於普通法這一歷史因素出發，基本法規定，香港回歸後，香港法院仍可以其他普通法適用地區的判例作為參考。這樣，在法律適用上，香港特別行政區法院審理案件時所依據的法律，既不同於港英時期的法律，又有別於中國內地的法律。

（二）獨立審判原則

基本法第 85 條規定："香港特別行政區法院獨立進行審判，不受任何干涉，司法人員履行審判職責的行為不受法律追究。"

香港特別行政區獨立審判的原則主要有：一是法院審理案件不受其他任何機關或個人干涉，即使是上級法院對下級法院的審判也不能過問，只有在上訴時才能對該案發表意見，作出新的判決。二是司法人員履行審判職責的行為不受法律追究。除此之外，香港特別行政區法院獨立審判的原則，還包括香港法院審理案件獨立於中國內地法院。按中國內地司法制度的要求，上級法院有權監督下級法院，上級法院如發現下級法院的審判確有錯誤，有權提審或指令下級法院再審。由於香港特別行政區終審法院有終審權，因此，香港特別行政區法院的審判不受中國最高人民法院的監督。

（三）保留原在香港實行的陪審制度原則

在英國法律制度史上，陪審制度由來已久，1887 年港英時期制定的《陪審團條例》適用於香港地區。為保持香港司法制度的延續性，基本法第 86 條規定：“原在香港實行的陪審制度的原則予以保留。”香港回歸後，特區立法會對《陪審團條例》進行了多次修改。根據最新修訂的《陪審團條例》的規定，“在所有民事及刑事審訊，以及就任何人是否白癡、精神錯亂或精神不健全而進行的所有研訊中，陪審團（如有的話）須由 7 人組成。”出任陪審員的一般條件包括年齡在 21 歲至 65 歲之間、香港居民、精神健全、具有良好品格等，但行政會議或立法會議員、太平紳士、相關公職人員、實際執業的大律師及律師等豁免出任陪審員。

香港國安法規定，對高等法院原訟法庭進行的就危害國家安全案件提起的刑事檢控程序，律政司長可基於保護國家秘密、案件具有涉外因素或者保障陪審員及其家人的人身安全等理由，發出證書指示相關訴訟毋須在有陪審團的情況下進行審理。凡律政司長發出上述證書，高等法院原訟法庭應當在沒有陪審團的情況下進行審理，並由三名法官組成審判庭。

（四）無罪推定原則

基本法第 87 條第 2 款規定："任何人在被合法拘捕後，享有儘早接受司法機關公正審判的權利，未經司法機關判罪之前均假定無罪。"無罪推定原則，是西方資產階級革命中對封建專制主義的"有罪推定"司法原則的否定。該原則認為，在司法機關作出有罪判決之前，任何人都應假定無罪，不能稱之為"罪犯"，只能稱之為"被告"。基本法根據"一國兩制"原則對這一司法原則予以留用。

（五）保留在香港適用的訴訟原則

香港作為普通法適用地區，其法院在長期的案件審理中，形成了一套特殊的訴訟制度，基本法對這些訴訟制度也予以承認。基本法第 87 條第 1 款規定："香港特別行政區的刑事訴訟和民事訴訟中保留原在香港適用的原則和當事人享有的權利"，即保留了原在香港適用的訴訟原則。

第六節　區域組織和公務人員

一、區域組織

　　基本法第四章政治體制所指的區域組織，是區議會等非政權性質的地區組織。基本法關於區域組織的規定雖然只有兩條，但卻作為第四章的一節加以規定，說明區域組織問題在基本法起草過程中受到重視。這兩條規定是：

　　基本法第 97 條："香港特別行政區可設立非政權性的區域組織，接受香港特別行政區政府就有關地區管理和其他事務的諮詢，或負責提供文化、康樂、環境衛生等服務。"

　　基本法第 98 條："區域組織的職權和組成方法由法律規定。"

　　歸結起來，這兩條規定主要包括四個方面的內容：

　　第一，明確了香港特別行政區可設立區域組織。港英時期，香港政制被認為形成了三層架構，即第一層的港督及行政局、立法局；第二層的市政局、區域市政局；第三層的區議會。對於回歸後香港是否保留原有的政制架構，社會各界存在不同意見。考慮到香港區域組織的歷史和現實情況，基本法授權香港特別行政區可以設立區域組織。目前，區域組織只有區議會。

　　第二，明確規定了區域組織的性質是非政權性的。根據基本法的規定，香港特別行政區只設立一級政權機構，不再設立第二級政權機構。按照基本法規定，區域組織為非政權性的組織，不屬於地方政府或地方行政機關，而是屬於諮詢組織。這同上述規定是一致的，同時也與區域組織本身具有的職能相符合。

第三，明確規定了區域組織的任務。具體來說主要有兩方面，即接受政府就有關地區管理和其他事務的諮詢，以及負責提供文化、康樂、衛生等服務。

第四，就區域組織的職權和組成方法進行了原則性規定，即"區域組織的職權和組成方法由法律規定"。這為香港特別行政區成立後自行決定區域組織的職權和組成方法提供了空間。

1999 年 3 月，香港特別行政區通過了《區議會條例》，規定了香港特別行政區區議會的設立及組成、區議會議員的資格及議員喪失資格的理由，以及區議會選舉的安排等。同年 11 月 28 日香港特別行政區舉行了第一屆區議會選舉，並於 2000 年 1 月 1 日成立了新的 18 個區議會，任期也由三年一屆改為四年一屆，同時區議會的英文名稱也由原來的 District Board 改為 District Council。區議會就地區事務向香港特別行政區政府提供意見，並在屬區內推廣康樂文化活動，以及推行環境改善計劃。同日，特別行政區政府推行市政服務改革，解散了市政局和區域市政局，兩局的服務經統合後由新的政府部門康樂及文化事務署和食物環境衛生署管理。2003 年、2007 年、2011 年，香港區選分別產生了第二、三、四屆區議會。2013 年 5 月 22 日、11 月 6 日，香港特區立法會分別通過《2013 年區議會（修訂）條例草案》及《2013 年區議會條例（修訂附表 3）令》，規定由第五屆區議會起，所有區議會委任議席全面取消。2015 年、2019 年，香港區選分別產生了第五、六屆區議會。

根據《2021 年公職（參選及任職）（雜項修訂）條例》，修訂後的《宣誓及聲明條例》規定，區議會議員須於其任期開始後，儘快作出區議會誓言，宣誓擁護《中華人民共和國香港特別行政區基本法》、效忠中華人民共和國香港特別行政區。區議會議員宣誓由行政長官或獲行政長官授權監誓的人進行監誓。修訂後的《區議會條例》規定，拒絕或忽略作出宣誓、宣誓無效、違反誓言或者不符合擁護《中華人民共和國香港特別行政區基本法》、效忠香港特別行政區的，喪失區議員資格且五年內不得參選。2021 年 9 月、10 月，香港特區政府首次組織 211 名第六屆區議會議員宣誓，最終宣誓無效喪失區議員資格的共 49 人，缺席宣誓直接喪失議席的 6 人。

2023 年 7 月 6 日，香港特區立法會審議通過《2023 年區議會（修訂）條例草案》。通過優化提名機制、完善資格審查制度等舉措，堅決防止反中亂港分子進入區議會，全面落實"愛國者治港"；通過優化區議會組成方式，強化其諮詢服務功能，完善區議員履職監察制度，使區議會回到香港基本法規定的非政權性區域組織的正確軌道，有利於特區行政主導體制的貫徹落實，有利於更好發揮區議會反映民意、為民辦事、助民解困的功能和作用，從而更好協助特區政府做好地區治理，切實增進民生福祉。

二、公務人員

（一）基本法的相關規定

港英管治時期，港英政府仿效和參照英國的文官制度，在香港逐步建立和發展了公務員制度，形成了較為完善的公務員管理體系。到香港回歸前，香港的公務人員已達 18 萬，成為保持香港社會安定和繁榮發展的一支重要力量。

實現香港公務員隊伍的平穩過渡，在香港特別行政區建設一支高素質的公務員隊伍及制定一套行之有效的公務員制度，對於確保香港特別行政區政府部門和其他行政單位的有效運作，貫徹落實 "一國兩制"、"港人治港"、高度自治，維護香港的長期繁榮穩定具有十分重要的意義。為此，基本法在第四章中以專門一節，對香港特別行政區公務人員的任職條件、公務員隊伍及公務員制度的過渡安排等作出了明確的規定。歸納起來，主要包括以下幾方面內容：

一是對公務人員的資格作出了具體規定。基本法第 99 條規定："在香港特別行政區政府各部門任職的公務人員必須是香港特別行政區永久性居民。" 這一規定充分體現了 "港人治港" 的原則，表明公務人員必須是香港特別行政區的永久性居民，必須以當地人為主。基本法第 101 條第 1 款還規定："香港特別行政區政府可任用原香港公務人員中的或持有香港特別行政區永久性居民身份證的英籍和其他外籍人士擔任政府部門的各級公務人員，但下列各職級的官員必須由在外國無居留權的香港特別行政區永久性居民中的中國公民擔任：各司司長、副司長，各局局長，廉政專員，審計署署長，警務處處長，入境事務處處長，海關關長。"

此外，根據基本法第 101 條第 2 款的規定，香港特別行政區政府還可聘請英籍和其他外籍人士擔任政府部門的顧問，必要時並可從香港特別行政區以外聘請合格人員擔任政府部門的專門和技術職務。上述外籍人士只能以個人身份受聘，對香港特別行政區政府負責。

基本法對有關公務人員資格作出的規定，一方面是我國對香港恢復行使主權、剔除原有的殖民統治色彩的要求，有利於保證香港本地居民在政府部門中佔有絕對優勢，使公務人員切實為香港特別行政區工作，以貫徹落實 "港人治港"；另一方面，則是考慮到香港作為一個國際貿易中心、金融中心和交通樞紐，具有廣泛的國際聯繫，保留並吸引一部分外籍人士參與香港的行政工作，充分發揮他們的特長，有利於發展與世界各國（或地區）的經濟文化交流，保持香港的繁榮與穩定。

　　二是對公務人員的任用、提升、留用以及退休、離職和待遇等作了原則性規定。基本法第 103 條規定："公務人員應根據其本人的資格、經驗和才能予以任用和提升"，以體現公平競爭、量才錄用，防止徇私舞弊和任人唯親。基本法第 100 條對香港特別行政區成立前在香港政府各部門任職的公務人員，包括警察部門任職的公務人員作出了"均可留任"的規定，同時明確規定，"其年資予以保留，薪金、津貼、福利待遇和服務條件不低於原來的標準"。基本法第 102 條對公務人員退休、離職後的待遇問題也作了明確規定，這些規定對保持公務員隊伍的穩定、進一步提高公務員隊伍的素質提供了法律保障。

　　三是對保留香港原有公務員制度作出了相應規定。為維護香港的穩定和繁榮，吸收或保留原有制度有益的成分，基本法規定基本保持香港原有的公務人員制度。基本法第 103 條規定："香港原有關於公務人員的招聘、僱用、考核、紀律、培訓和管理的制度，包括負責公務人員的任用、薪金、服務條件的專門機構，除有關給予外籍人員特權待遇的規定外，予以保留"。

　　四是明確規定香港特別行政區的公務人員必須盡忠職守，對香港特別行政區政府負責。根據香港基本法和《公務員守則》，擁護香港基本法、效忠香港特別行政區和對中華人民共和國香港特區政府負責，是公務員的一貫責任。香港基本法第 104 條規定，特區行政長官、主要官員、行政會議成員、立法會議員、各級法院法官和其他司法人員在就職時必須依法宣誓擁護香港基本法，效忠中華人民共和國香港特別行政區。香港國安法第 6 條也規定，香港特區居民在參選或者就任公職時應當依法簽署文件確認或宣誓擁護香港基本法，效忠中華人民共和國香港特別行政區。2024 年 6 月，香港特別行政區公務員事務局頒佈更新版《公務員守則》，闡明了公務員團隊須共同恪守的 12 項基本信念，包括維護憲制秩序及國家安全、政治中立、盡忠職守，以及堅守法治等，並強調公務員政治中立必須以效忠國家和香港特區為前提，所有的公務員必須對在任的行政長官及政府完全忠誠，並須竭盡所能地履行職務。

（二）香港特別行政區公務員隊伍情況及公務員制度改革

1. 公務員隊伍情況

香港特別行政區的公務員主要包括兩類人員，其一是特別行政區政府按照長期聘用條件聘用的公務員；其二是特別行政區政府按照公務員合約聘用條件聘用的僱員。在特別行政區政府工作的非公務員合約制僱員不屬於公務員。

香港特別行政區公務員隊伍龐大，任職範圍廣泛，除政府政策局、部門和機構中的行政及管理人員外，政府營辦的學校、醫院、環境衛生等公共事業機構的大部分職員也都屬於公務員編制。目前，香港特別行政區政府公務員編制為 19.2 萬個，實際人數 17.3 萬個（截至 2024 年 4 月），約佔全港就業人數的 4.7%，公務員中男女比例約為 3：2。

香港回歸初期，時任行政長官董建華依據基本法規定，頒佈了《1997 年公務人員（管理）命令》和《公務人員（紀律）規例》，取代了港英時期的《英王制誥》和《王室訓令》，同時宣佈《公務員事務規例》繼續生效，除取消有關給予外籍人員特權待遇的規定外，基本保持了原有公務員聘任、薪酬、福利、訓練、品性與紀律、離任等制度。此外，紀律部隊人員的品行和紀律還同時受到有關紀律部隊法例的規管。2009 年 9 月，為配合政治委任制度的發展，特區公務員事務局發佈《公務員守則》，闡述了公務員須恪守的操守準則，以及公務員與政治委任制度下的政治委任官員共事時的一般職務和職責。2024 年 6 月，香港特區政府頒佈更新版《公務員守則》，進一步清晰闡述公務員在"一國兩制"下的憲制角色和責任，並有系統地列明公務員作為行政機關一員，必須恪守的 12 項基本信念（維護憲制秩序及國家安全、以民為本、熱心公共服務、盡忠職守、堅守法治、廉潔守正、政治中立、專業精神、團隊精神、效益為本、績效問責、保密原則）。

2. 公務員制度改革

香港回歸後，因應形勢發展變化及工作需要，香港特別行政區政府在基本法框架下不斷推進公務員體制和行政體制改革，使香港特別行政區公務員制度在實踐中逐步得到完善。主要表現在兩個方面：

一是對公務員體制進行改革。1999 年 3 月，香港特別行政區政府發表《公務員體制改革諮詢文件》，隨後著手就公務員入職與離職、薪酬及附帶福利、行為及紀律、表現管理以及培訓與發展等方面進行改革，以控制公務員編制、改革公務員管理體制。這些改革取得了一定成效，不僅使香港特別行政區公務員制度更具靈活性和更切合社會實際，而且進一步提高了政府的施政效率，同時也減少了政府的財政壓力。

二是推行政治委任制度。發展政治委任制度是香港特別行政區政府在基本法框架內，對公務員管理體制進行的一項重要改革措施。早在 2002 年 7 月，香港特別行政區政府即開始實行主要官員問責制。"問責制"的實施是香港特別行政區政府推行政治委任制度的重要開端，也是香港政制改革的重要方面。這項改革從制度上保證了行政長官行使基本法所賦予的相關職權，也有利於穩定公務員隊伍和提高特別行政區政府的施政效率。為此，香港特別行政區政府於 2006 年 7 月和 2007 年 10 月先後發表了《進一步發展政治委任制度諮詢文件》和《進一步發展政治委任制度報告書》，提出在主要官員問責制的基礎上進一步發展和完善政治委任制度，並建議增設副局長和局長政治助理職位，2008 年即開始正式委任。2012 年，修訂後的《政治委任制度官員守則》生效，該守則規定了政治委任官員的主要職責、執行職務時須遵守的基本原則、保密義務等內容，如果主要官員違反了守則內的條文，除警告和公開譴責外，行政長官可向中央人民政府建議把有關官員停職或免職。

三是推行公務員宣誓制度。根據基本法和香港特區《公務員守則》，擁護《中華人民共和國香港特別行政區基本法》、效忠中華人民共和國香港特別行政區、盡忠職守和對中華人民共和國香港特別行政區政府負責，是公務員的一貫責任。香港國安法第 6 條規定，香港特別行政區居民在參選或就任公職時應當依法簽署文件確認或者宣誓擁護《中華人民共和國香港特別行政區基本法》、效忠中華人民共和國香港特別行政區。2020 年 10 月、2021 年 1 月，香港公務員事務局向各部門發出通告，分別要求所有在 2020 年 7 月 1 日或之後加入香港特區政府的公務員以及所有在 2020 年 7 月 1 日前已加入香港特區政府的公務員，須聲明擁護《中華人民共和國香港特別行政區基本法》、效忠中華人民共和香港特別行政區、盡忠職守和對香港特區政府負責。截至 2021 年 8 月底，約 17 萬公務員簽署效忠聲明，有 129 名公務員不理會或拒絕簽署聲明，特區政府通過終止聘用、著令退休等形式勒令其離開公務員隊伍。要求公務員宣誓或簽署聲明是對公務員須承擔責任的公開確認和真切體現，使公務員隊伍認識到公職身份帶來的責任和要求，有助於進一步鞏固公務員隊伍恪守的核心價值，從而確保香港特區政府實現有效管治。

總之，香港回歸以來的實踐證明，香港特別行政區公務員隊伍得到了穩定發展，香港特別行政區公務員體制也不斷完善，而基本法為此提供了堅實的法律保障。

第五章

經濟

　　香港經濟是一個以私有產權制度為基礎、市場高度自由和開放的城市經濟體系。從第二次世界大戰結束到香港回歸，香港經濟經歷了兩次重要轉型：第一，工業化階段。20世紀40年代末，香港開始了從轉口港經濟向工業化的轉型，經過50年代和60年代快速發展，70年代中期工業化達到鼎盛時期，成為二戰後經濟高速增長的"亞洲四小龍"之一。第二，工業經濟向服務經濟的轉型。從20世紀70年代中後期開始，香港經濟從工業主導型經濟向以現代服務為主體的多元化經濟發展。中國內地的改革開放加快了香港製造業向內地特別是珠三角的轉移，也加快了香港現代服務業的快速發展，香港藉此逐漸成長為國際貿易中心、金融中心和航運中心。

　　在經濟結構轉型的同時，香港資本主義自由市場經濟制度也建立起來。基本法在第五章以及總則和其他章節中，對香港的基本經濟制度、經濟運行機制、經濟管理體制和國際經濟地位進行了比較全面和系統的規定，涉及財政、金融、工商業、土地契約、航運和民用航空等領域。這些法律條款完整保留了香港原有資本主義制度和經濟功能，同時賦予了香港特別行政區在管理經濟事務方面的高度自主權，從經濟層面貫徹了"一國兩制"和高度自治原則，為香港經濟的平穩過渡和回歸後的繁榮穩定奠定了基礎。

第一節　基本經濟制度與經濟運行機制

一個社會的基本經濟制度是由其財產所有制關係決定的，產權制度是經濟所有制關係的法律表現形式。基本法完整保留了香港以私有制為基礎的自由市場經濟體制，從微觀經濟層面上確定了香港資本主義經濟制度的性質。

一、保護私有財產權

私有制是資本主義經濟制度的基礎，基本法規定香港在回歸後仍然實行原有的資本主義經濟制度，其中關於保護私有財產權的規定是相當完備的。

1. 確立了保護私有財產權的基本原則。基本法總則第 6 條規定："香港特別行政區依法保護私有財產權"，這項規定確立了對私有財產權進行保護的基本原則，其他從屬規定也是在這一基本原則下展開的。

2. 規定了私有財產保護的內容和原則。財產權包括合法財產的所有權、佔有權、支配權、使用權、收益權和處置權。基本法第五章第105 條從三個層次上對保護私有財產權的具體內容進行了規定：

第一，私有產權保護的完整性。該條款規定"香港特別行政區依法保護私人和法人財產的取得、使用、處置和繼承的權利"。簡言之，法律保護私人完整的財產權利。

第二，財產被徵用得到補償的權利。政府可能因為發展公共設施需要徵用私人財產和企業財產。企業所有權屬於法人財產權,是私有財產權的延伸。該法條規定"保護依法徵用私人和法人財產時被徵用的財產的所有人得到補償的權利。徵用財產的補償應相當於該財產當時的實際價值,可自由兌換,不得無故遲延支付。"這表明政府對被徵用的財產必須補償,補償時要遵循等價、及時和可自由兌換的原則。

第三,財產權平等保護原則。對於財產權利的平等保護是市場經濟的本質要求。不管是私人財產還是企業財產,本地企業或外來投資,都應該得到同樣的保護。該條款規定:"企業所有權和外來投資均受法律保護。"

二、維護自由市場經濟體制

香港長期奉行開放的自由市場經濟制度,實行商品、資本、人員和信息等要素的自由流動。基本法對回歸後香港繼續實行自由市場經濟制度,也作了規定。

1. 貿易自由政策。香港在亞太地區位置適中,擁有天然良港和中國內地廣闊的經濟腹地,加上"自由港"體制,使香港在 19 世紀末就成為中國重要的對外貿易轉口港。上世紀 60、70 年代香港工業化,特別是 70 年代末中國內地改革開放,珠三角和華南地區出口導向型的工業高速增長,加快了香港國際貿易中心的形成。基本法第 115 條規定:"香港特別行政區實行貿易自由政策,保障貨物、無形財產和資本的自由流動。"

2. 資金流動自由政策。基本法第 112 條規定:"香港特別行政區不實行外匯管制政策。港幣自由兌換,繼續開放外匯、黃金、證券、期貨等市場",“保障資金的流動和進出自由"。

3. 信息流動和人員往來自由。基本法第 30 條和第 31 條規定，“香港居民的通訊自由和通訊秘密受法律的保護",以及“香港居民有旅行和出入境的自由"。

三、經濟高度自主性

基本法賦予了香港特區政府在管理經濟上的高度自主性，是高度自治原則在經濟管理上的體現。

1. 獨立的財政稅收制度。基本法第 106 條規定：“香港特別行政區保持財政獨立。香港特別行政區的財政收入全部用於自身需要，不上繳中央人民政府。中央人民政府不在香港特別行政區徵稅。" 第 108 條規定：“香港特別行政區實行獨立的稅收制度",“參照原在香港實行的低稅政策，自行立法規定稅種、稅率、稅收寬免和其他稅務事項"。

2. 自行制定貨幣金融政策。基本法第 110 條規定：“香港特別行政區的貨幣金融制度由法律規定。香港特別行政區政府自行制定貨幣金融政策，保障金融企業和金融市場的經營自由，並依法進行管理和監督。"

3. 制定適當政策，促進和協調產業發展。基本法第 118 條規定：“香港特別行政區政府提供經濟和法律環境，鼓勵各項投資、技術進步並開發新興產業。" 第 119 條規定：“香港特別行政區政府制定適當政策，促進和協調製造業、商業、旅遊業、房地產業、運輸業、公用事業、服務性行業、漁農業等各行業的發展，並注意環境保護。"

為了提高公共服務的效率和減少政府負擔，保持“大市場小政府"特徵,香港一些公共服務與管理事務也按照商業化和市場化原則,由一些公營機構管理和運作。這些公營機構由香港特別行政區政府根據法例出資成立及營運,承擔某一領域的公共管理的職能。這些公營機構不屬於政府體系,成員也不屬於公務員,比政府部門有較多的自主權,不以盈利為目的,但是一般能夠自負盈虧。這些公營機構的主要決策者均由政府或行政長官邀請社會人士擔任(多為義務性質),因此也被稱之為半官方機構或法定機構,例如香港生產力促進局、貿易發展局、機場委員局、香港科技園公司等。政府還按照企業經營模式和完全商業化運作的方式,經營和管理基礎設施,例如已經上市的香港鐵路有限公司。在這些公司裏,政府只能以持股量分得盈利,為了避免干預其他投資者的利益,政府不能以公眾利益的角度完全控制這些公司,從而達到充分發揮市場機制的作用。管理和經營香港股票市場的香港交易及結算所有限公司,也是一家股權多元化的大型上市公司。香港回歸後,特區政府在地鐵和鐵路運營、資本市場監管等方面,推行的這些私有化和市場化的政策,是其長期奉行的自由市場經濟理念的體現。

私人產權及其自主運用是香港資本主義市場的基礎,自由競爭是香港經濟的靈魂,普通法制度維繫的市場規則和自由開放營商環境是基本特徵,維護法治的核心價值是制度有效運行的保障。回歸後香港經濟得到蓬勃發展,"自由開放雄冠全球,營商環境世界一流"。[13] 香港自由市場經濟體制得到國際社會的認可。

---

13 習近平:《在慶祝香港回歸祖國 25 週年大會暨香港特別行政區第六屆政府就職典禮上的講話》,2022 年 7 月 1 日。

第二節　財政、稅收與金融體制

　　財政、稅收和金融制度與政策屬於宏觀經濟範疇。香港財政、稅收和金融體制建立在其微觀經濟制度和自由市場運行機制基礎上，體現了自由市場經濟理念。

一、財政和稅收制度

　　基本法第 106 條至 108 條規定，回歸後香港的財政和稅收制度不變。在本章第一節已經介紹了基本法賦予香港特區政府在財政稅收上的高度自主性，包括財政收支獨立和自行制定財政和稅收政策的權利。這裏主要就基本法關於香港特別行政區政府財政和稅收原則和政策進行分析。

　　1. 收支平衡和審慎理財。歷史上英國政府在頒佈的《殖民地章則》中要求各殖民地政府審慎理財、量入為出，因此港府自 1843 年成立就恪守這一理財原則。但是，香港"量入而出，審慎理財"的公共財政預算制度是在 20 世紀 60 和 70 年代逐漸確立起來的。基本法第 107 條規定："香港特別行政區的財政預算以量入為出為原則，力求收支平衡，避免赤字，並與本地生產總值的增長率相適應。"這裏主要包括兩個基本原則：第一，量入而出與收支平衡原則。政府的財政支出和收入保持平衡，避免財政赤字。第二，財政收支適度增長原則。財政收支的增長要與經濟增長即本地生產總值的增長率相適應。

2. 簡單、低稅率的稅收制度。基本法第 108 條規定："香港特別行政區實行獨立的稅收制度。香港特別行政區參照原在香港實行的低稅政策，自行立法規定稅種、稅率、稅收寬免和其他稅務事項。"從總體上看，香港稅制具有稅制簡單、稅目穩定、稅率低、累進性不強以及稅收區域性界限分明的特點。香港稅制的吸引力表現為：第一，低稅率、簡單稅制。如直接稅的稅率始終控制在 20% 以下，實際上公司利得稅從來沒有超過 18.5%，標準稅率最高也只達到過 17%。港府始終把稅種限制在儘可能小的範圍，至今也只有 15 個稅項（不含利息稅）。第二，"領地來源"原則，即只向源自香港的所得或收益徵稅，對源自香港以外的所得或收益概不徵稅。這對國際投資者具有相當大的吸引力。另外，香港不設投資利得稅，對保護投資者積極性和激發企業進取精神具有重要作用。

二、貨幣與金融制度

1. 香港貨幣金融制度的特點。貨幣本位、貨幣發行機制和匯率制度是貨幣金融的基本制度。香港的貨幣管理體制是圍繞著聯繫匯率制的形成和演變而建立和發展起來的。港元與美元掛鈎的聯繫匯率制度、獨特的貨幣發行機制和金融管理制度以及與自由港相結合的資金自由流動成為香港國際金融中心的特點。基本法規定：保持香港的貨幣金融制度不變，香港特別行政區政府自行制定貨幣金融政策，保障金融企業和金融市場的經營自由，並依法進行管理和監督；繼續維持港元作為香港的法定貨幣的地位及發行方式；港元自由兌換，資金自由流動，金融市場完全開放；外匯基金由香港特區政府管理和支配，以維持港元匯率的穩定。香港能維持和鞏固其國際金融中心地位，離不開其獨特的貨幣金融制度體系，這一體系得到了基本法的保障。

2. 港元及其發行制度不變。 1983 年 10 月 15 日香港實施港元與美元掛鈎的 "聯繫匯率"，香港當時兩家有權發鈔的商業銀行 —— 滙豐和渣打銀行在發行港元時需要有十足的美元準備。在很長時間裏港元是由滙豐銀行和渣打銀行兩家商業銀行發行，1994 年 5 月中國銀行香港分行開始發行港元。基本法第 111 條規定："港元為香港特別行政區法定貨幣，繼續流通。港幣的發行權屬於香港特別行政區政府。港幣的發行須有百分之百的準備金。港幣的發行制度和準備金制度，由法律規定。香港特別行政區政府，在確知港幣的發行基礎健全和發行安排符合保持港幣穩定的目的的條件下，可授權指定銀行根據法定權限發行或繼續發行港幣。" 這一規定使港幣有了穩定的基礎和健全的發行機制。具體表現為：一、港幣的發行權屬於香港特別行政區政府。二、香港政府可授權指定合適的銀行發行港幣。

3. 維護港元穩定的機制不變。 香港基本法第 113 條規定："香港特別行政區的外匯基金，由香港特別行政區管理和支配，主要用於調節港元匯價。" 外匯基金是指由香港特別行政區政府管理和支配的、用以控制港幣發行、調節和穩定港元匯價的政府基金。商業銀行在發行港元時必須向外匯基金提交百分之百的美元儲備，用以維持港元聯繫匯率的穩定，進而維持穩定健全的貨幣金融體系，維持香港國際金融中心的地位。

4. 自行制定貨幣金融政策。 基本法第 110 條規定："香港特別行政區的貨幣金融制度由法律規定。香港特別行政區政府自行制定貨幣金融政策，保障金融企業和金融市場的經營自由，並依法進行管理和監督。" 沒有穩定的貨幣就不可能有發達的金融業，港幣對內對外幣值相對穩定，能夠自由兌換成世界上的主要貨幣，是香港成為國際金融中心的重要因素之一。為此，香港政府實行了以"穩定聯繫匯率"為唯一目標的貨幣政策。

三、香港回歸後財政、稅收和金融體制的實踐

香港回歸後的實踐表明，基本法關於財政稅收和金融制度的規定得到了完整的實施。審慎財政方針，簡單、低稅率政策，以及貨幣金融體制，有利於提升國際競爭力，保持香港經濟穩定和國際經濟地位。

1. 堅守審慎理財，財政保持盈餘。從表 5-1 中可以看到，從 1997 年到 2022 年期間，只有七年存在財政赤字，分別是 1999 年、2001-2004 年、2020 年和 2021 年。2008 和 2009 年財政預算有赤字，但是最終執行保持了財政的盈餘。1998 年亞洲金融危機對香港的經濟產生了嚴重的負面影響，造成了香港股市和樓市暴跌，經濟持續下降，從而導致政府財政收入特別是政府賣地收入銳減。為了維護香港的繁榮穩定，特區政府採取了一系列積極措施，包括在 1998、1999 年持續推行擴張性財政政策，興建迪士尼樂園、機場項目等公共工程，同時採取相應的減稅措施以拉動經濟增長。2000 年經濟剛有好轉，2001 年至 2002 年期間美國互聯網經濟泡沫破滅，美國股市大跌，對香港股市和經濟產生衝擊。隨後是 2003 年"非典"事件。多起事件的疊加影響，致使香港經濟連續幾年負增長，導致香港四個財政年度出現財政赤字。隨著 2004 年以後經濟恢復，香港財政又轉為盈餘。2008 年和 2009 年美國金融危機對香港經濟衝擊很大，政府在這兩個財政年度分別作出了赤字預算，但是最後執行不僅保持了收支

平衡，還有財政結餘。2020 年和 2021 年由於新冠疫情的影響，財政同樣出現赤字。

從回歸以來香港財政的收支情況來看，除去全球性金融危機衝擊以及非典和新冠疫情等不可預知和不可抗拒因素對經濟造成重大影響的年份外，香港政府切實貫徹了"量入為出，力求收支平衡，避免赤字"的規定，保持了政府的總體財政儲備不斷增長。從表 5-1 第 8 列中可以看到，2022 年實際財政儲備與 1997 年相比增加了 2.58 倍。

表 5-1　回歸後香港財政預算與結算狀況

（單位：百萬港元）

年份	預算盈餘 / 赤字	預算 支出	預算 收入	實際盈餘 / 赤字 ※	實際 支出	實際 收入	實際 財政儲備
1997	31,700	203,000	234,700	25,679	182,680	208,359	370,677
1998	10,700	233,000	243,700	86,866	194,360	281,226	457,543
1999	-36,500	241,600	205,100	-23,241	239,356	216,115	434,302
2000	-21,359	204,094	182,735	9,952	223,043	232,995	444,254
2001	50,500	243,695	244,200	-7,833	232,893	225,060	430,278
2002	-46,799	218,467	171,668	-63,331	238,890	175,559	372,503
2003	-80,000	261,400	181,400	-61,688	239,177	177,489	311,402
2004	-62,100	265,600	203,500	-40,128	247,466	207,338	275,343
2005	-10,500	253,600	243,100	21,356	242,235	238,197	295,981
2006	5,600	251,700	257,300	13,964	233,071	247,035	310,663
2007	25,400	248,400	273,800	58,601	226,863	288,014	369,264
2008	-7,500	315,400	307,900	123,650	234,815	358,465	492,914
2009	-39,900	301,600	261,700	1,450	312,412	316,562	494,364
2010	13,827	291,189	308,516	25,917	289,025	318,442	520,281
2011	71,271	303,490	374,761	75,121	301,360	376,481	595,402
2012	66,718	366,411	433,129	73,686	364,037	437,723	669,088
2013	64,891	380,615	445,506	64,826	377,324	442,150	733,914
2014	12,014	435,791	447,805	21,803	433,543	455,346	755,717

（續表）

年份	預算盈餘／赤字	預算支出	預算收入	實際盈餘／赤字※	實際支出	實際收入	實際財政儲備
2015	63,850	397,140	470,678	72,797	396,183	478,668	828,514
2016	30,484	426,981	457,465	14,374	435,633	450,007	842,888
2017	92,835	466,686	559,521	111,072	462,052	573,124	953,960
2018	137,979	474,406	612,385	148,974	470,863	619,837	1,102,934
2019	58,666	537,753	596,419	67,949	531,825	599,774	1,170,883
2020	-44,147	611,446	567,299	-10,575	607,830	590,926	1,160,308
2021	-276,807	820,385	543,498	-232,541	816,075	564,230	927,767
2022	-16,222	698,955	682,733	29,361	693,339	693,576	957,128

※ 盈餘／赤字為政府收入減去政府支出，正數代表盈餘，負數代表赤字；政府收入與支出包括一般帳目以及基金的收入支出。

數據來源：政府預算支出與收入來源於 1997 至 2023 年各年香港特別行政區政府財政預算案。實際支出與收入數據來源於香港特別行政區政府統計處（2022 年）。實際財政儲備來源於香港特別行政區政府財經事務與庫務科。

2. 堅持簡單、低稅率原則，保持稅收制度穩定。基本法對於香港稅收制度的規定，強調香港政府應該繼續實行其所一直堅持的簡單低稅率政策。香港共設有十幾個稅種，其稅收總額中比例最大的是利得稅、薪俸稅和物業稅三大稅種，下面通過對回歸以來這三個稅種標準稅率變化的分析來說明香港低稅政策的實施情況。

表 5-2　香港回歸以來標準稅率變動

	利得稅	薪俸稅	物業稅
1997/1998—2002/2003	16%	15%	15%
2003/2004	17.50%	15.5%	15.5%
2004/2005—2007/2008	17.50%	16%	16%
2008/2009—2017/2018	16.50%	15%	15%
2018/2019 及以後	分階計稅※	15%	15%

※ 不超過二百萬美元的應評稅利潤稅率為 8.25%，應評稅利潤中超過二百萬美元的部分稅率為 16.5%。

資料來源：香港特別行政區政府統計處（2022 年）。

　　表 5-2 列出了回歸以來香港最主要的三個稅種標準稅率的變化情況。從表中可以發現，從 1997 年回歸至 2003 年，三種稅的標準稅率都保持了同一水平，但從 2003/2004 財政年度起，三種稅率都發生了上調，利得稅從 16% 一次性上調到了 17.5%，薪俸稅和物業稅的標準稅率也都分兩年從 15% 上調至 16%。香港政府之所以提高稅率，直接原因是在 2003 年之前連續四個財政年度的綜合帳目赤字，連續五個財政年度的經常帳目財政赤字，2002/2003 年度的綜合帳目財政赤字到了本地生產總值的 5.5%。鑒於此種情況，香港政府認為 "如果情況繼續變壞，有可能導致資金外流，帶動利率抽升，打擊經濟復甦勢頭，甚至觸發金融危機"。因此，此次標準稅率的提高主要目的是為了彌補過去幾年巨額的財政赤字，而考慮到普通民眾的承受能力，薪俸稅、物業稅都是分兩期進行提升，且提升的比例較小。另外，隨著經濟形勢好轉，2008/2009 的政府財政預算案提出了藏富於民的建議，將之前提高的稅率又全部調回到 2002 年的稅率水平。從回歸以來主要稅種的稅率調整來看，香港政府奉行簡單、低稅制原則，保持了稅收制度的穩定。

　　3. 維護貨幣制度穩健。香港回歸伊始，亞洲金融危機爆發，香港的貨幣金融體系經受了一次嚴峻考驗。1998 年 8 月亞洲金融危機重創香港經濟，港元、香港股市和期貨市場持續遭受投機者大舉狙擊，國際金融大鱷透過雙邊操控，刻意製造市場恐慌，意圖操控利率、股票和期貨定價，牟取暴利，破壞香港的金融穩定。在香港經濟面臨崩盤的緊要關頭，時任國務院總理朱鎔基公開表示："只要香港有需要，中央政府會提供儲備，幫助對抗投機者。" 中央政府的承諾和支持提振了香港的信心和士氣。香港特區政府果斷採取防禦性行動，動用外匯基金入市，在恒生指數期貨、股票市場和外匯市場成功地擊退國際投機者，維持了金融體系穩健，捍衛了聯繫匯率和國際金融中心的地位。回歸後，香港物價穩定，港元與美元的匯率一直維持在規定的合理區間，香港的聯繫匯率制度運作正常。

第三節　國際經濟地位和功能

香港是國際金融、貿易、航運和航空中心，在國際和區域經濟發展和資源配置中具有重要地位、扮演重要角色，在我國對外開放和經濟發展中發揮了不可替代的作用。鄧小平 1984 年在會見香港工商界知名人士鍾士元等的談話中指出："我國政府在一九九七年恢復對香港行使主權後，香港現行的社會、經濟制度不變，法律基本不變，生活方式不變，香港自由港的地位和國際貿易、金融中心的地位也不變，香港可以繼續同其他國家和地區保持和發展經濟關係。"[14]

一、保持香港國際金融中心地位

香港金融中心形成於 20 世紀 70 年代，經過 80、90 年代的發展，逐步確立了國際金融中心的地位。促成香港成為國際金融中心的因素包括了內部和外部兩個方面。從內部因素看，香港政治和社會穩定、比較健全的司法制度、自由經濟體制、有利的稅收制度、良好的國民待遇記錄、現代化的基礎設施、英語的使用，還有從上世紀 70 年代後期香港實施的一系列金融自由化政策和有利於跨國金融機構和企業的稅收政策，這些都為香港國際金融中心發展提供了良好的條件。[15] 從外部因素看，香港地處亞太樞紐位置，在時區上恰好填補了美國和歐洲之間的時間空擋，能夠保證全球金融服務和外匯交易不停運

---

14 鄧小平：《鄧小平文選（第三卷）》，人民出版社 1993 年 10 月版，第 58 頁。
15 饒餘慶：《走向未來的香港金融》，三聯書店（香港）有限公司 1993 年 8 月版。

轉。二戰後亞太地區特別是東亞和東南亞地區經濟高速增長也有利於香港金融中心的發展。特別是具有背靠中國內地的獨特的地理位置。1978年中國內地的改革開放加快了中國經濟迅速崛起，內地經濟高速持續增長，吸引了大量國際投資，香港成為國際資本和跨國企業進入中國市場的橋樑和紐帶，直接促進和鞏固了香港的國際金融中心地位，使香港成為與紐約、倫敦齊名的國際金融中心。

基本法第109條規定："香港特別行政區政府提供適當的經濟和法律環境，以保證香港國際金融中心的地位。" 本章第二節已分析了基本法對香港回歸後的貨幣和金融制度的規定，這些規定保持了香港貨幣金融制度不變，確保了香港貨幣金融制度的連續性和穩定性，為香港回歸後保持國際金融中心的地位提供了保障。回歸後的實踐表明，香港的國際金融中心地位得到了進一步的鞏固和提升，在國家經濟發展和對外開放中扮演了更加重要的作用。

二、保持單獨關稅區和國際貿易中心地位

基本法規定了香港自由港和作為單獨關稅區的地位不變，有利於香港國際貿易中心的鞏固與發展。

1. 自由港地位。 自由港是指全部或絕大部分商品可以免關稅自由進出的港口、海港地區和海港城市。最早的自由港出現於歐洲，13世紀法國已開闢馬賽港為自由貿易區。香港在1841年就宣佈為自由港，並形成了一套包括自由經營、自由貿易和自由匯兌的國際貿易規則和自由港政策，逐漸發展成為世界上最開放、最自由的多功能港口城市之一。香港回歸後繼續實施自由港政策，有利於保持香港國際貿易和國際航運中心的地位。基本法第114條規定："香港特別行政區

保持自由港地位，除法律另有規定外，不徵收關稅。"

2. 自由貿易政策。自由貿易政策是指一個國家或地區取消對進出口貿易的限制和阻礙，取消對本國或本地區進出口商品的各種特權和優惠，使商品自由地進出口，在國內外市場上自由競爭。基本法第115條規定："香港特別行政區實行自由貿易政策，保障貨物、無形財產和資本的流動自由。"

3. 單獨關稅區地位。單獨關稅區是指在貨物進出境的監管、關稅及其他稅的徵免方面，均按該地區政府頒佈的海關法規執行的一個區域。單獨關稅區通常不享有主權，在徵得其主權國家同意，並由該主權國家代為申請並經批准同意後，可以按單獨成員的身份成為國際組織或條約、協定的成員。儘管單獨關稅區不享有主權，但是，在 WTO 內根據多邊貿易協議，其享有與國家同樣的權利，承擔同樣的義務。基本法第116條確定了香港特別行政區為單獨的關稅地區，可以"中國香港"的名義參加《關稅和貿易總協定》、關於國際紡織品貿易安排等有關國際組織和國際貿易協定，包括優惠貿易安排。香港特別行政區所取得的和以前取得仍繼續有效的出口配額、關稅優惠和達成的其他類似安排，全由香港特別行政區享有。基本法第117條規定："香港特別行政區根據當時的產地規則，可對產品簽發產地來源證。"

香港回歸後，中央政府在推進內地與香港經貿合作的過程中，一直遵守了香港自由港和單獨關稅區地位的規定。

三、保持香港國際航運中心地位

國際航運中心是支撐自由港和國際貿易的基礎條件，是自由港的重要內容，也是國際貿易發展的結果。基本法對香港特別行政區保持國際航運中心的地位，做了如下安排：

1. 香港原有航運經營和管理體制不變。基本法第 124 條規定："香港特別行政區保持原在香港實行的航運經營和管理體制，包括有關海員的管理制度。香港特別行政區政府自行規定在航運方面的具體職能和責任。"

2. 特別行政區政府依法管理港口。基本法第 125 條規定："香港特別行政區經中央人民政府授權繼續進行船舶登記，並根據香港特別行政區的法律以'中國香港'的名義頒發有關證件。"第 126 條規定："除外國軍用船隻進入香港特別行政區須經中央人民政府特別許可外，其他船舶可根據香港特別行政區法律進出其港口。"

3. 自由經營的航運企業制度。基本法第 127 條規定："香港特別行政區的私營航運及與航運有關的企業和私營集裝箱碼頭，可繼續自由經營。"

四、保持國際航空中心地位

基本法第 128 至 135 條對香港回歸後，中央政府與香港特別行政區政府在國際航運中心發展上的權利、責任，民用航空經營和管理制度，以及相關政策作了比較詳細的規定。香港特別行政區政府應提供條件和採取措施，以保持香港國際和區域航空中心的地位。

1. 保持原有的民用航空管理制度不變。基本法第 129 條規定："香港特別行政區繼續實行原在香港實行的民用航空管理制度，並按中央人民政府關於飛機國籍標誌和登記標誌的規定，設置自己的飛機登記冊。外國國家航空器進入香港特別行政區須經中央人民政府特別許可。"第130條規定:"香港特別行政區自行負責民用航空的日常業務和技術管理,包括機場管理,在香港特別行政區飛行情報區內提供空中交通服務,和履行國際民用航空組織的區域性航行規劃程序所規定的其他職責。"

2. 中央政府在香港與內地相關的航班和航線發展中的權力和責任。基本法第131條規定:"中央人民政府經同香港特別行政區政府磋商作出安排,為在香港特別行政區註冊並以香港為主要營業地的航空公司和中華人民共和國的其他航空公司,提供香港特別行政區和中華人民共和國其他地區之間的往返航班。"第132條規定:"凡涉及中華人民共和國其他地區同其他國家和地區的往返並經停香港特別行政區的航班,和涉及香港特別行政區同其他國家和地區的往返並經停中華人民共和國其他地區航班的民用航空運輸協定,由中央人民政府簽訂。(第1款)中央人民政府在簽訂本條第一款所指民用航空運輸協定時,應考慮香港特別行政區的特殊情況和經濟利益,並同香港特別行政區政府磋商。(第2款)中央人民政府在同外國政府商談有關本條第一款所指航班的安排時,香港特別行政區政府的代表可作為中華人民共和國政府代表團的成員參加。(第3款)"

3. 中央政府授權香港特別行政區政府簽署民用航空運輸協議和協定的權力。基本法第133條規定:"香港特別行政區政府經中央人民政府具體授權可:第一,續簽或修改原有的民用航空運輸協定和協議;第二,談判簽訂新的民用航空運輸協定,為在香港特別行政區註冊並以香港為主要營業地的航空公司提供航線,以及過境和技術停降權利;第三,同沒有簽訂民用航空運輸協定的外國或地區談判簽訂臨時協議。不涉及往返、經停中國內地而只往返、經停香港的定期航班,均由本條所指的民用航空運輸協定或臨時協議予以規定。"

　　4. 中央政府授權香港特別行政區政府在航空運輸業上經營和管理的權力。基本法第 134 條規定："中央人民政府授權香港特別行政區政府：第一，同其他當局商談並簽訂有關執行本法第 133 條所指民用航空運輸協定和臨時協議的各項安排；第二，對在香港特別行政區註冊並以香港為主要營業地的航空公司簽發執照；第三，依照本法第 133 條所指民用航空運輸協定和臨時協議指定航空公司；第四，對外國航空公司除往返、經停中國內地的航班以外的其他航班簽發許可證。"第 135 條規定："香港特別行政區成立前在香港註冊並以香港為主要營業地的航空公司和與民用航空有關的行業，可繼續經營。"

第四節　土地契約

英國通過三個不平等條約佔領香港後，《英王制誥》規定香港土地 "由英國皇家所有"，並由港英殖民政府進行管理。香港的土地資源繼而被殖民政府重新分配，特別是在港島和九龍，原本屬於原居民的土地被沒收，而在 "新界" 地域內，港英政府被迫承認新界原居民對原有土地的佔有權，但是嚴格規定了使用用途，並規定原居民必須經過政府同意且補地價後方能變更土地用途。對香港回歸後的土地所有制，基本法第 7 條做出了明確規定："香港特別行政區境內的土地和自然資源屬於國家所有，由香港特別行政區政府負責管理、使用、開發、出租或批給個人、法人或團體使用或開發，其收入全歸香港特別行政區支配。" 特區政府通過規劃土地進行城市建設並獲取土地收益，有效地增加了財政收入，促進了經濟發展。

一、香港的土地批租制度

土地是港英殖民政府擁有的最重要的資產和財政收入的重要來源。港英政府於 1886 年出台了《拍賣土地條例》，規定香港土地批租的方式有公開拍賣、招標、協議、臨時租約四種。公開拍賣主要針對用作一般用途的土地，主要採用英式拍賣，政府由低到高報價，價高者得。公開招標是指政府根據實際需要對開發商的計劃進行招標和評估，根據最優越的方案批出土地使用權。私人協議是對一些需要加以扶持的部門或單位所採用的批地方式，承租人向政府有關部門提出租地申請，經政府批准後，雙方簽訂租地合約，取得土地使用權。臨時租約是香港政府把待擬定開發規劃的閒置土地及一些不適宜長期固定出租的土地，臨時租給有需要的申請者。

香港的土地租賃期限在英國殖民時代發生過多次變更。（一）港島及九龍界限街以南的土地。1841 年港英政府第一次批租土地，當時未對租期作出明確規定。1844 年以後租期通常確定 75 年且不可續約。1898 年港英政府在新批土地時將租期重新調整到 75 年且不另收地價，政府要求承租人在 75 年租期滿後支付按照新標準制定的土地租金，直至 1997 年香港回歸（部分例外的情況是尖沙咀東部地塊批租的土地期限亦為 75 年但不可續約）租期一直為 75 年。（二）北九龍及新界地區。1898 年，北九龍及新界土地由英國政府向中國租借，由港英政府接管。港英政府以 99 年減最後 3 天批租給土地開發商和使用者，在 1997 年 6 月 27 日期滿時收回，再由港英政府於 1997 年 6 月 30 日歸還中國。

由於港英政府在香港島和九龍界限街以南地區批租的土地年期大部分跨越 1997 年，為了保持香港過渡期內的政治和經濟穩定，《中英聯合聲明》規定，回歸後香港的土地批租制度繼續實行，過去港英政府批租的土地契約包括租約期限、續約期限等仍將繼續有效，並受到法律保護。基本法第 120 條規定：“香港特別行政區成立以前已批出、決定、或續期的超越一九九七年六月三十日年期的所有土地契約和與土地契約有關的一切權利，均按香港特別行政區的法律繼續予以承認和保護。”回歸後香港特別行政區政府仍以拍賣、招標或協議等方式批租土地，儘管基本法規定香港實現資本主義制度五十年不變，但是這不影響土地契約超過 2047 年。

二、香港土地批租制和年租制的混合體制

按土地所有者向使用者收取地租的方式，土地出租制度可以分為土地批租制和年租制。土地批租制是政府一次性出讓若干年的土地使用權後，一次收取出讓期內各個年度地租的貼現值總和（出讓金）。而土地年租制是按年度分別收取土地租金，且收取的租金不是固定不變的，而是每年調整土地的租值。1984 年《中英聯合聲明》對香港土地批租制度的部分內容進行修改，香港此後實行土地批租制和名義年租制相結合的混合體制。基本法第 121 條規定："從一九八五年五月二十七日至一九九七年六月三十日期間批出的，或原沒有續期權利而獲得續期的，超出一九九七年六月三十日年期而不超過二零四七年六月三十日的一切土地契約，承租人從一九九七年七月一日起不補地價，但需每年繳納相當於當日該土地應課差餉租值百分之三的租金。此後，隨應課差餉租值的改變而調整租金。"

土地出讓的混合制度可以彌補單一制度的不足：第一，土地使用者不用一次支付全部地價，減輕了初始階段負擔，使土地投資安排更為合理；第二，向土地市場傳遞相對比較準確的信號，形成比較合理和靈活的土地市場價格；第三，政府雖然每年取得收入較少，但因為可以每年重估應課租值，所以能夠持續不斷地取得土地增值的收入，從而使政府的土地收入更加平衡。

三、維護原居民傳統土地權益

1898 年英國政府迫使清廷簽訂《展拓香港界址專條》並發佈《新界敕令》，從而佔領新界。與香港島和九龍不同的是，英國只享有新

界 99 年的租借權。根據《展拓香港界址專條》內文："在所展界內，不可將居民迫令遷移，產業入官，若因修建衙署、築造炮台等官工需用地段，皆應從公給價。" 港英政府承認新界原居民在原有土地的佔有權，並保留了中國傳統的土地繼承制度。為了保護新界原居民的土地權益，基本法第 122 條規定："原舊批約地段、鄉村屋地、丁屋地和類似的農村土地，如該土地在一九八四年六月三十日的承租人，或在該日以後批出的丁屋地承租人，其父系為一八九八年在香港的原有鄉村居民，只要該土地的承租人仍為該人或其合法父系繼承人，原定租金維持不變。"

第五節　基本法實施與香港經濟發展

一、經濟增長、就業穩定、社會進步

回歸以來，香港經受了來自外部和內部的經濟和政治衝擊，保持了整體經濟的增長，人均國民收入得到了顯著的提高。從表 5-3 看到，1997 年亞洲金融危機、2003 年非典型肺炎疫情、2008 年全球金融危機以及 2020 年新冠疫情導致了香港經濟負增長，其中新冠疫情導致的經濟下滑最大。從總體上看，香港回歸後 1997 至 2022 年之間，GDP 年均增長率為 3.4%，人均 GDP 年均增長率為 2.8%，同時保持了很高的就業率。國際世界貨幣組織 2023 年發佈的《世界經濟展望報告》中，香港 2022 年人均 GDP 為 49,226 美元，世界排名第 20 位。

人類發展指數（Human Development Index, HDI）是由聯合國開發計劃署（UNDP）提出用以衡量一個國家和地區經濟社會發展水平的指標。香港回歸後人類發展指數一直提升（見表 5-4）。2021 年香港人類發展指數名列全球第 4 位，其中平均預計壽命位列第一，為 84.7 歲，是全球最長壽地區。

表 5-3　GDP、人均 GDP 及其按年變動率

年份	名義 GDP（百萬港元）	按年變動率	人均 GDP（百萬港元）	按年變動率	就業率
1997	1,373,083	11.2%	210,702	5.1%	97.7%
1998	1,308,074	-4.7%	198,693	-5.9%	94.1%

年份	名義 GDP （百萬港元）	按年變動率	人均 GDP （百萬港元）	按年變動率	就業率
1999	1,285,946	-1.7%	193,737	2.5%	93.8%
2000	1,337,501	4%	199,285	7.7%	95.6%
2001	1,321,142	-1.2%	196,298	0.6%	93.9%
2002	1,297,340	-1.8%	192,890	1.7%	92.8%
2003	1,256,669	-3.1%	185,782	3.1%	92.8%
2004	1,316,949	4.8%	193,734	8.7%	93.7%
2005	1,412,125	7.2%	206,517	7.4%	95%
2006	1,503,352	6.5%	217,741	7%	95.8%
2007	1,650,756	9.8%	237,916	6.5%	96.7%
2008	1,707,488	3.4%	245,191	2.1%	96.1%
2009	1,659,245	-2.8%	237,157	-2.5%	95.3%
2010	1,776,332	7.1%	251,887	6.8%	96.3%
2011	1,934,430	8.9%	272,091	4.8%	96.9%
2012	2,037,059	5.3%	284,069	1.7%	96.9%
2013	2,138,305	5%	296,538	3.1%	96.9%
2014	2,260,005	5.7%	311,600	2.8%	96.9%
2015	2,398,280	6.1%	328,096	2.4%	96.8%
2016	2,490,438	3.8%	337,590	2.2%	96.9%
2017	2,659,384	6.8%	358,741	3.8%	97.2%
2018	2,835,131	6.6%	378,704	2.8%	97.3%
2019	2,868,171	1.2%	382,387	-1.7%	97%
2020	2,710,730	-5.5%	362,300	-6.1%	94.2%
2021	2,867,622	+7.2%	386,832	+8.2%	94.8%
2022	2,818,046	-1.7%	383,611	-0.8%	95.7%

數據來源：香港特別行政區政府統計處（2022 年）。

表 5-4　回歸以來香港人類發展指數

年份	1990	2000	2010	2013	2015	2016	2017	2018	2019	2020	2021
人類發展指數	0.781	0.827	0.901	0.916	0.927	0.931	0.936	0.939	0.939	0.949	0.952

數據來源：聯合國開發計劃署（1991 至 2022 年）。

二、國際金融中心發展

（一）香港資本市場規模擴大，功能增強

　　為了適應科技企業上市的需要，2018 年香港交易所對企業上市規則進行修改，吸引更多高科技企業到香港股票市場上市。這些修改包括：尚未盈利、無收入的生物科技發行人[16] 以及不同投票權架構（"同股不同權"）[17] 的新興及創新產業發行人，在做出額外披露及制定保障措施後可在香港主板上市。港交所還設立新的第二上市渠道，吸引業務成熟、至少過去兩年在合格交易所上市並有良好合規記錄，及在香港第二上市預期市值最少 100 億港元的科技企業來港上市。正是上市規則的改革，使阿里巴巴集團於 2019 年底在香港成功上市，成為 2019 年全球規模最大的新股發行，也是 2011 年以來香港融資規模最大的公開發行。目前，內地一些高科技公司如騰訊、阿里巴巴、小米、京東等科技企業都在香港上市。這些科技企業在香港主板市場的上市，優化了香港股票市場的產業結構，適應了高科技產業發展的趨勢。內地企業特別是民營企業在香港股市的比重增加，成為支撐支持香港資本市場的重要力量。

　　香港債券市場發展良好。2009 年 9 月，中央政府首次在香港發行人民幣國債，到 2023 年 8 月財政部已經在香港累計發行了 2,730

---

16 交易所於《主板規則》新增兩個章節，允許尚未盈利、無收入的生物科技發行人以及不同投票權架構的新興及創新產業發行人，在作出額外披露及制定保障措施後可在主板上市。不同投票權架構公司的預期最低市值須達到 100 億港元，若市值低於 400 億港元，須通過於上市前的完整財政年度錄得 10 億港元收入的較高收入測試。無收入公司如果根據《主板規則》新增的生物科技公司適用章節申請上市，預期最低市值須達到 15 億港元。

17 在美國同股不同權模式又稱為 "AB 股模式"，即將股票分為 A、B 兩個系列，其中公眾投資者在二級市場認購的 A 系列普通股每股有 1 票投票權，而管理層持有的 B 系列普通股每股則有 N 票投票權。

億元人民幣國債。[18] 國家在香港穩定發行人民幣國債，對香港建設國際金融中心和離岸人民幣業務樞紐，提供了強大支持。

香港財富管理（資產管理）功能增強，保持了香港作為亞太區財富管理中心的地位。香港證監會在 2022 年 7 月發佈的一份調查報告顯示，截至 2021 年底，香港資產及財富管理業務的管理資產同比上升 2% 至 35.55 萬億港元。其中，資產管理及基金顧問業務規模同比增加 8% 至 25.89 萬億港元。

（二）全球離岸人民幣業務樞紐地位顯著提升

隨著中國經濟實力增強，人民幣的境外流通不斷增長。根據中國人民銀行的數據，2022 年中國跨境收支中有 42.1 萬億元人民幣（約 6.1 萬億美元）是以人民幣結算，比 2021 年的 36.6 萬億元人民幣增長 15%，比 2020 年的 28.4 萬億元人民幣增長 48.2%。人民幣已經成為全球交易最活躍的五種貨幣之一。

香港在推動人民幣境外流動和國際化中扮演著重要角色。香港是全球領先的離岸人民幣中心，擁有全球最大的離岸人民幣資金池，全球最大的離岸人民幣結算中心和豐富的離岸人民幣產品生態圈。根據環球銀行同業金融電訊協會（SWIFT）的數據，香港的人民幣存款總額已經從 2018 年 4 月的人民幣 5,970 億元增至 2023 年 4 月的人民幣 8,320 億元，香港在 2020 年成為全球最大的離岸人民幣結算中心，處理全球約 75% 的人民幣付款交易。香港大力優化相關的市場基建，建設更蓬勃的離岸人民幣產品生態圈，為境外人民幣的使用提供了更多的選擇。

---

18 參見《財政部今天將在香港發行 120 億元人民幣國債》，央視新聞客戶端，2023 年 6 月 14 日。

香港是全球首個提供離岸人民幣投資產品的市場，自 2010 年以來，香港交易所的離岸人民幣產品生態圈不斷發展，涵蓋各種人民幣計價債券、房地產投資信託基金、股票及 ETF。為進一步推動人民幣證券的發展，香港交易所也推出了風險管理工具，例如美元兌人民幣（香港）期貨。

圖 5-1　香港交易所的離岸人民幣不斷擴大的產品生態圈

香港交易所 2023 年 6 月 19 日推出的 "港幣—人民幣雙櫃檯模式" 是為境外投資者提供參與投資人民幣計價產品的最新舉措，讓投資者可以選擇以港幣或人民幣買賣香港上市公司的證券，同時也為內地投資者以後透過港股通買賣人民幣計價證券奠下基礎。香港離岸人民幣產品生態圈的拓展和豐富，推動了人民幣的國際化，增強了香港離岸人民幣樞紐的功能，鞏固了香港的國際金融中心地位。

香港將持續做大離岸人民幣資金池，提供更多的離岸人民幣投資產品，開發更多的離岸人民幣、大宗商品及其他風險管理工具，探索推進數字人民幣的跨境應用，構建更加先進的離岸人民幣結算系統，為我國金融市場開放和人民幣國際化作出新貢獻。

（三）科技金融、綠色金融蓬勃發展

香港近年來在綠色金融和綠色科技領域展現出良好的發展勢頭。

特區政府不僅在科學園和數字港孵化了百多家綠色科技企業，還明確提出將香港打造為綠色科技和綠色金融中心的目標。香港全力發展科技金融和綠色金融，已成功發行接近 100 億美元等值的政府綠色債券，將繼續推動綠色金融人才培訓、標準釐定、碳市場機遇等多方面的工作，助力國家綠色發展。加速推動香港數字經濟發展，優化數字基礎設施建設，加快推進人工智能超算中心建設和 Web3[19] 生態圈發展。推動企業向數字化、智能化轉型升級，鼓勵數字經濟相關產業與內地開展業務合作。以數字經濟推動跨境金融開放，打造以數字人民幣為主的數字資產交易平台。

（四）與內地金融市場的互聯互通不斷深化

香港與內地股票市場互聯互通機制穩步構建。2014 年和 2016 年先後建立的 "滬港通" 和 "深港通"，在上海和深圳股票市場與香港股票市場之間建立了交易互聯互通機制，促進了中國內地與香港資本市場雙向開放和健康發展。

債券市場互聯互通機制建立。2017 年 7 月，債券通 "北向通" 率先 "通車"，為海外資金進入中國境內債券市場提供了新渠道。2021 年 9 月，債券通 "南向通" 上線，內地投資者可以通過香港債券市場投資境外債券，正式實現了債券市場 "南北雙向" 的互聯互通。這些都是中國金融市場對外開放的重要標誌，也是鞏固和提升香港國際金融中心地位的重要舉措。

香港與內地利率互換市場互聯互通合作。2023 年推出 "互換通"

---

19 Web3 是指下一代互聯網，也被稱為 "去中心化的互聯網"。Web3 利用區塊鏈技術來構建一個去中心化的網絡，使得用戶可以直接進行點對點的交互和交易，而不需要中心化的機構或第三方。

業務，通過兩地金融市場基礎設施連接，使境內外投資者能夠在不改變交易習慣、有效遵從兩地相關市場法律法規的前提下，便捷地完成人民幣利率互換的交易和集中清算，有利於境外投資者管理利率風險，有利於推動境內利率衍生品市場發展，也有利於鞏固香港國際金融中心地位。

跨境理財通落地。"粵港澳大灣區跨境理財通"是內地與港澳資本市場互聯互通機制的又一成果。跨境理財通於 2021 年 9 月推出，讓粵港澳大灣區的內地和港澳合資格居民可通過各自的銀行體系建立的閉環式資金管道，投資對方銀行銷售的理財產品。跨境理財通的突破性在於提供一條正式和便捷的管道，首次允許零售投資者直接跨境開設和操作投資戶口，有更大的自主度去選擇理財產品。跨境理財通可為粵港兩地金融業界開闢更廣闊的市場，同時便利跨境投資，為大灣區居民提供更多理財產品的選擇，進一步完善港澳居民在大灣區內地開戶、支付、匯兌和理財便利化措施，推動跨境電子支付，促進人民幣跨境流動和使用。

三、國際貿易中心發展

中國內地經濟和對外貿易的持續增長，支撐了香港國際貿易中心的發展。CEPA 的簽署和實施，實現了香港與內地貨物貿易和服務貿易自由化，內地服務市場對香港的全方位開放，促進了香港服務貿易快速發展。

（一）對外貿易持續增長

香港回歸以來，對外貿易整體上呈現持續上升趨勢（見圖 5-2）。

（單位：百萬港元）

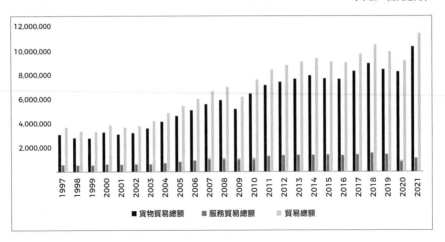

數據來源：香港特別行政區政府統計處（2022年）。

圖 5-2　1997 至 2021 年香港貿易發展情況

（單位：百萬港元）

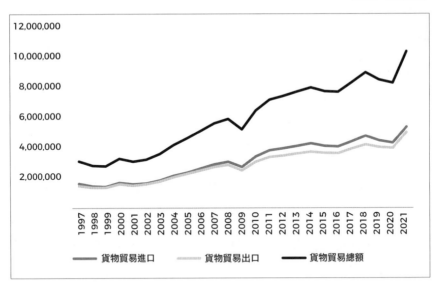

數據來源：香港特別行政區政府統計處（2022年）。

圖 5-3　1997 至 2021 年香港貨物貿易進口與出口情況

貿易總額從 1997 年的 36,412.23 億港元增加至 2021 年的 113,635.44
億港元，擴大 3.12 倍，年均增速約為 5.27%。其中，貨物貿易總額從
1997 年的 30,710.39 億港元增加至 2021 年的 102,684.48 億港元，服
務貿易總額從 1997 年的 5,701.94 億港元增加至 2021 年的 10,950.96
億港元。服務貿易從 2009 年開始由逆差轉變為順差，至 2021 年服
務貿易順差達到 1,350.42 億港元。而貨物貿易逆差在 2005 年以後開
始呈現持續擴大的趨勢，至 2021 年貨物貿易逆差達到 3,471.36 億港
元。服務貿易出口對於香港貿易逆差的減少發揮了重要作用。

　　1997 至 2021 年間，香港貨物貿易擴大了 3.34 倍（見圖 5-3）。
雖然中間經歷了國際金融危機、“非典”和新冠疫情以及中美貿易摩
擦衝擊，但是整體保持了年均 4.8% 的增長速度。其中，商品進口額
從 1997 年的 16,150.90 億港元增至 2021 年的 53,077.92 億港元，擴大
3.28 倍；而整體出口額從 1997 年的 14,559.49 億港元增長到 2021 年
的 49,606.56 億港元，擴大 3.40 倍。

（二）服務貿易顯著優化

　　香港服務貿易已經形成了以旅遊、運輸、商貿服務及其他貿易相
關服務、金融和保險服務、各類專業服務（包括法律、會計、管理顧
問、設計等）五大類為主導的服務貿易體系。從 1997 年到 2021 年，
香港的服務貿易出口總額從 2,403.86 億港元上升至 6,150.69 億港元，
增長了 255%；服務貿易進口總額從 1997 年的 3,298.08 億港元增長到
2021 年的 4,800.27 億港元，增加了 146%；服務貿易出口淨額從 1997
年的 −894.22 億港元上升到 2021 年的 1,350.42 億港元。從 2009 年開
始，香港成為服務貿易淨輸出地區，貿易順差逐年擴大（見圖 5-4）。

　　在服務貿易出口結構方面，圖 5-5 反映了香港回歸後服務貿易出

（單位：百萬港元）

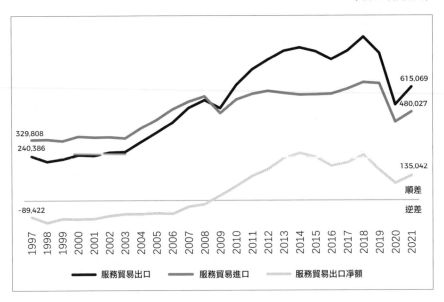

數據來源：香港特別行政區政府統計處（2022年）。

圖 5-4　1997 至 2021 年香港服務貿易進口與出口情況

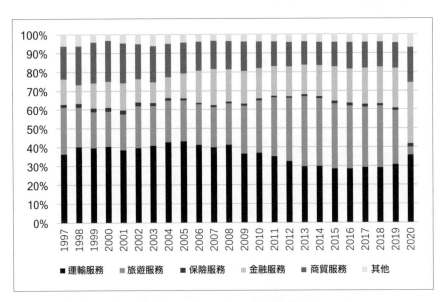

數據來源：香港特別行政區政府統計處（2021年）。2021年後數據暫未更新。

圖 5-5　1997 至 2020 年香港服務貿易出口結構變化

口的結構變化。

旅遊服務貿易快速發展。尤其在 2003 年香港對內地開通自由行政策後，香港旅遊服務貿易出口額及比重均呈快速上升的趨勢。旅遊服務貿易出口額佔服務貿易出口總額的比重從 2003 年的 21.1% 上升到 2018 年的 28.4%。2020 年，受新冠疫情影響，服務貿易出口額下降為 221.76 億港元，佔比僅為 4.3%。

金融服務貿易整體呈現上升的趨勢。受 1998 年亞洲金融危機和 2008 年美國次貸危機的衝擊，金融服務貿易出口額和出口比重一度有所回落，但是很快開始增長，到 2020 年金融貿易出口總額達到 1,685.08 億港元，佔香港服務貿易出口總額的 32.5%。

運輸貿易服務出口在香港服務貿易中也佔有重要位置。1997 年運輸貿易服務出口是香港服務貿易出口最主要的部門，出口總額 874.88 億港元，佔香港服務貿易出口總額的 36.4%。1997 至 2008 年間，一直保持較穩定的發展趨勢，2008 年以後增長趨緩，到 2020 年，運輸服務貿易出口總額 1,858.76 億港元，佔香港服務貿易出口總額的 35.8%，成為佔比最高的行業。

在服務貿易進口結構方面，商貿服務和金融服務的比重一直呈現上升的趨勢。商貿服務進口的比重從 1997 年的 5.3% 上升到 2020 年的 19.8%，金融服務進口的比重從 1997 年的 2.4% 上升到 2020 年的 13.1%。香港歷年來主要服務進口項目比重結構變化如圖 5-6 所示。

（三）中國內地貿易對香港國際貿易中心地位的形成和發展起到關鍵性作用

改革開放以來，中國內地與香港的貿易往來一直保持了增長的態勢。香港回歸以來與內地的經貿關係日益密切。目前，香港是中國內

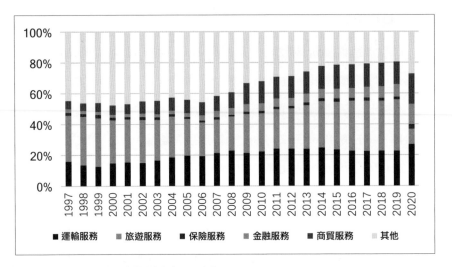

數據來源：香港特別行政區政府統計處（2021年）。

圖 5-6　1997 至 2020 年香港服務貿易進口結構變化

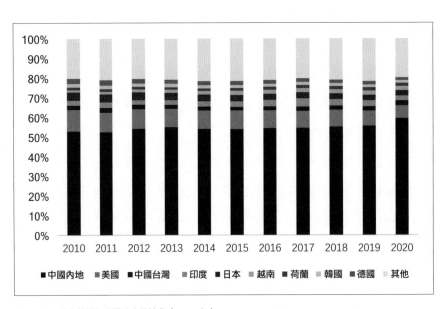

數據來源：香港特別行政區政府統計處（2021年）。

圖 5-7　2010 至 2020 年香港商品轉口主要來源地

地第五大貿易夥伴，內地是香港產品最大的出口市場，是香港轉口貿易的最大來源地和目的地。2010 年以來，中國內地佔香港轉口貿易的比重一直保持在 50% 左右的水平（見圖 5-7）。2020 年在香港的轉口貿易來源地中，比重排名前三的是中國內地、美國和日本。此後，日本和美國所佔的比例逐漸下降，而中國台灣和印度所佔的比重逐漸上升。這表明香港在兩岸和東亞國家貿易中扮演著重要角色。

綜上，回歸後香港服務貿易總量增長，結構優化。傳統的運輸服務比重下降，具有高附加值的金融服務以及各類專業服務比重不斷上升。香港的服務貿易長期保持淨出口的態勢，中國內地是香港服務貿易的主要市場，是香港服務貿易的最大來源地和目的地。

香港服務貿易的發展是香港經濟結構轉型的一個重要體現。以中國內地加入 WTO 以及內地和香港簽署的 CEPA 為契機，伴隨中國內地經濟高速增長，香港的服務業和服務貿易在內地市場巨大，發展前景廣闊。

四、國際科技創新中心建設

1997 年亞洲金融風暴衝擊香港，導致房地產泡沫破滅，香港經濟結構的深層次矛盾顯現。隨著新一輪全球科技和產業革命發展，科技創新日益成為決定一個國家或城市經濟增長和競爭力的關鍵因素。香港社會逐漸認識到發展創新科技以及產業的重要性。2017 年 6 月，24 名在港中國科學院院士、中國工程院院士給習近平主席寫信，表達了報效祖國的迫切願望和發展創新科技的巨大熱情。習主席對此高度重視，作出重要指示並迅速部署相關工作。他強調，促進香港同內地加強科技合作，支持香港成為國際創新科技中心，支持香港科技界為建設科技強國、為實現中華民族偉大復興貢獻力量。2019 年 2 月中共中央和國務院頒佈《粵港澳大灣區發展規劃綱要》，明確提出了將粵港澳大灣區建設成 "具有全球影響力的國際科技創新中心" 的戰略目標。

（一）回歸後香港發展創新科技的努力

1997 年 10 月，香港特別行政區首任行政長官董建華在第一份施政報告中提出："要使香港成為一個產品發明中心，而且服務對象不只是本地，更是華南和整個亞太區域"。隨後，於 1998 年 9 月和 1999 年 6 月發佈了兩份關於香港發展創新科技產業的報告，首次系統分析了香港創新活動方面存在的一些問題，並提出相關改革建議和遠景目標。報告提出 "把香港發展成為亞太地區創新科技中心" 的理想，認為 "香港在 21 世紀會成為以創新為導向和技術密集的經濟體系，不僅是區內的商業和金融中心，而且還是在資訊科技的發展和運用方面佔全球領先地位的城市；世界一流設計和時尚潮流中心；多媒體資訊及娛樂服務的地區中心；世界聞名的中藥健康和藥品研製中心；高增值產品和部件的主要供應地；專業及技術人才和有關服務的地區供應中心；以及內地與世界各地進行技術轉移的中介市場"。為了實現上述遠景目標，報告提出了香港發展的兩個新路向：一是培育由知識帶動及科技密集的經濟活動；二是通過創新及科技應用，促進傳統產業（包括製造業和服務業）升級。香港特區政府於 2000 年 7 月成立創新科技署取代工業署，2015 年成立香港創新及科技局，統籌和規劃科技創新發展。

建設創新科技發展的平台。1999 年提出發展香港數碼港，位於香港南區鋼線灣，其願景是推動香港數碼科技發展。數碼港現集中了超過 1,500 家科技公司及初創企業，當中有微軟、IBM 及聯想集團等科技巨擘，亦有來自世界各地的初創企業及充滿熱情、幹勁的年輕科技企業家。2000 年建設香港科學園，重點發展生物醫藥、電子、綠色科技、資訊及通訊科技以及物料與精密工程，致力將香港打造成為新世代創科樞紐。

成立科研和成果轉化的機構。2000 年香港特別行政區政府成立香港應用科技研究院有限公司（簡稱應科院），主要從事人工智能及大數據、通訊技術、網絡安全，密碼及可信技術、集成電路及系統、物聯網感測技術的研究與開發，其成果應用於智慧城市、金融科技、智能製造、健康技術和專用集成電路系統五大領域。自成立至今，應科院已申請超過 1,100 項技術專利，其中獲發專利超過 800 項。

2006 年，在政府推行的香港研發中心計劃下，香港成立了五所研發中心，分別是：汽車零部件研究及發展中心、香港資訊及通訊技術研發中心、香港紡織及成衣研發中心、香港物流及供應鏈管理應用技術研發中心、納米及先進材料研發院有限公司，負責策劃及統籌選定核心技術範疇的應用研發工作，推動研發成果商品化及技術轉移。

香港創新科技發展也面臨挑戰。首先，整體研發投入不足。儘管香港政府在逐漸加大科研的投入，但是 2016 和 2017 年研發支出佔本地生產總值的比例僅為 0.79％和 0.8％。其次，香港科研成果的轉化不暢。香港缺乏高端製造業，本地市場有限，高校研究人員成果轉化的激勵機制不夠，影響了香港科研成果的轉化。因此，深化與內地特別是粵港澳大灣區的合作，是香港建設國際科技創新中心的必然選擇。

（二）香港建設國際科技中心得到國家大力支持

1. 支持香港建設國際科技創新中心，推動香港科技力量融入國家創新體系。《粵港澳大灣區規劃綱要》指出："推動香港、澳門融入國家創新體系、發揮更重要的作用。""支持香港物流及供應鏈管理應用技術、紡織及成衣、資訊及通訊技術、汽車零部件、納米及先進材料等五大研發中心以及香港科技園、數碼港建設。"

2. 加強兩地科技合作，構建區域協同創新平台。《規劃綱要》要求，深化實施創新驅動發展戰略，深化粵港澳創新合作，構建開放型融合發展的區域協同創新共同體，集聚國際創新資源，優化創新制度和政策環境，建設開放互通、佈局合理的區域創新體系，推進"廣州—深圳—香港—澳門"科技創新走廊建設，著力提升科技成果轉化能力，建設全球科技創新高端和新興產業重要策源地。

2017 年 1 月 3 日，深港正式簽署《關於港深推進落馬洲河套地區共同發展的合作備忘錄》，在深圳和香港交界的落馬洲河套地區合作發展"港深創新及科技園"。港深創新及科技園將充分發揮香港與內地科研優勢、創新科研合作模式和體制，打造大灣區國際科技創新中心建設的重要樞紐。

3. 改革科研管理體制，建設開放型區域協調創新體系的合作機制。1998 年 11 月國家自然科學基金委員會與香港研究資助局簽署設立聯合科研資助基金的協議，建立國家自然科學基金委員會及香港研究資助局聯合科研資助基金，簡稱 NSFC-RGC 項目，雙方每年共同資助中國內地與香港地區研究人員間的合作研究項目。該基金允許內地和香港地區的科技人員跨單位、跨學科之間的聯合申請和合作研究。截至 2019 年，兩地學者共申請中標項目 418 個，涉及信息科學、生物科學、新材料科學、海洋與環境科學、醫學科學、管理科學、中醫中藥研究等眾多領域，其中新材料科學佔 27%、生物科學佔 24%、信息科學佔 16%、海洋環境科學佔 12%。[20]

2014 年底，中央財政科技計劃管理改革啟動，港澳台科技合作專項納入國家重點研發計劃統籌整合，隨後在香港 6 所高校建設了 16 家國家重點實驗室夥伴實驗室，香港科技園設立了 3 家國家產業化基地，香港 3 所高校、香港應用技術研究院設立了 6 家國家工程技術研究中心香港分中心。根據習近平主席的重要指示精神，針對在港兩院院士反映的國家和內地科研項目經費難以過境香港使用、科研儀器設備入境關稅優惠等問題，科技部、財政部 2018 年頒佈了《關於鼓勵香港特別行政區、澳門特別行政區高等院校和科研機構參與中央財政科技計劃（專項、基金等）組織實施的若干規定》，該規定明確指出，對於中央財政科技計劃資助港澳機構的項目經費，相關項目管理機構應當按照國庫集中支付的有關規定和向境外支付的有關要求，及時辦理資金支付手續。其中，由港澳機構與內地單位聯合承擔的項目，項目經費可分別支付至港澳機構和內地單位。香港在內地設立的科研機構均可享受到支持科技創新的進口稅收政策。

為支持香港、澳門特別行政區科技創新發展，國家自然科學基金委員會於 2019 年度面向港澳特區依託單位科學技術人員，試點開放國家自然科學基金"優秀青年科學基金項目"（港澳）申請，其中香港大學、香港中文大學、香港科技大學、香港理工大學、香港城市大學、香港浸會大學、澳門大學、澳門科技大學等 8 所高校已註冊為國家自然科學基金依託單位。2019 年來自香港大學、香港中文大學、香港科技大學等 6 所高校的 21 名以及澳門 4 名青年學者申請的研究項

---

20 資料來源：香港研究資助局。

目獲得國家"優秀青年科學項目"資助,每人獲得 130 萬元人民幣的研究經費。

2006 年至 2018 年,近 500 名香港科研人員參與了國家"973 計劃"、"863 計劃"等課題研究工作。2017 年香港科學家共有 6 個項目獲國家自然科學獎,其中"聚集誘導發光"項目榮獲一等獎。廣東和珠三角的一些城市也按照國家規定,向香港開放相關的科研項目,其科研經費也可以直接進入香港的高校和研究機構。目前已有 6 所香港高校在深圳設立了 72 個科研機構,轉化成果及技術服務近 300 項,粵港聯合創新資助項目達 151 個。

香港在人才培養、科研基礎和科研環境方面都具有一定優勢,可以與粵港澳大灣區其他城市優勢互補。香港有 40 多位中國兩院院士,香港高校有一批在國外一流高校獲得博士學位和從事教學與科研的年輕學者和科研人才,其中不少有在國內著名高校本科和碩士研究生的教育經歷,能夠熟練地使用中文和英文開展學術研究和交流,有利於推動中國與國際的學術交流和科研合作。香港具有國際化的科研環境,有利於吸引國際高端科研人才,集聚國際高端創新要素。香港還可以發揮商業平台和法律及知識產權制度的作用,協助國際創新公司進入亞洲特別是中國內地市場,或協助內地創新公司走向國際。

廣深港國際創新走廊建設初見成效。以科技產業與現代服務業為重點,以港深國際創新中心、香港新田科技城和深圳前海深合區為依託,重點發展人工智能、健康醫療、金融科技、智慧城市、物聯網、新能源、新材料高科產業等香港具有研發優勢的產業以及金融、貿易、法律等高端現代服務業,加快香港北部都會區建設,打造香港國際科技創新中心,為香港經濟注入新動能。世界知識產權組織

（WIPO）發佈的《全球創新指數報告》中，"深圳—香港—廣州"科技集群在全球科技集群100強排名中，連續三年排名第二位。

五、國際航運和航空中心發展

香港港口回歸後經歷了快速增長，集裝箱吞吐量從1997年的14,567萬標箱增長到2001年24,384萬標箱。由於香港港口運營成本上升，加上珠三角地區港口發展，2002年集裝箱運輸量開始下降，2021年為17,772萬標箱。但香港自由港和自由貿易的制度優勢還是十分明顯的，2016年世界經濟論壇（WEF）公佈的全球"促進貿易指數"（ETI）排名中，香港位居世界第三。2019年新華—波羅的海全球航運中心城市綜合實力排名中，香港位居第二位。

香港機場是世界最繁忙的航空港之一，全球超過100家航空公司在此運營，客運量位居全球第5位，貨運量多年來居全球首位。香港機場客運量從1998年的2,720萬人次上升到2019年7,128萬人次，增長了162%。受新冠疫情影響，2020及2021年客運人次出現大幅下跌，但是貨運吞吐量只是出現小幅下降，2021年貨運吞吐量已經接近疫情之前的水平。從1998年至2021年，香港機場貨運吞吐量從162萬噸上升到500萬噸，增長近3倍（見表5-5）。

表5-5　1998至2021年香港港口和機場客運量與貨運量情況

年份	集裝箱吞吐量 （千個標準貨櫃單位）	香港機場客運量 （人）	香港機場貨運吞吐量 （噸）
1998	14,582	27,208,792	1,628,742
1999	16,211	29,062,570	1,974,291
2000	18,098	32,130,712	2,240,585
2001	17,826	32,026,944	2,074,332

年份	集裝箱吞吐量 （千個標準貨櫃單位）	香港機場客運量 （人）	香港機場貨運吞吐量 （噸）
2002	19,144	33,451,572	2,478,818
2003	20,449	26,752,294	2,642,102
2004	21,984	36,286,642	3,089,912
2005	22,602	39,799,595	3,402,251
2006	23,539	43,273,670	3,580,349
2007	23,998	46,296,563	3,742,038
2008	24,494	47,138,492	3,627,250
2009	21,040	44,995,787	3,347,246
2010	23,699	49,775,152	4,128,171
2011	24,384	52,752,718	3,938,026
2012	23,117	55,655,683	4,025,352
2013	22,352	59,273,527	4,127,114
2014	22,226	62,901,024	4,376,349
2015	20,073	68,071,282	4,380,139
2016	19,813	70,098,216	4,521,027
2017	20,770	72,462,236	4,937,429
2018	19,596	74,359,829	5,017,854
2019	18,360	71,287,552	4,703,590
2020	17,953	8,835,000	4,473,000
2021	17,772	1,400,000	5,000,000

數據來源：香港特別行政區政府統計處和民航處（2021 年）。

六、內地與香港經貿關係發展

回歸後，隨著《內地與香港關於建立更緊密經貿關係的安排》的實施和不斷推進，香港與內地的經貿關係不斷深化，合作機制不斷創新，合作領域不斷擴大，合作成效顯著。"一帶一路"和粵港澳大灣區建設為香港融入國家發展大局，創造了新的機遇。

（一）合作體制機制創新

1. 經貿合作體制創新

內地與香港於 2003 年簽署《內地與香港關於建立更緊密經貿關係的安排》（Closer Economic Partnership Arrangement，簡稱 CEPA），主要包括貨物貿易自由化、服務貿易自由化和投資便利化三個部分，涵蓋包括貿易、金融、旅遊、專業服務、文化、國際交流、區域合作等眾多領域，現已簽署了十個補充協議。2017 年內地與香港簽署 CEPA 下的《投資協議》和《經濟技術合作協議》，協議採用了"負面清單＋准入前國民待遇"的開放模式，對港澳服務業開放部門的承諾覆蓋率已高達 96.5%。[21] 在 CEPA 框架下，香港與內地間人員、資金、技術、信息等要素流動障礙逐漸減少，促進了兩地貿易及投資便利化，推動兩地經貿關係不斷深化。

2. 通關便利化措施

回歸後，香港與內地推出眾多通關便利化措施，其中最為重要的是"一地兩檢"制度。2018 年 6 月 14 日，香港特區立法會通過《廣深港高鐵（一地兩檢）條例草案》。深圳灣口岸是在 2007 年成為中國首個實行"一地兩檢"的口岸，內地和香港的執法人員獨立運作，做到"停一次車，過四道關"。廣深港高鐵的通車，採用"一地兩檢"制度，實現了香港高鐵與內地高鐵網絡的無縫接駁，從香港乘高鐵可以直接到達內地 44 個城市。

除此之外，國家利用電子信息技術手段，推出內地居民"電子往來港澳通行證"，並全面升級港澳居民往來內地通行證（回鄉證），使香港居民在內地享有與內地居民身份證同樣的網上和自助服務便利，

---

21 資料來源："內地與港澳關於建立更緊密經貿關係的安排（CEPA）"專題，中國商務部網站，http://tga.mofcom.gov.cn/article/zt_cepanew/（最後訪問時間：2024 年 5 月 30 日）。

包括自助購票驗證搭高鐵及飛機、快速登記入住酒店、網上辦理銀行開戶等，涵蓋交通運輸、金融、通訊等九個領域，涉及三十多項公共民生服務，極大便利了港人在內地就業及生活。

3. 資本市場對接

2014 年 11 月 17 日，連接香港和上海股票市場的 "滬港通" 機制啟動；2015 年 7 月，香港與內地基金互認；2016 年 12 月 5 日，"深港通" 開通。2017 年 5 月，債券通獲批。兩地市場可以在充分保留各自市場監管規則、市場結構和交易習慣的前提下實現完全市場化的交易互聯互通，以最小的制度成本為內地資本市場取得了最大效果的開放，提升了香港作為國際金融中心的吸引力，也開啟了中國資本市場雙向開放的新時代。

（二）貿易、投資和產業合作發展

1. 香港與內地貿易持續增長

貨物貿易方面，內地一直是香港對外貿易的第一大市場，香港是內地第六大貿易夥伴和第四大出口市場。2003 年至 2021 年間，內地同香港進出口貿易總額不斷增加（見表 5-6）；香港還是內地重要轉口港，2017 年經香港轉口的貨物中有 58% 原產地在內地，54% 以內地為目的地。在中國內地與香港基本實現貿易自由化的背景下，香港作為國際貿易中心及中國內地市場大門的地位將更加鞏固，香港與內地的貿易前景將持續向好發展。

表 5-6　內地與香港貨物貿易進出口總額

	內地同香港進出口總額 （億美元）	佔內地貿易額比重	佔香港貿易額比重
2003	873.9	10.27%	43.07%
2004	1,126.7	9.76%	43.75%
2005	1,367.0	9.61%	45.02%
2006	1,660.9	9.43%	46.42%
2007	1,972.4	9.06%	47.48%
2008	2,036.4	7.94%	47.55%
2009	1,749.3	7.92%	48.68%
2010	2,305.6	7.75%	48.91%
2011	2,834.8	7.78%	48.50%
2012	3,413.1	8.83%	50.35%
2013	4,007.0	9.63%	51.07%
2014	3,757.0	8.73%	50.25%
2015	3,432.1	8.68%	51.24%
2016	3,039.5	8.25%	50.82%
2017	2,865.2	7.77%	48.60%
2018	3,105.2	7.56%	49.20%
2019	2,882.1	6.23%	49.7%
2020	2,795.6	6.10%	51.5%
2021	3,602.3	7.73%	53.2%

資料來源：中華人民共和國國家統計局（2022 年）。

　　服務貿易方面，2003 年至 2021 年間，香港對內地的服務輸入佔香港的服務總輸入比例從 26.25% 提升至 41.4%，服務貿易順差不斷擴大。[22] 為不斷促進兩地服務貿易的深化，國家於 2015 年同香港簽署《〈內地與香港關於建立更緊密經貿關係的安排〉服務貿易協議》。2019 年再次對協議進行修訂，在金融、法律、建築及相關工程、檢測認證、電視、電影、旅遊等領域增添開放措施，便於更多優質的香港服務提供給內地市場。

---

22 資料來源：香港政府統計處。

2. 雙向直接投資不斷擴大

回歸以來，香港一直是內地最大的境外投資來源地和最大的境外投資目的地。從表 5-7 可以看到，港資佔內地外資的比重是逐年增長的，從 2007 年的 37.05% 上升到 2021 年的 75.9%；同時，在此期間，內地在香港的投資佔內地境外投資的比重大多數年份都超過了 50%，個別年份接近 70%。香港作為內地引進外資和對外投資的功能不斷增強。

表 5-7　內地實際利用港資與對香港淨投資概況

年份	內地實際利用港資（億美元）	港資佔內地外資比重	內地對香港直接投資淨額（億美元）	內地對港投資佔內地境外投資比重
2007	277.0	37.05%	137.3	51.81%
2008	410.4	44.41%	386.4	69.12%
2009	460.8	51.18%	356.0	62.98%
2010	605.7	57.28%	385.1	55.96%
2011	705.0	60.77%	356.5	47.76%
2012	655.6	58.69%	512.4	58.36%
2013	734.0	62.42%	628.2	58.25%
2014	812.7	67.97%	708.7	57.56%
2015	863.9	68.42%	897.9	61.64%
2016	814.7	64.65%	1,142.3	58.24%
2017	945.1	72.09%	911.5	57.59%
2018	899.2	66.60%	868.7	60.73%
2019	962.9	69.7%	905.5	44.68%
2020	1,057.9	73.2%	891.5	47.33%
2021	1,317.5	75.9%	1,011.9	49.31%

資料來源：中華人民共和國國家統計局（2022 年）、香港特別行政區政府統計處（2022 年）。

從金融角度看，人民幣合格境外機構投資者（RQFII）試點和"滬港通"、"深港通"的開通，進一步鞏固了香港作為首要離岸人民幣業務中心的地位。香港是全球最大離岸人民幣中心，全球七成離岸人民幣結算在此進行。

3. 產業合作明顯升級

香港與內地的產業合作經歷了從製造業合作到服務業合作、到科技創新產業合作的不斷發展的過程。改革開放之初，內地尤其是珠三角吸引香港製造業的轉移，在香港與珠三角之間形成了"前店後廠"的垂直產業分工體系。CEPA 推出後，香港的現代服務業進入內地，促進了兩地服務業的合作和發展。近十多年來，內地經濟邁向創新驅動和高質量發展新階段，中央政府支持香港發展科技創新產業，《粵港澳大灣區發展規劃》提出打造國際科技創新中心，香港將會在粵港澳大灣區國際科技創新中心建設中發揮更大的作用。

（三）民生領域合作不斷拓展

回歸以來，香港與內地兩地人員往來日益密切。伴隨廣深港高鐵和港珠澳大橋等一系列大型跨境基礎設施建設，以及通關便利化措施創新，兩地人員往來和交往得到了促進，由港珠澳大橋和廣深港高鐵連接的一小時生活圈，將在不同城市間形成優勢互補，為大灣區經濟發展帶來活力。這些基礎設施建設極大降低了人員、物品流動的時間和成本，促進了城市間旅遊、商貿、創科、專業服務、教育、醫療、就業、養老、生態環境、公共衛生等合作發展。與此同時，政府多次出台民生"惠港政策"，促進香港居民在內地生活和工作便利化。2017 年 12 月，國務院港澳辦、國務院台辦、住建部等五部門制定了《關於在內地（大陸）就業的港澳台同胞享有住房公積金待遇有關問題意見》；2018 年 8 月，國務院頒佈《台港澳人員在內地就業許可》及《港澳台居民居住證申領辦法》，賦予港澳居民同等的就業、教育、購物等權利；2019 年 11 月，粵港澳大灣區建設領導小組會議公佈"16 項惠港措施",其中包括支持香港居民在內地便捷使用移動電子支付;港澳台職工依法參加職工保險;允許在粵港澳大灣區內地城市購房;保障在粵工作的港澳居民子女與內地居民子女同等享受教育等政策。

七、《全面深化前海深港現代服務業合作區改革開放方案》頒佈和實施

中國共產黨十八大之後,習近平總書記外出考察的第一站選擇在深圳,指出深圳前海深港現代服務業合作區建設要"依託香港,服務內地,面向世界"。2021 年 9 月 6 日,中共中央、國務院發佈《全面深化前海深港現代服務業合作區改革開放方案》(簡稱"前海方案"),將前海深港現代服務業合作區總面積由原來的 14.92 平方公里擴大至120.56 平方公里,提出擴區後的前海合作區將"打造大灣區全面深化改革創新實驗平台和建設高水平對外開放門戶樞紐"兩大戰略目標,"建設全球配置能力強、創新策源能力強、協同發展帶動能力強的高質量發展引擎"。前海深港合作區建設為深港融合發展和粵港澳大灣區建設發展擘畫美好藍圖,將譜寫新時期全面深化改革開放和豐富"一國兩制"實踐新篇章。

中國共產黨十九大報告指出:"支持香港、澳門融入國家發展大局,以粵港澳大灣區建設、粵港澳合作、泛珠三角區域合作等為重點,全面推進內地同香港、澳門互利合作,制定完善便利香港、澳門居民在內地發展的政策措施。"粵港澳大灣區建設將為香港發展注入新動能、拓展新空間。

第六章

文化和社會事務

第一節　基本法有關文化和社會事務的原則

　　基本法第六章對香港特別行政區的教育、科學、文化、體育、宗教、勞工和社會服務等問題作了規定。基本法在這些規定中所指稱的文化屬於狹義的文化。而就廣義的文化來說，教育、科學、文化、體育等都屬於文化的範疇。宗教、醫療衛生、專業制度等則既有屬於社會事務層面的內容，也有屬於文化層面的內容。勞工、福利、社會服務則主要屬於社會事務層面。基本法第六章關於教育、科學、文化、體育、勞工、福利、社會服務和專業制度等的規定，所解決的就是有關文化和社會事務方面的制度和政策問題。基本法第六章的上述規定貫徹了以下幾項原則：

一、在原有制度的基礎上發展和改進的原則

　　在保持原有制度的基礎上發展和改進，是基本法關於香港特別行政區文化和社會事務的一個重要原則。

　　儘管香港不論根據中英兩國國內法、還是國際法都不屬於殖民地，但由於複雜的歷史原因，港英當局對香港實行了 150 多年的殖民統治，以至於香港特別行政區成立前，香港的文化和社會被深深打上了殖民主義的烙印。另一方面，香港經歷了長期的資本主義發展歷史，積累了深厚的資本主義文化，也形成了雖然獨特但較為成熟的發達的資本主義社會。

文化和社會事務的內涵包括制度及生活方式兩個層面。根據"一國兩制"原則，照顧到香港的歷史及實際情況，基本法第 5 條明確規定："香港特別行政區不實行社會主義制度和政策，保持原有的資本主義制度和生活方式，五十年不變。"依據這一規定，保持不變的資本主義制度和生活方式當中，包括了資本主義性質的文化制度和社會制度以及與這種制度相聯繫的生活方式。香港特別行政區在依據基本法的規定保持原有經濟制度不變的同時，也要保持原有的資本主義文化制度和社會制度以及與之相聯繫的文化生活方式和社會生活方式不變。

值得指出的是，基本法關於保持資本主義制度和生活方式五十年不變的原則精神，所強調的主要是原有資本主義制度和生活方式的性質五十年不變。聯繫整部香港基本法的條文規定，可以看到這一原則精神是貫徹始終的。基本法第六章的相關規定也清楚地體現了這一點。對於文化和社會來說，基本法所強調的"不變"，不是指文化制度和社會制度的內容不能隨著時代的變化和發展而變化、發展。因為文化和社會是動態和發展的，固定不變的文化和社會是沒有生命力的，是不可能繁榮和發展的。因此，基本法在關於文化和社會事務的規定中，確立了在原有制度的基礎上發展和改進的原則。例如基本法第 136 條明確規定，香港特別行政區政府在原有教育制度的基礎上，自行制定有關教育的發展和改進的政策。第 145 條也規定，香港特別行政區政府在原有社會福利制度的基礎上，根據經濟條件和社會需要，自行制定其發展、改進的政策。

基本法關於香港特別行政區的文化、社會等方面的制度和政策在原有的基礎上發展和改進的原則包含三個要旨：其一，按照原有的資本主義制度和生活方式保持五十年不變的原則，香港特別行政區在社會和文化方面不實行內地的社會主義制度和政策，並保持原有的資本主義文化和社會制度不變；其二，在原有的文化、社會等方面的制度和政策的基礎上，可以根據香港社會發展情況和需要進行發展和改進；其三，香港的文化、社會等方面的制度和政策的發展和改進主要包含兩個方面的內容，既要堅決剔除香港原有文化和社會制度中的殖民主義烙印，又要根據香港特色的發達的資本主義社會的不斷發展和進步與時俱進。總之，要通過發展和改進有關制度，促進香港特別行政區的文化制度和社會制度按照基本法規定的原則健康發展。這三個要旨既是香港特別行政區是中華人民共和國不可分離的部分、是中華人民共和國的一個地方行政區域的要求，也是"一國兩制"、"港人治港"、高度自治原則的要求。

對於在原有制度的基礎上發展和改進的原則，基本法第 136 條和第 145 條在關於教育制度和社會福利制度的條款中有明文規定。因此，就教育制度和社會福利制度來說，這屬於明示原則。同時，這一原則不僅適用於教育制度和社會福利制度，也適用於其他各項文化和社會制度。就其他有關制度來說，這一原則屬於隱含原則。香港特別行政區政府在各項文化和社會事務的管理中，都應該遵循在符合發達的資本主義社會需要的原有制度的基礎上發展和改進的原則。

二、授權特別行政區政府自行制定有關政策的原則

基本法關於各項文化和社會事務的規定，屬於基本法授權特別行政區高度自治範圍內的事務，在具體的表述中，採用了授權特別行政區政府自行制定有關政策的表述。例如，基本法第 136 條規定香港

特別行政區政府自行制定有關教育的發展和改進的政策；第 138 條規
定香港特別行政區政府自行制定發展中西藥和促進醫療衛生服務的政
策；第 139 條規定香港特別行政區政府自行制定科學技術政策；第
140 條規定香港特別行政區政府自行制定文化政策；第 142 條規定香
港特別行政區政府自行制定有關評審各種專業的職業資格的辦法；第
143 條規定香港特別行政區政府自行制定體育政策；第 145 條規定香
港特別行政區政府自行制定社會福利制度的發展、改進政策；第 147
條規定香港特別行政區自行制定有關勞工的法律和政策。這些表述都
體現了中央授權特別行政區政府自行制定有關政策的原則。

　　自行制定有關政策的原則是高度自治權在文化和社會事務管理方
面的體現。行政管理權和立法權是香港特別行政區依據基本法享有的
高度自治權的重要組成部分。根據基本法第六章的有關規定，自行制
定有關政策的原則不僅包括在行政管理方面自行制定有關政策，而且
也包括通過立法程序自行制定涉及有關政策的法律。

三、保護香港居民相關權利的原則

　　保護香港居民的相關權利是基本法的一項重要內容，它不僅體現
在基本法第三章的規定之中，還體現在基本法第六章的規定之中。基
本法第六章的有關規定通過兩種方式對香港居民的文化和社會權利給
予保護：

　　其一，在條文中對於相關的文化和社會權利的保護作出規定。第
137 條明確規定各類學校享有學術自由，學生享有選擇學校和在香港
特別行政區以外求學的自由。第 141 條第 1 款規定香港特別行政區政
府不限制宗教信仰自由，不干預宗教組織的內部事務，不限制與香港

特別行政區法律沒有抵觸的宗教活動。第 141 條第 2 款規定宗教組織依法享有財產的取得、使用、處置、繼承以及接受資助的權利；財產方面的原有權益仍予保持和保護。

　　其二，在有關規定中包含賦予香港居民某項權利的精神。在第六章的有些條款中雖然沒有明文規定保護居民的權利和自由的問題，但是這並不意味著在這些條款中沒有包含保護居民相關權利和自由的精神。基本法第 136 條第 2 款關於 "社會團體和私人可依法在香港特別行政區興辦各種教育事業" 的規定，賦予了社會團體和私人在香港特別行政區辦學的權利。第 141 條第 3 款的規定賦予宗教組織按原有辦法興辦宗教學校、其他學校、醫院和福利機構以及提供其他社會服務的權利。第 141 條第 4 款賦予宗教組織和教徒與其他地方的宗教組織和教徒保持和發展關係的權利。第 143 條賦予民間體育團體依法繼續存在和發展的權利。第 144 條賦予原在香港各資助機構任職的人員根據原有制度繼續受聘的權利。

　　基本法第六章規定的各項制度和政策有一個共同目的，就是保障香港居民所享有的這些文化和社會權利。例如基本法第 136 條和第 137 條關於教育制度和政策的規定、第 138 條關於醫藥和醫療衛生制度和政策的規定、第 139 條關於科學技術制度和政策的規定、第 140 條關於文化制度和政策的規定、第 141 條關於宗教制度和政策的規定、第 142 條關於專業制度和政策的規定、第 143 條關於體育制度和政策的規定、第 144 條關於政府資助制度和政策的規定、第 145 條關於福利制度和政策的規定、第 146 條關於社會服務制度和政策的規定、第 147 條關於勞工問題的規定、第 148 條和第 149 條關於各類民間團體和宗教組織與內地和國外的關係的規定等，都對香港居民所享有的各項文化和社會權利提供了國家基本法律的保障。無論是實施基本法第六章的有關規定，還是依據第六章有關規定行使自行制定有關政策的權力，都必須遵循基本法第六章所貫徹的保障香港居民的相關權利的原則。

四、香港民間團體和宗教組織與內地相應的團體和組織互不隸屬、互不干涉和互相尊重的原則

基本法第六章關於文化和社會事務的規定還貫徹了民間團體和宗教組織與內地相應的團體和組織互不隸屬、互不干涉和互相尊重的原則。基本法第 148 條規定："香港特別行政區的教育、科學、技術、文化、藝術、體育、專業、醫療衛生、勞工、社會福利、社會工作等方面的民間團體和宗教組織同內地相應的團體和組織的關係，應以互不隸屬、互不干涉和互相尊重的原則為基礎。"按照這一原則，香港特別行政區的教育、科學、技術、文化、藝術、體育、專業、醫療衛生、勞工、福利和社會工作等方面的民間團體和宗教組織與內地相應的團體和組織之間可以建立適當的關係。這種關係是統一主權國家的內部事務，香港和內地相應的團體和組織之間的關係在性質上是平等主體之間的關係。在香港與內地相應的團體和組織之間通過平等協商解決問題。香港與內地的相應團體和組織在處理其相互關係的時候，應以"互不隸屬、互不干涉和互相尊重"的原則為基礎。

五、拓寬民間團體和宗教組織國際空間的原則

基本法第 149 條規定："香港特別行政區的教育、科學、技術、文化、藝術、體育、專業、醫療衛生、勞工、社會福利、社會工作等

方面的民間團體和宗教組織可同世界各國、各地區及國際的有關團體和組織保持和發展關係，各該團體和組織可根據需要冠用‘中國香港’的名義，參與有關活動。”

特別行政區成立以來，在中央政府的支持和幫助下，香港專業人士和民間團體以及宗教組織在根據基本法保持原有國際活動空間的基礎上，不斷增強參與國際活動的能力。2003 年 8 月，香港衛生署首位女署長陳馮富珍出任世界衛生組織人類環境保護局局長，主要負責傳染病防控事務。2007 年 1 月 4 日，陳馮富珍正式就任世界衛生組織總幹事，成為該組織成立 58 年來首位擔任該職的中國公民。

第二節　教育

　　英國佔領香港後，在港推行殖民主義教育，形成了一整套殖民教育體制。為清除殖民主義殘餘、確保香港特別行政區教育健康發展，香港基本法對於香港特別行政區的教育制度和教育發展政策作了具體的規定。

一、特別行政區成立前香港的教育制度

　　港英統治時期香港的教育制度具有殖民主義色彩，主要有以下幾個特點：一是教會辦學。港英統治早期的香港學校，除了中國清代遺留下來的一些私塾以外，主要就是各種教會和宗教團體興辦的學校。二是分類管理。港英政府於 1860 年設立教育局，把學校劃分為官立學校、政府資助學校和私立學校三類，按學校類別進行資助和管理。三是以"法"治校。港英當局為維護其殖民主義教育體系，制定了適應其殖民主義教育政策的一系列條例和附屬規例，以強制手段壓制、排斥和打擊其認為可能不利於港英殖民統治的教育理念和思想的傳播。四是英式近現代教育與殖民教育結合。港英當局殖民主義教育政策的重要目的之一就是通過英式教育在香港培養忠實於英式殖民統治和管治制度的"精英"，以進一步鞏固殖民統治，並間接擴大英國對華影響力。五是刻意的學歷"地域性差別對待"。港英當局在教育上唯我獨尊，排斥異己，對英國本土和香港以外國家或地區的學位、學歷採取不公正政策。在香港原有的教育制度中，凡在英國取得的學

位、學歷都被認可，是在港英政府各種崗位就職的優先憑證；在英聯邦國家取得的學位亦被認可；但對於中國內地的學歷，港英政府始終實行不予承認的政策。

1985 年 5 月 27 日《中英聯合聲明》生效，香港進入特別行政區成立之前的過渡階段。為了適應這一變化，港英政府教育署於 1985 年頒佈了《學校公民教育指引》，並於 1996 年進行了修訂，逐步把當代中國、內地和香港關係、愛國觀念等列入教學範疇。但從本質上來說，特別行政區成立前的香港教育仍然具有揮之不去的殖民主義統治烙印，服務於英國對香港的殖民統治政策。

二、香港基本法關於香港教育制度的規定

基本法對於香港特別行政區的教育制度作了以下幾項原則性的規定：（1）香港特別行政區政府在原有教育制度的基礎上，自行制定有關教育的發展和改進的政策，包括教育體制和管理、教學語言、經費分配、考試制度、學位制度和承認學歷等政策（第 136 條第 1 款）；（2）社會團體和私人可依法在香港特別行政區興辦各類教育事業（第 136 條第 2 款）；（3）各類學校均保留其自主性並享有學術自由，可繼續從香港特別行政區以外招聘教職員和選用教材（第 137 條第 1 款第 1 句）；（4）宗教組織所辦的學校可繼續提供宗教教育，包括開設宗教課程（第 137 條第 1 款第 2 句）；（5）學生享有選擇院校和在香港特別行政區以外求學的自由（第 137 條第 2 款）。

香港基本法以上各項規定包含兩個基本精神：一是在原有制度的基礎上發展和改進教育制度；二是在香港特別行政區實行教育自由。

（一）基本法關於發展和改進教育制度的精神

在原有制度的基礎上發展和改進香港特別行政區的教育制度，是基本法第六章的一個基本精神。基本法第 136 條第 1 款為香港特別行政區的教育制度如何發展和改進作了明確規定。基本法的這一規定包括三個含義：其一，教育制度的發展和改進須在原有制度的基礎上進行；其二，香港特別行政區政府為了發展和改進教育，可以自行制定有關政策；其三，香港特別行政區政府自行制定政策的範圍包括教育體制和管理、教學語言、經費分配、考試制度、學位制度、承認學歷等政策。

如何發展和改進香港的教育制度，是基本法第 136 條的一個基本精神。根據基本法第 5 條所確立的原則，香港原有教育制度中屬於資本主義制度和生活方式的內容予以保留，但原有教育制度中具有殖民主義色彩的內容必須堅決摒棄，這是基本法的一個基本精神。特別行政區成立後，香港作為祖國大家庭的重要成員，過去香港居民在港英當局的殖民統治之下被迫接受殖民主義教育，備受歧視和壓迫的日子已經一去不復返。香港居民在“一國兩制”、“港人治港”、高度自治的原則下成為香港的主人。香港的教育是具有主人翁地位的香港居民為了獲取知識、技能和其他生存和發展本領而進行的教育，同時也是中國國民教育的一個重要組成部分。

（二）基本法關於實行教育自由的精神

香港特別行政區實行教育自由，也是基本法第六章的一個基本精神。根據基本法的有關規定，香港特別行政區的教育自由包括：

1. 社會團體和私人可依法在香港特別行政區興辦各類教育事業（第 136 條第 2 款）。這是基本法關於教育自由中的辦學自由的規定。

保障社會團體和私人自由辦學，是在香港特別行政區實行教育自由的基礎。

2. 各類學校均保留其自主性並享有學術自由，可繼續從香港特別行政區以外招聘教職員和選用教材（第137條第1款第1句）。 包括教員招聘和教材選用在內的學術自由是教育自由的一個基本內容。學校如果沒有學術自由，教育自由就無從談起。保障學校的學術自由，是發展和改進香港特別行政區教育制度的一個基本出發點。

3. 宗教組織所辦的學校可繼續提供宗教教育，包括開設宗教課程（第137條第1款第2句）。 宗教組織可以興辦學校，既是保障宗教信仰自由的一個重要方面，也是實行教育自由不可缺少的一個內容。基本法保障宗教組織有權繼續興辦宗教院校，允許宗教組織所辦的學校繼續提供宗教教育，包括開設宗教課程，表明香港特別行政區的教育自由是一種全方位的自由，社會各方面所興辦的學校都享有教育自由。

4. 學生享有選擇院校和在香港特別行政區以外求學的自由（第137條第2款）。 基本法第137條第2款的規定包含兩個含義：其一，香港居民求學，在香港特別行政區境內有選擇院校的權利；其二，香港居民不僅可以在香港特別行政區境內自由選擇院校，也可以在香港特別行政區以外求學。在香港境內求學的香港居民有選擇院校的自由，當屬香港原有教育制度所允許的自由。對於在香港特別行政區以外求學，不僅涉及居民有無這項自由的問題，而且也涉及在香港境外所取得的學歷在香港特別行政區是否能夠獲得承認的問題。如果在香港特別行政區以外所獲得的學歷不能在香港特別行政區獲得承認，所謂在境外求學的自由就無法得到實際保障。基本法關於擇校自由和境外求學自由的規定為香港特別行政區在教育制度中承認香港特別行政區以外的學位、學歷和專業資格提供了法律依據。

香港特別行政區成立後，祖國內地院校的學歷能否在香港特別行政區獲得承認成為學歷承認的突出問題。香港特別行政區居民中的絕大多數是中國公民，祖國內地是他們在香港特別行政區以外求學的重要選擇之一。在祖國內地所獲得的學歷和專業資格能否在香港特別行政區獲得承認，關係到基本法第 137 條第 2 款規定的境外求學自由能否得到切實的保障。2004 年 7 月，國家教育部與香港特別行政區教育統籌局簽訂了《內地與香港關於相互承認高等教育學位證書的備忘錄》，解決了《備忘錄》所列院校的學位證書在內地和香港的相互承認問題。這可以說是香港特別行政區成立以來在實施基本法有關教育問題的規定方面一個具有實質意義的重大舉措。根據這個《備忘錄》，雙方按照"一國兩制"的方針，就相互承認高等教育學位證書達成了一系列共識，以簡化內地與香港的高等學校（包括內地經批准承擔研究生教育任務的科學研究機構）依法頒發的學位證書的相互承認，進一步加強內地和香港在教育領域的合作，推動兩地學生的交流。

當然，由於歷史慣性，香港對內地學歷學位的認可還存在一些不足之處。例如，根據香港《醫生註冊條例》，獲特別註冊委員會承認醫學資格的學校及專業名單中，內地只有清華大學、復旦大學、上海交通大學、中山大學、浙江大學及武漢大學等 6 所大學醫學院共 10 個醫學專業上榜，在全部 100 個獲承認醫學資格的學校和專業中，只佔 1/10。這不僅與內地醫學教育的實際水平不符，也不利於進一步紓緩香港"醫生荒"的問題。

三、香港基本法的實施與香港特別行政區教育制度的發展

為落實基本法有關教育制度的規定，香港特別行政區政府成立了教育統籌委員會，負責研究教育制度改革事宜。教育統籌委員會在其於 2000 年 9 月提交的《香港教育制度改革建議》（以下簡稱《教改建議》）中提出了"終生學習，全人發展"的理念。《教改建議》把香港在 21 世紀的整體教育目標確定為："讓每個人在德、智、體、群、美各方面都有全面而具個性的發展，能夠一生不斷自學、思考、探索、創新和應變，具有充分的自信和合群的精神，願意為社會的繁榮、進步、自由和民主不斷努力，為國家和世界的前途作出貢獻。"行政長官董建華在 2000 年 10 月發表的施政報告中，採納了《教改建議》中提出的所有建議，一場全面徹底的教育體制改革在香港正式拉開帷幕，下面對教改涉及的三大核心改革進行簡要介紹。

（一）課程改革

要貫徹"終生學習，全人發展"的理念，改革教學課程是重點，教育統籌委員會經過十餘年的努力，完成了從重視教到重視學的範式轉變，以"學習"為中心打造了貫穿小學至高中的一整套課程體系。2001 年 7 月，課程發展議會發表了《學會學習 —— 課程發展路向》報告書，計劃用十年時間分三階段全面改革香港中小學課程。課程改革打破傳統課程以"學科"劃分的方式，將學校的科目分為八個主要學習領域，並在教材選擇上賦予學校充分的自主性，其目標是使學生通過對課程的學習獲得整體的學習經歷，並從中培養態度和能力以及建構知識，達到"全人發展"的目標。教育統籌委員會在 2006

年發佈的改革報告中對中小學課程改革作了積極評價，並隨後將改革重點推移至高中階段。2009 年，課程發展議會發表了《高中課程指引 —— 立足現在·創建未來》報告書，改革傳統高中課程以與大學教育銜接為主的精英教育模式，將課程設置與基礎教育課程緊密銜接，並將修讀的課程分為核心科目、選修科目和其他學習經歷三部分，為學生日後升學或就業提供更多選擇。2017 年，課程發展議會發表了《中學教育課程指引》報告書，聚焦進一步提高學生學會學習的能力，標誌著香港課程改革進入了新一輪的發展週期。

（二）學制改革

香港教育制度改革的另一個重點是學制改革。在學制改革方面，中學學制改革是重點。香港此前採用"五加二"的中學學制，學生須在完成中五及中七課程時先後參與中學會考和高級程度會考兩項高風險公開考試，這就使課程的設計和課堂上的學與教及學習時間的分配皆受公開考試所主導。此外，中六、中七課程主要為大學預科教育，故課程內容過於艱深，不符合"全人發展"的教育理念。因此，在2000 年的《教改建議》中就提出過改革高中學制的設想。隨著條件逐漸成熟，2005 年，香港教育局發表了《高中及高等教育新學制 —— 投資香港未來的行動方案》路線圖，啟動高中學制改革。經過四年的籌備和努力，新的"三加三"學制於 2009 年開始實施，中學實施新學制後，本地大學的學士學位課程也相應延長一年，即由原有的三年改為四年。在新學制下，所有學生都可以享有 12 年的免費教育，而不再是只有三分之一的學生可以升讀預科；減少的一次高風險考試也減輕了考試壓力，騰出了更多的學習時間；而四年的大學學制也有利於學生接受更全面均衡的大學教育。此外，由於我國內地和大部分國家都採用十二年中、小學學制及四年大學學制，新學制的實施也改善了香港與境外學制的銜接。

（三）評核機制改革

香港的傳統教育體制中有三場重要的高風險考試，分別是小六升中一的學能測試，和此前提及的中五會考及中七高考。這種考試主導的、選拔性的教育體制使青少年過早定性分流，部分人過早失去了發展的機會。為了貫徹"終生學習，全人發展"的教育理念，教育統籌委員會在課程和學制改革的基礎上，對評核機制也進行了相應改革，其目標是將考試真正轉變為促進學習的方式和手段。

在小學至中學學段，首先改革了中一學位分配機制，取消了學能測試，改用"九年一貫大直路"的方式完成中小學教育，並採用全港性系統評估來評價總體學習狀況，以此來優化教與學，提高學生學習成效。2004 年小學三年級首次實施全港性系統評估，2006 年全面擴展到小學三年級、六年級、中三等三個學段。

在高中階段，取消香港中學會考和香港高級程度會考，由香港中學文憑考試取而代之。2012 年首屆香港中學文憑考試的成功舉辦，標誌著教育體制評核機制改革基本完成。

四、以愛國主義教育為核心的國民教育是香港教育體系的重中之重

香港特別行政區成立後，香港的地位發生了根本的變化。基本法規定，香港特別行政區是中華人民共和國一個不可分離的部分，是直轄於中央人民政府、按照"一國兩制"原則實行高度自治的一個地方

行政區域。香港地位的改變，決定了香港亟需重建國家認同。國家認同是人民效忠國家的基礎，也是"一國兩制"方針和基本法在香港順利實施的基礎。但香港特別行政區成立二十多年來，國民教育成效不彰，部分港人國家觀點薄弱，國家認同模糊，對國家制度理解不深。缺乏國家認同的社會將產生許多實質問題，這也造成了近年來香港社會問題頻發，愈演愈烈。因此香港必須儘快填補這一價值信念的空缺，這是促進香港人心回歸、維護香港繁榮穩定、確保"一國兩制"行穩致遠的內在要求和重要保障。

在香港推行國民教育，明確推行什麼樣的國民教育、目的是什麼尤為重要。

（一）國民教育的涵義

在香港進行的國民教育，應定義為一種圍繞國家、建立國家觀念的教育，其核心是國家認同，即培養"愛國者"。鄧小平曾對"愛國者"概念有過論述："什麼叫愛國者？愛國者的標準是，尊重自己民族，誠心誠意擁護祖國恢復行使對香港的主權，不損害香港的繁榮和穩定。只要具備這些條件，不管他們相信資本主義，還是相信封建主義，甚至相信奴隸主義，都是愛國者。我們不要求他們都贊成中國的社會主義制度，只要求他們愛祖國，愛香港。"[23]

（二）在香港推行國民教育的依據

香港特別行政區成立以來的教育實踐，特別是從 2012 年"國教事件"、2014 年非法"佔中"運動、2019 年"修例風波"反映出的問

---

23 鄧小平：《一個國家，兩種制度》（1984 年 6 月 22、23 日），載《鄧小平文選（第三卷）》，人民出版社 1993 年 10 月第 1 版，第 61 頁。

題來看，香港青少年國家意識淡薄，國民教育短板突出、問題嚴重，已經到了危及"一國兩制"順利實施的程度。這其中既有歷史原因，又有現實原因；既有人為因素，又有制度因素；既有特區責任，又有中央責任。要徹底解決香港國民教育出現的問題，唯有回歸到基本法上來，從法治的角度出發解決香港國民教育問題，因為基本法是香港特別行政區推行國民教育、發展和改進教育制度的基本法律依據，香港特別行政區在自行制定和修改教育政策時，要以基本法的原則和規定為最終依據。

（三）國民教育的內容

在"一國兩制"、"港人治港"、高度自治原則的指導下，香港的國民教育具有其特殊性。這種特殊性主要體現在教育內容上，即既要體現"一國"原則，又要尊重"兩制"安排。應主要包括三方面內容：

一是憲法、基本法教育。習近平主席在慶祝香港回歸祖國二十週年大會暨香港特別行政區第五屆政府就職典禮上的講話中指出："回歸完成了香港憲制秩序的巨大轉變，中華人民共和國憲法和香港特別行政區基本法共同構成香港特別行政區的憲制基礎。憲法是國家根本大法，是全國各族人民共同意志的體現，是特別行政區制度的法律淵源。基本法是根據憲法制定的基本法律，規定了在香港特別行政區實行的制度和政策，是'一國兩制'方針的法律化、制度化，為'一國兩制'在香港特別行政區的實踐提供了法律保障。在落實憲法和基本法確定的憲制秩序時，要把中央依法行使權力和特別行政區履行主體責任有機結合起來；要完善與基本法實施相關的制度和機制；要加強香港社會特別是公職人員和青少年的憲法和基本法宣傳教育。這些都是'一國兩制'實踐的必然要求，也是全面推進依法治國和維護香港法治的應有之義。"

二是中國歷史、文化教育。在"一國兩制"方針指導下，香港特別行政區也應重視中華民族傳統文化教育。中華民族傳統文化教育至少應包含三層含義：其一，中國語文教育，即包括中國語言文字和中國文學在內的文化科學知識的教育。其二，中國歷史和自然、人文知識的教育。其三，中國文化精神教育，其中包括中國傳統哲學和倫理學知識在內的中國傳統文化知識教育。

三是當代中國國情教育。新中國成立後，特別是改革開放四十年以來，中國共產黨帶領全國各族人民，取得了舉世矚目的偉大成就，實現了從站起來、富起來到強起來的偉大轉變。要加強引導港人客觀、準確地認識當代中國國情，培養民族自豪感和自信心，消除殖民主義教育企圖改變或模糊香港居民的身份認同的不良影響，重建港人國家認同。

（四）國民教育的對象

全體香港市民都應該是國民教育的對象。其中，對青少年進行國民教育格外重要。青少年時期是人生良好品德和世界觀形成的關鍵時期，絕大多數青少年正在接受學校教育，是國民教育的最主要對象。習近平主席在慶祝香港回歸祖國二十週年大會暨香港特別行政區第五屆政府就職典禮上的講話中指出，"要注重教育、加強引導、著力加強對青少年的愛國主義教育，關心、支持、幫助青少年健康成長。"對於香港的公務員、紀律部隊、教師等群體，他們的國民教育應與一般市民應有所差異，對他們的國民教育需要加強且另外設計。

（五）國民教育的目標

國家的權力、法治和禮儀是一種權威，要地方或人民接受這種權威，一是要中央有捍衛自己權威的力量，二是地方和人民要尊重服從這一權威。在香港推行國民教育的目標是，使香港市民加深對憲法、基本法的理解，進一步理解中華民族傳統文化精神的內涵，加深對中國國情的認識，重建香港市民的國家觀念，使其認識到國家先於香港、中央高於地方等道理。最終使香港居民中的每一個中國公民成為愛國者，成為能遵守國家法律、維護國家利益、擔負國家命運的人。

國民教育是香港全社會的責任，個人、家庭、教育機構、社會組織、政府都是國民教育的參與者和推動者。特區政府作為公權力的行使者，是國民教育的主要責任人。

第三節　科學、文化、宗教、勞工和社會服務

關於科學、文化、宗教、勞工和社會服務等方面，基本法按照在原有制度的基礎上發展和改進的原則、自行制定有關政策的原則來保護香港居民相關權利，以促進香港特別行政區的文化繁榮和社會進步為出發點，針對各項問題作了具體規定。

一、關於科學和技術的規定

基本法第 139 條規定："香港特別行政區政府自行制定科學技術政策，以法律保護科學技術的研究成果、專利和發明創造。（第 1 款）香港特別行政區政府自行制定適用於香港的各類科學、技術標準和規格。（第 2 款）"

香港人才薈萃，在科學領域具有相當的實力。基本法的這些規定為香港特別行政區政府自行制定關於科學技術方面的政策和法規提供了法律依據。同時，在香港的原有法律中，也有一系列關於科學技術的規範，基本法也為保留這些原有法律中的規範提供了法律依據。

二、關於文化和體育的規定

基本法第 140 條規定："香港特別行政區自行制定文化政策，以法律保護作者在文學藝術創作中所獲得的成果和合法權益。"基本法

第 143 條規定："香港特別行政區政府自行制定體育政策。民間體育團體可依法繼續存在和發展"。

香港特別行政區的文化制度和文化生活是香港原有資本主義制度和生活方式的一個重要方面。基本法在第 140 條授權香港特別行政區政府自行制定文化政策，對於在文化方面保持香港原有的資本主義制度和生活方式具有重要的意義。此外，香港的體育也有其自身的特點。為了發展香港特別行政區的體育事業，基本法不僅授權香港特別行政區政府自行制定體育政策，而且還特別規定香港的民間體育團體可依法繼續存在和發展。

三、關於宗教的規定

基本法第 141 條規定："香港特別行政區政府不限制宗教信仰自由，不干預宗教組織的內部事務，不限制與香港特別行政區法律沒有抵觸的宗教活動。（第 1 款）宗教組織依法享有財產的取得、使用、處置、繼承以及接受資助的權利。財產方面的原有權利仍予保持和保護。（第 2 款）宗教組織可按原有辦法繼續興辦宗教院校、其他學校、醫院和福利機構以及提供其他服務。（第 3 款）香港特別行政區的宗教組織和教徒可與其他地方的宗教組織和教徒保持和發展關係。（第 4 款）"

香港宗教種類繁多，信仰不同宗教的信眾數以百萬計，香港的宗教信眾分佈在香港各個階層、各個行業。其中，佛教、道教、伊斯蘭教、孔教、天主教、基督教，由於信眾人數相對較多，社會影響較大，被社會各界公認為香港六大宗教。

香港特別行政區實行宗教自由。首先，香港特別行政區的宗教自由制度貫徹了政教分離原則。基本法第 141 條第 1 款的"三不規定"就是政教分離原則對政府方面的要求；同時，政教分離原則也要求宗教組織不得干預政治。其次，基本法的規定還貫徹了宗教組織的民事權利受法律保護的原則。根據基本法第 141 條第 2 款，依法註冊的宗教組織也具有民事上的法人地位，依法享有民事上的各種財產權利和權益。香港的宗教團體，一般都有專門的法律予以規定。宗教團體的權利和權益不僅受有關專門法律的保護，同時也受一般民事法律的保護。再次，基本法的上述規定為宗教組織服務社會提供了法律依據。服務社會是一般宗教所具有的社會功能之一。宗教組織服務社會的功能不僅通過舉行宗教儀式和傳教活動來進行，也通過興辦學校、醫院和福利機構及其他社會服務方式來實現。基本法第 141 條第 3 款的規定為宗教組織以興辦學校、醫院、福利機構等方式服務社會提供了法律依據。最後，基本法的規定為香港特別行政區的宗教組織與其他地方的宗教組織和教徒的關係確立了原則。基本法第 141 條第 4 款所稱其他地方的宗教組織和教徒，是指祖國內地各地方的宗教組織和教徒。關於香港特別行政區的宗教組織與國外的宗教組織和教徒的關係，基本法第 149 條有專門規定。

四、關於勞工、福利和社會服務的規定

基本法關於勞工、福利和社會服務的規定包括：（1）香港特別行政區自行制定有關勞工的法律和政策（第 147 條）。（2）香港特別行政區政府在原有社會福利制度的基礎上，根據經濟條件和社會需要，自行制定其發展、改進的政策（第 145 條）。（3）香港特別行政區從事社會服務的志願團體在不抵觸法律的情況下可自行決定其服務方式

（第 146 條）。

在勞工、福利和社會服務方面，香港特別行政區已經有一套比較完備的制度和法律。香港有關勞工的主要本地法律包括：規範勞動關係的《僱傭條例》；規範工會行為的《職工會條例》；規範工業安全保障的《工廠暨工業經營條例》；保障各行業員工（包括服務性行業、文職人員等）職業健康的《職業健康條例》；規範保障勞動者工傷職業病待遇的《僱員補償條例》及各類職業病條例；處理勞資糾紛的《勞資關係條例》、《勞資審裁處條例》等。基本法的這些規定為香港特別行政區有關制度的發展和完善提供了法律依據。

五、關於醫藥和醫療衛生的規定

基本法第 138 條規定："香港特別行政區政府自行制定發展中西醫藥和促進醫療衛生服務的政策。社會團體和私人可依法提供各種醫療衛生服務。"

中醫和西醫在香港特別行政區具有同等地位。面對西醫的飛速發展和中醫衰落的局面，在香港特別行政區的醫藥和醫療衛生事業的發展中，要特別注意和加強對中醫的保護、搶救和發展。

六、關於專業制度的規定

基本法第 142 條規定："香港特別行政區在保留原有專業制度的基礎上，自行制定有關評審各種專業的職業資格的辦法。（第 1 款）在香港特別行政區成立前已取得專業和職業資格者，可依據有關規定和專業守則保留原有的資格。（第 2 款）香港特別行政區政府繼續承認在香港特別行政區成立前已承認的專業和專業團體，所承認的專業團體可自行審核和頒授專業資格。（第 3 款）香港特別行政區政府可根據社會發展需要並諮詢有關方面的意見，承認新的專業和專業團體。（第 4 款）"

在香港專業制度的發展中，香港與祖國內地的專業制度如何銜接，加速香港與內地在專業資格上的相互承認是重要課題。2003 年簽署的《內地與香港關於建立更緊密經貿關係的安排》（CEPA）及 2019 年發佈的《粵港澳大灣區發展規劃綱要》中，推動內地與香港專業資格互認都是重要內容，這方面工作的原則是：（1）雙方鼓勵專業人員資格的相互承認，推動彼此之間的專業技術人才交流；（2）雙方主管部門或行業機構將研究、協商和制訂相互承認專業資格的具體辦法。自 2003 年以來，雙方在以建築、醫療、證券、保險、會計、法律等六個領域為主的專業人士資格互認問題上不斷取得突破和進展，為兩地專業人士跨境從業掃清了制度障礙。

七、關於政府資助政策的規定

基本法第 144 條規定："香港特別行政區政府保持原在香港實行的對教育、醫療衛生、文化、藝術、康樂、體育、社會福利、社會工作等方面的民間團體機構的資助政策。原在香港各資助機構任職的人員均可根據原有制度繼續受聘。"

香港原有的政府資助政策對於促進香港的教育、醫療衛生、文化、藝術、康樂、體育、社會福利、社會工作等發揮了積極作用。基本法這一規定確認保持這些政府資助政策，原在資助機構任職的人員均可根據原有制度繼續受聘。

第七章

對外事務

　　經基本法規定，"一國兩制"下的香港不但被允許保留資本主義制度，在政治、經濟、法律、社會發展諸領域享有高度自治權，而且還被授予廣泛的對外事務權。這為維護、拓展香港對外交往與國際合作提供了法律保障，有效促進了香港特別行政區的繁榮穩定。

第一節　基本法授予香港特別行政區廣泛的對外事務權

一、香港的繁榮穩定與其對外事務的關係

　　一般而言，中國憲法體制內地方行政區域的對外交往能力受國家主權約束，有嚴格限制，然而 "一國兩制" 下的香港是一個重大例外。基本法在授予香港以單一制國家內罕見的地方高度自治權的同時，還授予其廣泛的對外事務權。此舉不但體現了國家對回歸前香港已有的國際交往能力的尊重，也是保持回歸後香港繁榮穩定的實際需要，是實施 "一國兩制" 方針的題中應有之義。

　　香港開埠 180 年來，從來只是一個地區性經濟實體，不享有主權地位，也不具備任何外交權。但它又是一個有著鮮明國際特色並已獲得某種國際地位的地區，香港的繁榮穩定與其對外交往能力密切相關。香港由一個地處中國南端的小島漁村，歷經滄桑，藉助特定的地位優勢，逐步發展成為亞太地區重要的國際金融中心、貿易中心和航運中心，成為舉世矚目的自由港、單獨關稅區和國際大都會，躋身 "亞洲四小龍" 之列，深深融入國際經濟體系之中。

　　在港英殖民管治時期，香港的對外事務由英國外交及聯邦事務部排他性掌管。英國政府對香港涉外交往的政策是，一方面把香港定位為英國的海外屬土，牢牢掌控與香港有關的外交事務大權；另一方面，隨著香港對外經濟關係的日益擴展，逐步給予香港處理對外經貿關係的某些自主權。其中包括：同意香港自行決定其對外經濟政策，

開展國際雙邊經貿談判和簽訂協議；允許香港以英國代表團成員身份出席非政治性國際會議，擁有獨立發言機會；可以附屬於英國的地位參加國際協定，有權自行選擇參加這些協定下的各單項貿易協定；可以官方、半官方或民間身份參加專業性國際組織，並在海外設立代表機構；如此等等。150 多年中，正是藉助英國政府這些靈活變通的政策，香港得以成為英國殖民體系中在對外事務方面享有較大自主權的地區經濟實體。而國際社會事實上也逐步承認香港在國際交往中享有有限的權利能力和行為能力，接受它在國際法律關係中的獨特地位。

可以說，國際性，即特定的對外交往能力和廣泛的國際聯繫，是香港經濟發展的一大特色和優勢，也是香港雄起於東方的必要條件。脫離了對外事務方面的特殊職能和地位，香港的繁榮穩定就只能成為一句空話。這一客觀現實對於處置回歸後的香港對外事務，是必要的歷史借鑒。

二、基本法對香港特別行政區對外事務的原則規定

作為新時期中國處理歷史遺留領土問題的基本國策，"一國兩制"方針的宗旨之一就是要保持回歸後領土的繁榮穩定。那麼中國對香港恢復行使主權後如何保持香港持續的繁榮穩定呢？"一國兩制"的最佳制度安排就是堅守一國原則，尊重香港的歷史和現實情況，允許香港在中國憲制秩序內繼續發展資本主義，基本保留原有的社會制度和法律制度，實行高度自治，同時授予香港廣泛的對外事務權。中國政府對香港基本方針政策的全面闡釋，最初體現在《中英聯合聲明》第三條及附件一的中國單方面主動宣示上，其後則落實在作為香港憲制

性法律的基本法中。這兩份文件都明確規定了涉及香港對外事務的政策和制度。

這一政策就香港對外事務的管理權限作出了原則劃分。概言之，涉及香港特別行政區的對外事務由兩部分組成，一部分是與香港有關的外交事務，一部分是與香港本地有關的對外事務。前者屬於國家主權範疇，排他性由中央政府管理，以彰顯"一國"；後者則由中央政府授權和協助香港特別行政區政府自行處理，以體現"兩制"。應該說，這一原則明確保留和明顯擴展了香港回歸前在對外事務方面已有的國際交往能力和地位，準確體現了"一國"與"兩制"、中央與地方的關係，為其後香港基本法的制定提供了政策依據。[24]

從法律層面看，基本法根據"一國兩制"方針，具體規定了管理香港特別行政區對外事務的權力劃分原則，即中央政府負責管理與香港有關的外交事務，香港特別行政區依基本法規定的中央授權，自行處理有關的對外事務。這一原則集中體現在基本法第 13 條。該條共有三款，分別規定：（1）"中央人民政府負責管理與香港特別行政區有關的外交事務"；（2）"中華人民共和國外交部在香港設立機構處理外交事務"；（3）"中央人民政府授權香港特別行政區依照本法處理有關的對外事務"。第 13 條應視為管理香港特別行政區對外事務的綱領性條款、核心條款。

與此同時，基本法又為具體處理香港對外事務特別設立了一個專章，即"第七章　對外事務"，詳細規定了中央對香港處理對外事務的廣泛授權。此外，在整部基本法多個章節中也有涉及對外事務的其他規定。這些條款環環相扣，相輔相成，為處理香港特別行政區對外

---

24 見《中英聯合聲明》第 3 條及附件一。

事務確立了一整套制度、規則和做法，構成中央政府和香港特別行政區政府處理香港對外事務的法律根據。

概言之，香港基本法涉港對外事務的規定大致包括以下五個部分：(1)"一國兩制"方針與香港特別行政區的定位；[25]（2）管理香港對外事務的權限劃分與中央政府外交權的行使；[26]（3）有關香港一般性對外事務的授權；[27]（4）有關香港對外經濟事務的授權；[28]（5）有關香港對外社會發展事務的授權。[29]

三、中央政府負責管理與香港特別行政區有關的外交事務

基本法第 13 條第 1 款確立了中央管理與香港有關的外交事務的基本原則，即外交權屬於中央。這一原則是基於國家主權、基於香港在中國憲制秩序中的法律地位以及香港與中央的關係而確立的。外交具有主權屬性，歸國家掌管，由中央政府或聯邦政府行使，所有國家概莫能外。正因為香港特區是中國領土不可分離的一部分，直轄於中央政府，與香港有關的外交事務毫無疑義只能由中央政府來管理，作為中國一個特別行政區的香港無權涉足外交。不僅如此，這一原則還延伸至香港司法管轄領域。按照基本法第 19 條規定，香港法院對國防、外交等國家行為無管轄權。香港法院在審理案件中遇有涉及國防、外交等國家行為的事實問題時，應取得行政長官就該等問題發出

---

25 見基本法第 1、2、5、12 條。
26 見基本法第 13 條、第 62 條第 3 款。
27 見基本法第七章第 150-157 條。
28 見基本法第五章。
29 見基本法第六章第 149 條。

的具有拘束力的證明文件。而行政長官在發出證明文件前，須取得中央政府的證明書。

為落實中央管理涉港外交的職權，基本法第 13 條第 2 款明確規定："中華人民共和國外交部在香港特別行政區設立機構處理外交事務。"據此，在香港回歸同日，1997 年 7 月 1 日，外交部駐港特派員公署正式成立並開始工作。其職責是：在外交部領導下處理由中央政府負責管理的與香港特別行政區有關的外交事務，主要是有關主權、外交、國防和安全等方面的涉港事務；協助香港特別行政區政府依照基本法或經授權自行處理有關對外事務；辦理中央政府和外交部交辦的其他事務。具體而言，特派員公署的工作主要包括四個方面：（1）協調處理香港特別行政區參加有關國際組織和國際會議事宜；協調處理國際組織和機構在香港特區設立辦事機構問題；協調處理在香港特區舉辦政府間國際會議事宜。（2）處理有關國際公約在香港特別行政區的適用問題；協助辦理須由中央政府授權香港特別行政區與外國談判締結的雙邊協定的有關事宜，例如司法協助、民航、投資保護、互免簽證等。（3）協調處理外國在香港特別行政區設立領事機構或其他官方、半官方機構的有關事宜。（4）承辦外國國家航空器和外國軍艦訪問香港特別行政區等有關事宜。[30]

由中央政府管理涉港外交事務，彰顯了國家主權，體現了中央憲制性權力，是處理香港對外事務的首要原則，也是在香港全面落實"一國兩制"方針的重要內容。

---

30 參看外交部駐香港特區特派員公署網站，www.fmcoprc.gov.hk/chn/zjgs/gszn/t661847.htm（最後訪問時間：2020 年 4 月 5 日）。

四、香港特別行政區依中央授權自行處理有關對外事務

在確立中央管理涉港外交事務原則的前提下，基本法第 13 條第 3 款載明："中央人民政府授權香港特別行政區依照本法自行處理有關的對外事務。"據此，香港特區獲得處理本地對外事務的廣泛授權。這些授權既包括對香港回歸前原有的對外事務能力的認可，又有在此基礎上的進一步授權和擴展。在這裏，有必要強調"依照本法"四個字，它表明香港處理對外事務的權力嚴格限制在基本法規定的範圍內；凡是基本法沒有明確授權香港處理的對外事務，原則上都屬於中央管理的職權範圍，特區政府不能自行處理。

基本法同時也明確了香港特別行政區處理對外事務的實施機構。第 48 條第 9 項規定，行政長官的職責之一，是"代表香港特別行政區處理中央授權的對外事務和其他事務"；第 62 條第 3 項規定，特區政府的職權之一，是"辦理本法規定的中央人民政府授權的對外事務"。這兩款表明，在處理涉港對外事務過程中，對外代表香港的是行政長官，特區政府則具體負責涉外事務的處理。

香港特別行政區經授權依法處理有關的對外事務，涉及政治、經濟、社會發展等各個領域，大致可分為三大類：

1. 處理一般性對外事務的授權

基本法第七章明確授予香港特別行政區處理本地一般性對外事務的廣泛權力，包括：

（1）可以中國政府代表團成員身份參與同香港直接有關的外交談判。（第 150 條）

（2）可以"中國香港"的名義，在非政治性的廣泛領域單獨同世

界各國、各地區及有關國際組織保持和發展關係，簽訂和履行有關協定。（第 151 條）

（3）對以國家為單位參加的、同香港有關的、適當領域的國際組織和國際會議，香港可以中央政府認可的身份參加，並以"中國香港"名義發表意見。香港可以"中國香港"名義參加不以國家為單位參加的國際組織和會議。對中國已參加而香港也以某種形式參加了的國際組織，中央政府將採取必要措施使香港以適當形式繼續保持在這些組織中的地位。對中國尚未參加而香港已以某種形式參加的國際組織，中央政府將根據需要使香港以適當形式繼續參加這些組織。（第 152 條）

（4）中國締結的國際協議，中央政府可依香港實際情況和需要，在徵詢香港特區政府意見後，決定是否適用香港。中國尚未參加但已適用於香港的國際協議仍可繼續適用。中央政府根據需要授權或協助香港特區政府作出適當安排，使其他有關國際協議適用於香港。（第 153 條）

（5）可經中央政府授權依法發放香港特別行政區護照和旅行證件，實行出入境管制。（第 154 條）

（6）可經中央協助或授權與各國或各地區締結互免簽證協議。（第 155 條）

（7）可依需要在外國設立官方或半官方經貿機構，報中央政府備案。（第 156 條）

（8）可經中央政府批准設立外國駐港領事館及其他官方、半官方機構。（第 157 條）

2. 處理對外經濟事務的授權

在有關經濟事務的第五章，基本法多個條款授予香港在財經、金融、貨幣、貿易、工商業、航運、民用航空等方面的涉外活動中實行管理的權限，保留香港在國際交往中原有的地位和便利不變。[31]

（1）保護私人和法人財產，保護外來投資。（第 105 條）

（2）保持香港的國際金融中心地位，可自行制定貨幣金融政策和制度；保留港元為香港特別行政區法定貨幣，可自由兌換，不實行外匯管制政策。（第 110、111、112 條）

（3）保留香港的國際自由港地位，實行自由貿易政策；可繼續作為單獨的關稅地區，以“中國香港”名義參與 GATT（編者注：後轉為 WTO）活動，單獨享有原有的各種優惠安排。（第 114、115、116 條）

（4）保持原在香港實行的航運經營和管理體制，經中央授權繼續進行船舶登記，管理除軍用船隻的外國船舶進出港口。（第 124、125、126 條）

（5）保持香港的國際航空中心地位，實行原有的民航管理制度；可經中央政府協助或授權，續簽或修改原有的民航運輸協定，談判訂立新的民航運輸協定。（第 128 至 135 條）

3. 處理對外社會發展事務的授權

在有關社會發展事務的第六章，基本法允許香港特別行政區的教育、科學、技術、文化、體育、專業、醫療衛生、勞工、社會福利、社會工作等方面的民間團體和宗教組織，可以“中國香港”名義同世界各國、各地區及各國際組織保持和發展關係。（第 149 條）

---

31 見基本法第五章各條款。

第二節　香港特別行政區對外事務的成功實踐

　　回歸以來，香港對外事務由中央政府和特區政府共同依據基本法分工合作、成功開展。中央政府依法管理與香港有關的外交事務，堅決維護國家權益和香港利益，積極協助、推動香港開展國際交往合作，不斷提升香港的對外交往能力和國際影響。香港特區政府在中央政府授權和協助下，依法自行處理本地對外事務，依託國家之力，發揮兩制之便，全面推進香港對外事務的開展，維護和促進了香港的繁榮穩定。香港不但保持而且在全新基礎上擴展了自己的國際地位與交往能力，增強了國際競爭力，贏得國際社會高度評價。不妨說，蓬勃開展的對外事務是香港成功實施"一國兩制"的一張靚麗名片。

一、香港參加國際組織和國際會議

　　參加政府間國際組織通常是主權國家的專屬權利，但依據基本法第 151、152 條規定，中央政府授權香港特別行政區可在經濟、貿易、金融、航運、通信、旅遊、文化、體育等領域，以"中國香港"名義單獨同有關國際組織保持和發展關係。據特區政府統計，截止到 2020 年 3 月，香港以中國代表團成員或中央政府及國際組織所允許的身份，參與其活動的以國家為單位參加的政府間國際組織達 39 個，比回歸前增加了 14 個。其中包括二十國集團（1999 年）、世界旅遊組織（1999 年）和世界衛生組織（2000 年）等。[32] 香港參加的不以國家為參加單位的政府間國際組織、並已分別取得其正式成員、準成員、區域成員等不同資格的達 54 個，比回歸前增加了 21 個。[33] 特別是，香港在世界貿易組織、亞洲開發銀行、亞太經濟合作組織等全球性和地區性國際組織中，以 "中國香港" 的單獨成員身份發揮著積極作用。

二十多年來，中央政府全力協助香港廣泛開展國際多邊交往。特區政府官員，其中包括外籍公務員，以中國政府代表團成員身份參加以國家為單位的國際會議，每年多達 100 餘次。特區政府自行參加國際會議和活動每年有 1,000 多次。[34] 中央政府協助特區政府申辦和舉辦的重量級國際會議已累計超過 1,000 個，[35] 包括成功舉辦世界銀行和國際貨幣基金組織年會、世界貿易組織部長級會議、世界會計師大會、《財富》全球論壇、國際電信聯盟世界電信展等一系列重大國際活動。

中央政府還大力支持港人以中國國民身份競逐國際組織高級職位。香港特區政府衛生署前署長陳馮富珍女士，曾成功競選並連任世界衛生組織總幹事，成為首位擔任聯合國專門機構最高負責人的中國人。這是香港也是國家的榮耀，見證了 "一國兩制" 的優勝之處。

---

32 見香港特別行政區政府政制及內地事務局網站，https://www.cmab.gov.hk/tc/issues/external1.htm（最後訪問時間：2020 年 3 月 24 日）。

33 見香港特別行政區政府政制及內地事務局網站，https://www.cmab.gov.hk/tc/issues/external2.htm（最後訪問時間：2020 年 3 月 24 日）。

34 參見謝鋒：《風雨紫荊綻放　廿載外交同行》，《紫荊》雜誌 2017 年 7 月號。

35 同上注。

二、國際條約在香港的締結與適用

締約權通常屬於主權國家的固有權力，構成外交權的一部分，由各國中央政府或聯邦政府享用行使，但是基本法授權香港在特定領域內享有自行締結雙邊協議的權力。

據香港特區律政司公佈的數據，截至 2019 年 5 月，適用於香港的國際公約共有 264 項。[36] 這一數據中既包括回歸前已適用於香港的公約，也包括回歸後新增的適用於香港的多邊條約。就國際公約適用於香港特別行政區的安排，中國政府曾特別向聯合國秘書長及公約保存機關發出照會，表示因公約適用香港特別行政區所產生的國際權利和義務由中央政府承擔。回歸以來，香港為履行國際公約而與有關公約機構的聯繫均通過中央政府進行。其中一項重要工作就是提交履約報告並接受審議。中央政府多次為香港特區政府提交若干個人權公約的執行報告，香港也派員參加中國政府代表團接受有關公約的審議工作。

據基本法第 153 條規定，對中國締結的國際協議在香港的適用問題，中央政府可根據香港特別行政區情況和需要，經徵詢特區政府意見後再決定是否適用香港。回歸後有若干個國際協定，如《國際原子能機構特權與豁免協定》、《就業政策公約》等就是按照這一規定處理的。為解決中國參加的多邊條約在港澳適用的問題，外交部還特別在 2006 年制定了《關於多邊條約適用於香港特別行政區和澳門特別行政區辦理程序的規定》，進一步明確了國際多邊條約在港澳適用的實施細則。

---

36 見香港特別行政區律政司網站，www.doj.gov.hk/sc/laws/interlaw.html（最後訪問時間：2020 年 3 月 24 日）。

此外，中央政府還根據需要授權或協助特區政府作出適當安排，使特定國際多邊協議適用於香港。例如，中央政府單獨為香港特區辦理了適用《修正 1971 年設立國際油污損害賠償基金公約的 1992 年議定書》的手續，而該議定書在中國其他地區不適用。

香港特別行政區可依基本法規定及中央授權或協助，自行締結非政治性雙邊協議。截至 2020 年 3 月，香港特區對外締結了 219 項雙邊協議，涉及民用航空運輸、投資、刑事司法協助、移交被判刑人、移交逃犯、稅收、環保、勞務、農業等領域。除上述協議外，香港特區自行簽訂的雙邊協議還包括 10 餘項互免簽證安排或協議，與歐洲共同體簽訂的海關合作及相互行政協助的協定，與以色列簽訂的信息科技及通訊合作事宜的協議等。[37]中國締結的外交和國防類雙邊條約，原則上也適用於香港特別行政區。香港自行訂立的有關雙邊協定，因為涉及國家主權和安全，按基本法規定，也須經中央政府授權或協助，特區政府才能與外國談判和簽署。這種協定共有七類，主要集中在民用航空運輸、司法協助、移交逃犯及被判刑人、促進和保護投資、互免簽證等方面。

條約在締約國的具體適用方式，國際法上沒有硬性規定，可由各國根據實際情況自行確定。不過一國內通常有統一規定或習慣做法，全國境內一體實施。在這方面，中國內地雖然迄今尚無明確的法律規定，但已形成自己的習慣做法，而"一國兩制"下的香港特別行政區被允許保留不同於國家主體地區的做法，享有很大的自主空間。

中央政府接受和認可香港特別行政區沿襲港英時期的傳統，保留轉化適用條約的做法，即不直接適用條約、而是通過本地立法將條約

---

37 見香港特別行政區律政司網站，https://www.doj.gov.hk/mobile/chi/public/external.html （最後訪問時間：2020 年 3 月 24 日）。

轉化為香港法律或採取特定行政措施來履行條約。這一方式顯然不同於中國內地對條約的直接適用為主、轉化適用為輔的傳統。換言之，在"一國兩制"框架內，條約在中國的適用存在著國家主體地區與個別地區兩種不同方式，呈現出中國在條約適用方面的多樣性實踐，也表明了"一國兩制"方針的包容和創意。

三、駐港領事機構、國際機構和香港駐外機構

香港是個國際大都市，設有多國領事機構，而批准外國在中國設立領事機構屬於中央政府負責管理的外交事務範疇。基本法第 157 條規定，經中央政府批准外國可在香港特別行政區設立外國領事機構或其他官方、半官方機構。香港回歸前後，中央政府曾與 90 多個國家談判簽署了雙邊協定，同意這些國家駐港領事機構得以繼續保留為官方機構或改為半官方機構。回歸後，一些原先在香港沒有領事機構的國家提出了在港設立領事館的要求。中央政府在徵求特區政府意見的基礎上，已同意蒙古、愛沙尼亞、坦桑尼亞、匈牙利等國家在香港設立總領事館。截至 2020 年 3 月，駐港外國機構共有 62 間總領事館、56 間名譽領事館及 6 間官方認可機構。[38] 香港已成為世界上設有外國領事館最多的城市之一。此外，中央政府還分別同澳大利亞、加拿大、印度、意大利、新西蘭、俄羅斯、英國、美國等國政府簽訂協定，規範其駐港領事館的職能、特權與豁免等事項，截至 2020 年 1 月 1 日，已有 13 份協定／協議刊登於政府憲報。[39]

---

38 見香港特別行政區政府總部禮賓處網站，https://www.protocol.gov.hk/chs/consular/index.html（最後訪問時間：2020 年 3 月 24 日）。

39 見香港特別行政區政府總部禮賓處網站，https://www.protocol.gov.hk/chs/consular/index.html（最後訪問時間：2020 年 3 月 24 日）。

自回歸以來，中央政府經徵詢香港特區政府意見後，與多個國際組織達成協定或安排，同意其在香港設立辦事處並授予其特權與豁免。截至 2020 年 1 月 1 日，國際組織在香港設立了六個辦事處，包括：歐洲聯盟香港辦事處、國際清算銀行亞太區辦事處、海牙國際私法會議亞太區域辦事處（東道國協議）、海牙國際私法會議亞太區域辦事處（行政安排備忘錄）、國際金融公司東亞及太平洋地區辦事處和世界銀行東亞及太平洋地區私營發展部辦事處、國際貨幣基金組織香港特別行政區分處[40]。其中有關國際清算銀行（BIS）在香港設立亞洲區辦事處一事，創設了中央政府和地方政府就同一事項分別與有關外方簽署協議的鮮有案例。中央政府本來已同國際清算銀行簽署了涉及辦事處特權與豁免事項的布魯塞爾議定書及東道國協議兩份法律文件，但考慮到這些文件的實施將牽涉香港自治範圍內的某些行政管理事項，故而同意特區政府請求，允許其再同國際清算銀行另行簽署一份行政安排備忘錄，以具體落實東道國協議中屬於香港特別行政區權限範圍內的事務。這種靈活做法再次顯示了"一國兩制"的巨大包容性。

基本法第 156 條規定，特區政府可根據需要在外國設立官方和半官方的經濟貿易機構，報中央政府備案。據此。香港得以在倫敦、柏林、布魯塞爾、紐約、舊金山、華盛頓、多倫多、東京、新加坡、雅加達、曼谷、悉尼、日內瓦等地保留或設立了經濟貿易辦事處，其中駐布魯塞爾經濟貿易辦事處代表香港特區處理與歐盟及其 14 個成員國和土耳其的經貿事務，駐日內瓦經濟貿易辦事處代表香港參加世界

---

40 見香港特別行政區政府總部禮賓處網站，https://www.protocol.gov.hk/chs/consular/index.html（最後訪問時間：2020 年 3 月 24 日）。

貿易組織、經濟合作與發展組織（OECD）貿易委員會的活動。[41]

四、護照、簽證和出入境管制

有關本國國民護照的發放、對外國國民簽證的簽發以及出入境管制等事務，照例都是由國家中央政府或聯邦政府行使的權力。但是為了使香港保留其居民出入境自由及對外開放的制度，基本法根據"一國兩制"方針對此類事務採取了變通做法。

依據基本法第 154 條，中央政府首先特地設置了"中國香港"的護照類型，授權香港特區政府對持有香港永久性居民身份證的中國公民簽發"中國香港"護照，對香港的其他合法居留者則簽發特區的旅行證件，允許他們持有上述護照和證件前往世界各地並可返回香港。其次，授權特區政府對世界各國和各地區的人進出及逗留香港自行實行出入境管制。[42]中國其他地區的中國公民進入香港特別行政區也須遵守香港出入境管制。

中央政府依據基本法第 155 條，通過授權或協助，促成香港特別行政區政府與各國、各地區締結互免簽證協議，以最大限度便利香港居民無需簽證而從事國際旅行。[43]這一規定基本上是參照和延續了回歸前在香港的做法。截至 2019 年 3 月，共有 165 個國家或地區給予特區護照持有者入境免簽或者落地簽證待遇，[44]而 1997 年底給予香港特

---

41 見香港特別行政區政府網站，https://www.gov.hk/sc/about/govdirectory/oohk.htm（最後訪問時間：2020 年 3 月 25 日）。
42 基本法第 154 條。
43 基本法第 155 條。
44 見香港特別行政區入境事務處網站，https://www.immd.gov.hk/publications/a_report_2018/tc/foreword.html（最後訪問時間：2020 年 3 月 25 日）。

區護照免簽待遇的國家和地區只有 44 個。進出香港的旅客流量逐年增加，2018 年首次超 3 億人次，達 3 億 1,400 餘萬人次，2019 年略少於 2018 年，但仍高達 3 億 100 餘萬人次。2019 年到訪香港的旅客有 1 億 1,100 餘萬人次。[45]

五、香港對外經貿及社會發展事務

基本法規定了香港經濟貿易、社會發展等方面的基本制度，其中也涉及對外事務。回歸以來，香港特別行政區依法實行自由貿易政策，保障貨物、財產和資本自由流動；不實行外匯管制，繼續開放外匯、黃金、證券、期貨市場；港幣自由兌換，發行權屬於香港特別行政區政府；香港特別行政區自行制定稅制，中央不在特區徵稅；香港保持了在經濟貿易多邊條約中的權利義務，保持了在經貿類國際組織中的地位，等等。這些法律制度保障了香港經濟發展的相對獨立性和連續性，使之不但沒有因為回歸受到阻損，而且在中央支持與協調下，促使香港經濟頂住了亞洲金融風暴和非典疫情的衝擊，迅速走出低谷，持續復甦並超過回歸前的發展水平。今日之香港繼續保持著自由港和國際大都市的特色，保持著國際金融、國際貿易和國際航運中心的地位。截至 2018 年香港連續 25 年被美國傳統基金會評為全球最

---

45 見香港特別行政區入境事務處網站，https://www.immd.gov.hk/hks/facts/control.html（最後訪問時間：2020 年 3 月 25 日）。

自由經濟體，[46] 2019 年受社會動盪影響，排名較 2018 年下降一位。[47]
根據 2018 年統計數據，香港貨物和服務貿易實質增長比回歸前超過 2
倍，穩居世界第七大貨物貿易實體。[48] 香港在國際金融領域同紐約、倫
敦一道名列世界三大國際金融中心，股票市場名列全球和亞洲前茅。
香港保持了國際航運中心的地位，至今仍是世界最大的集裝箱運輸港
口之一。香港也是國際主要航空樞紐，香港機場是世界上最繁忙的航
空港之一。

　　質言之，香港的對外事務權既是"一國兩制"、"港人治港"、高
度自治的重要內容，又是保持香港長期繁榮穩定的必要條件。回歸以
來，香港依然充滿活力，更加活躍於國際舞台，實踐充分驗證，正是
基本法為香港對外事務的成功提供了堅實的法律保障。

---

46 見《香港連續 25 年獲評全球最自由經濟體　特區政府表示歡迎》，2019 年 1 月 25 日，
新華網，http://www.xinhuanet.com/2019-01/25/c_1124045000.htm（最後訪問時間：2020
年 3 月 25 日）。
47 見《香港特區政府回應美國傳統基金會報告：香港制度優勢未受影響　基礎實力依
然強勁》，2020 年 3 月 18 日，新華網，http://www.xinhuanet.com/gangao/2020-03/18/
c_1125727217.htm（最後訪問時間：2020 年 3 月 25 日）。
48 見《香港年報 2018》，香港年報網，https://www.yearbook.gov.hk/2018/sc/pdf/C03.pdf（最
後訪問時間：2020 年 3 月 25 日），第 31-33 頁。

第三節　香港特別行政區對外事務權在國際法上的性質與地位

一、香港特別行政區對外事務權的法律性質

（一）香港特別行政區對外事務權是一種經中央授權的地方性、職能性對外交往能力

主權是國家的根本屬性和固有權力，在國內具有"最高的、絕對的、不可加以限制的權力"地位[49]，在國外具有獨立、平等的地位。外交權是國家主權外在的基本標誌，通常都排他性地由代表國家的中央政府或聯邦政府行使。主權和外交權是一個整體，具有不可分割、不可移轉的性質。近些年國際社會有人提出所謂"次主權"、"次外交"的說法，但國際法上並不認同對一個國家的主權及其外交權加以分割或作位階劃分，也從未正式認可所謂"次主權"、"次外交"這類似是而非、存在爭議的概念。

中國憲法規定，作為國家最高行政機關的中央政府，負責管理整個國家的對外事務，外交權集中在中央。香港回歸後被定位為中國的一個特別行政區，這種憲制地位制約著香港在對外交往中的權限和能力，不得也不被允許擁有外交權。香港被授予的對外事務權不屬於外交權，不具有主權性質，本質上只是一種國內授權，受制於憲法和基本法。香港依法自行處理的對外事務不屬於外交事務，而只是與本地

---

49 *Black's Law Dictionary*, 6th ed., West Publishing, 1990, p. 1396.

發展相關的非政治性對外事務，整體上表現為一種地方性、職能性對外交往能力。

國家外交權和地方對外事務權是兩個不同的概念，二者在其權力來源、權力性質與權屬範圍等方面有嚴格區分，不可相提並論、混為一談。外交權屬於國家主權的組成部分，是國家固有權力，在國際交往中具有獨立的、不從屬於任何外部力量的特性，其行使範圍及於國家政治和非政治領域的所有對外事務。而地方對外事務權則來自於中央授權，是國家主權的派生權力，從屬於國家外交，具有某種附屬性質，只能在國內法規定的範圍內有條件、有限制地行使，在國際交往中不享有完全獨立的地位。再者，地方對外事務權不得孤立地行使，必須服從於國家整體的外交政策和對外立場，承擔著維護國家主權、領土完整和國家安全的責任。那些把香港從基本法所獲得的對外事務授權隨意誇大或曲解，說成是"次主權"、"次外交"的種種提法，[50]實際上是在生造或混淆法律概念，於法於理都難以找到支持根據。

（二）香港特別行政區對外事務權有別於高度自治權

從權力行使上看，依基本法授權產生的對外事務權看起來屬於香港高度自治的組成部分，但細加分析，不難發現它與香港的一般自治權有明顯區別。

首先，對外事務權的行使受到較多限制，更加體現出對國家主權和外交的從屬性。因為香港對外事務具有國際交往的特性，即便屬於地方性對外事務，其適用空間畢竟及於國際社會，往往牽涉到國家主權與外交，難免受到國內法和國際法的雙重限制。在對外交往中，香

---

50 參見 2010 年馬尼拉人質案發生期間香港媒體的相關議論。

港既無權越位處理屬於中央管理的外交事務，也不能脫離主權者意志和國家外交去孤立地自行處理本地對外事務。香港對外事務權的行使必須符合而不得違反國家整體的外交政策，必須同中央政府的外交立場保持一致。這一點不但在基本法第 19 條第 3 款有原則性規定，即"香港法院對國防、外交等國家行為無管轄權"，而且也體現於 2011 年 8 月全國人大常委會關於香港基本法第 13 條第 1 款和第 19 條的解釋中。[51] 該解釋涉及國家及其財產管轄豁免原則在香港的適用問題〔即剛果（金）案〕。顯然，對外事務權的行使同香港在行政、立法、司法方面享有的高度自治權相比，受到的限制相對要多一些。

其次，對外事務權的實施過程往往離不開中央政府的協助與支持，表現出某種依附性。因為實踐中對外事務與外交事務的界限很難嚴格區分，也因為香港對外事務權限受制於基本法的規定，處理某些對外事務，如特定領域雙邊協定的簽署、某些突發事件的處置，很難靠香港特區自身能力獨立完成，需要有中央政府的具體授權或特別授權或必要協助。這一點也明顯不同於一般自治權的行使。

第三，法律規定中有意將二者分開列述、適當區分。人們不難發現，不論是中國在《中英聯合聲明》中的政策宣示和承諾，還是基本法的具體規定，都刻意把有關對外事務的授權條款單獨列出，以區別於香港在行政、立法、司法方面享有高度自治的授權條款。這一做法表明，立法者期望指出二者之間在權限和特性方面存在差異，不能簡單等同；而且也是提示人們，在理解和行使香港對外事務權時有必要注意到它們同高度自治權的區別。

---

51 見《全國人大常委會關於中華人民共和國香港特別行政區基本法第十三條第一款和第十九條的解釋》。

二、香港特別行政區對外事務權的法律根據

從權力淵源上看，香港對外事務權是基本法對香港整體授權的一個組成部分，來源於中國憲法和香港基本法。從立法依據上看，規定香港對外事務權的基本法是以中國憲法為根據、按照國內立法程序產生的一部全國性法律，屬於國內立法產物。

考察一項權力的法律根據關鍵要看它的效力來源，究竟是源於權力行使者自身還是外在淵源，是源於國內法還是源於國際法。作為中國的一個特別行政區，香港不具有如同國家一樣的國際法主體資格，其對外事務權既不是本身固有的，也不可能自我產生，而只能由國家最高權力機關通過法律授予。這本質上是一種國內法上的權力，基本法構成其法律根據。而這些法定的對外事務權即便嗣後被國際社會認可、具有國際法上的某種效力，其真正的效力根源也只能是來自國家意志，來自國內法而不是國際法。國際法學家周鯁生先生在談到國際法的效力根源時指出，"在現代（國際）公法上，國內的效力也就構成國際的效力的根本因素"[52]。這裏所言"國內的效力"就是指以法律表達的國家意志和權力的國內淵源，強調國家及其所轄地區在國際社會的所有活動都不得違背國家法律，必須以國內法的許可或授權為前提，不可以設想國際法能夠認可一項背離國家意志的對外權力。正因如此，國際法上確認條約有效性的基本要素首先是基於締約國同意原則。香港特別行政區所有權力的效力根據源於中國，源於國內法而不是國際條約。基本法關於香港特別行政區對外事務權的規定，屬於中國以立法形式自主確定的中央和地方關係的一種權力劃分，是一個國

---

52 周鯁生：《國際法》，商務印書館 1976 年版，第 605 頁。

內法問題。決定將之授權於香港並最終用國內法形式予以確認的是中國的國家意志。倘若沒有中國的"一國兩制"決策，沒有中國憲法第31條的規定，沒有香港基本法的授權，香港對外事務權就形同於無源之水、無本之木。

就國家立法而言，中國有義務信守條約、尊重和遵守國際法，確保國內法不同自己的國際承諾相衝突。但如同世界上絕大多數國家一樣，其國內立法的產生並不是以國際條約為直接依據，而從來都是以憲法和相關國內法作為依據的。基本法作為香港特別行政區的憲制性法律，是由中國最高立法機關按照國內立法程序和慣例制定的，其立法依據早已被確定為國內法而不是國際法：首先，中國憲法第31條被公認為制定特別行政區基本法的憲法根據；其次，《中英聯合聲明》附件一明確規定，中華人民共和國全國人民代表大會將根據憲法制定和頒佈香港基本法；第三，香港基本法序言第三段載明，本法是根據中國憲法制定的。顯然現有法律已一再明確，整部基本法，包括其中有關對外事務的條款，其法律依據、法律效力只是源於中國憲法。由上可知，香港對外事務權的法律根據應該是一個早經確定的事實。

談到基本法的立法根據和香港對外事務權的法律淵源，不能不涉及到《中英聯合聲明》在其中的地位和作用。誠然，《中英聯合聲明》是中英之間解決香港問題的一個雙邊條約，對雙方都有約束力，中國在其中有關治理香港的承諾構成自己的國際義務，必須在國內法上兌現，有關立法內容也不得同聯合聲明相背離。但這種國際義務絕不是如有人所說，可以直接導致該聲明成為制定基本法的依據，並具有高於中國國內法的地位，因為它無意也無法改變根據本國憲法和立法程序來制定國內法的各國慣例，也不符合中國的立法實踐和條約實踐。如前所述，中國憲法是基本法得以產生並發生效力的唯一法律根據，而香港所獲授權的對外事務權的法律淵源也只能來自作為國內法的基本法。《中英聯合聲明》可以被視為中國制定香港基本法時的一種國際約束，但沒有也不可能構成中國立法的法律依據，更不可能由此獲得凌駕於香港基本法之上的地位。

三、香港特別行政區對外事務權在國際法上的地位

（一）香港特別行政區具有有限的國際人格

開展國際談判、簽訂和履行協議、參與國際組織等行為，通常被視為國際法上的權利能力和行為能力，一般只有具備國際人格的實體才能享有。香港特別行政區在一定程度上具備其中的某些能力，得以大量參與國際法律關係，從而使得香港特別行政區的對外事務權同國際法、同國際法上的人格問題產生了聯繫。有人因此認為香港已具有某種國際人格，並因實施"一國兩制"而使得中國一個國家產生了兩個國際法律人格者。[53] 那麼香港特區是否具有國際人格，怎樣認識香港對外事務權在國際法上的地位呢？

國際人格是一個國際法概念，是從國家的國際法主體資格中引申出來的，係指在國際法上具有法律人格，享有國際法上所確定的權利、義務或權力，以及直接或間接的行為能力。[54] 傳統國際法認為國際人格者就是國際法主體，而國家是唯一的國際法主體，只有主權國家才具有國際人格，排除了其他類型國際人格者存在的可能。晚近國

---

53 Cf. Roda Mushkat, *One China, Two International Legal Personalities*, Hong Kong University Press, 1997.

54 〔英〕詹寧斯・瓦茨修訂：《奧本海國際法（中文本）》第一卷第一分冊，中國大百科全書出版社 1995 年版，第 91 頁。

際法的發展出現了國際人格者概念擴大化和類型多樣化的趨勢。權威國際法學者認為，決定國際人格的關鍵因素並不在持有者是否擁有主權，而在於能否擁有國際法上的權利、義務和權力；一個國際人格者可以不必具有國家通常具有的一切國際權利、義務和權力；[55] 國際人格和國家主權之間沒有必然的聯繫。[56] 二戰後的實踐表明，非完全主權的國家（如被保護國）、政府間國際組織、民族解放運動組織等逐步被國際社會承認為具有某種國際人格。國際法實踐審慎地接受了這一現實。[57]

國際社會認可非主權國家實體具有國際人格，但沒有進而承認它們具有如同國家一般的國際法地位。權威學者在談到國際人格時，都刻意強調非主權國家實體同國家的區別。這裏且以國際組織的人格為例。《奧本海國際法》第九版著者特別引用了國際法院在 1949 年賠償案諮詢意見中的著名論斷："在任何法律體系中，法律主體在其性質或在其權利的範圍上並不一定都相同，而它們的性質取決於社會的需要"[58]。他們認為，國際法院在該案中推論出聯合國具有國際人格的同時，也強調指出，肯定聯合國享有國際人格並不等於說它是一個國家，也不等於說它的人格和權利義務與國家完全相同。國際組織只享有適合於它們自己特殊情況的國際權利和義務，只在有限範圍內是國際法的主體和國際人格者，因此試圖把它們說成是嚴格限定意義之外

---

55 同上注，第 91、93 頁。

56 P. Sands & P. Klein, *Bowett's Law of International Institutions*, London: Sweet & Maxwell, 2001, p. 469.

57 當然，也有人進而主張自成一類的實體（如梵蒂岡），甚至個人也可擁有國際人格。參見〔英〕I. 布朗利：《國際公法原理（中文本）》，法律出版社 2002 年版，第 73-74 頁，以及第 25 章。

58 *Reports of ICJ*, 1949, p. 179.

的國際人格者是不現實的。[59] 顯然，他們是在強調聯合國、不同類型的國際人格者在國際人格上與主權國家的差異，不贊成不加區別地簡單籠統地談論非國家實體的國際人格。應該說，《奧本海國際法》對國際組織法律人格的闡述也適用於國家之外其他類型的國際人格者，代表了國際法學界的主流看法。

就香港情況而論，香港特別行政區被授予廣泛的對外事務權並獲得國際社會認可，在實際上享有國際法上的某些權利能力和行為能力，姑且可以被稱為國際人格者。即便如此，也必須如實地指出，香港所擁有的僅僅是有限的特定的國際人格，而不是等同於主權國家的國際人格。二者在其來源、性質、程度範圍、責任能力等方面上都存在明顯區別，不可混為一談。

（二）香港特別行政區與主權國家在國際人格上的區別

1. 就其來源和性質而言，主權國家享有國際人格是國家的固有權利，是國家主權的外在屬性，是一種獨立的、典型的國際人格，不依附、受制於任何外在的意志和力量。而香港特別行政區的國際人格，不是其自生的、固有的，而是由中國的國家主權派生的，其法律效力來源於國家授權，並且受制於國內法，是一種附屬性的、非典型意義的國際人格。

2. 就其程度和範圍而言，主權國家享有完全的、完善的國際人格，具有國際法所承認的國家對外通常所擁有的一切權利、義務和權力。而香港特別行政區享有的是不完全的、有限的國際人格，只是在香港基本法所許可的範圍內享有特定的國際權利能力和行為能力。香

---

59 〔英〕詹寧斯・瓦茨修訂：《奧本海國際法（中文本）》第一卷第一分冊，第91-92頁。

港特別行政區處理對外事務的所有能力都不得超出香港基本法的規定。

以締約權為例，香港特別行政區對外簽署協議除須符合基本法授權外，還明顯存在三個限制性條件：一、領域限制，即只限於非政治、非國家安全方面、並且僅與香港有關的特定領域；二、協議類別限制，通常限於雙邊協議；三、身份限制，僅限於以 "中國香港"，即中國的一個地區的名義參與談判和簽署協議。香港無權簽署以國家名義訂立的國際條約。

以參與政府間國際組織的活動為例，香港特別行政區的能力範圍受到明確限制。基本法第 152 條規定，對以國家為單位組成的國際組織，香港只能以中國政府代表團成員身份或中國政府與相關組織共同允許的身份，參加那些與香港有關的、適當領域的國際組織，並以 "中國香港" 名義發言，完全不具有單獨的國際人格地位。香港能以 "中國香港" 名義單獨參加並獲得完全成員或準成員資格的，只是少數幾個不以國家為單位組成的政府間國際組織或國際會議，如 WTO、APEC 等。脫離了這種特定的法律環境，香港就不能享有與國家一樣的法律地位了。譬如說，香港被允許以單獨關稅區身份參加世界貿易組織（WTO），並正式取得與其他成員國（包括中國在內）平等的成員方地位，享有單獨的國際人格。但是這種地位僅限於 WTO 的法律框架，僅僅是在這個有限範圍內得到其他成員國（方）的承認。這種承認只是認可香港在 WTO 框架內的權利義務，並不賦予香港在該組織外得享其他國際法權利義務。倘若脫離了 WTO，香港就不復具有與其他成員國一樣的國際人格了。而且，即便在 WTO 內，《馬拉喀什建立世界貿易組織協定》的 "解釋性說明" 也刻意把單獨關稅區成員與國家成員的身份加以區別，以免將它們混為一談。⁶⁰可見，參加一個政府間國際組織本身並未能改變香港在國際法上的地位，不足以證明它可以由此獲得與其他成員國一樣的完全國際人格。

3. 就其責任能力而言，主權國家作為國際法上主要和典型的國際人格者，通常應該也能夠承擔因其國際義務而產生的所有國際責任，但是香港特別行政區只能在非常有限的範圍內具有國際責任能力。對於香港單獨簽訂或經中央授權訂立的雙邊協定，香港原則上能夠承擔在本地和國際層面履行條約的責任；但如果條約責任超出協定規定的範圍，理論上應由中央政府出面解決或授權特區政府解決。對於中央政府締結並適用於香港的條約，則中央政府在國際法上承擔履行條約的責任，香港只是在本地區內負有實施中央政府承擔的國際義務的責任。這就是說，香港特別行政區因適用多邊條約所產生的國際責任，概由擔負條約國際權利和義務的中央政府承擔，香港不具有一般的國際責任能力。

由上可知，國際人格是一個類型多樣、差別程度很大，因而需要謹慎使用的國際法概念。如果籠統地不加區別地談論國際人格，甚至套用“國際人格—國際法主體—主權國家”的傳統公式進行邏輯推理，那麼就有可能混淆主權國家與非國家實體在國際法上的地位差異，導致國際法律秩序的混亂。因此，在提及非主權國家實體（例如香港）的國際人格時，說明它們的限制條件和適用範圍是非常必要的。

總之，香港作為中國主權下享有廣泛對外事務權的一個地區實體，在國際社會所取得的僅僅是一種有特定限制的不完全的國際人格。而作為主權國家的中國，在國際社會只能有一個完全的典型的國

---

60 見《馬拉喀什建立世界貿易組織協定》中的解釋性說明。

際法主體資格和國際人格，且只能由中央政府為其唯一代表。香港的有限國際人格與中國的國際人格在不同的法律範圍內活動，表現出不同程度的權利能力和行為能力。倘若脫離香港基本法和《中英聯合聲明》的規範，脫離特定的國際法律環境去一般地主張或談論香港的國際人格，把香港和國家的國際人格相提並論，混為一談，難免會混淆視聽，搞亂人們的思想，為鼓吹香港成為獨立政治實體的說法提供支持，這需要引起人們的高度警惕。

第八章

基本法的解釋和修改

　　法律解釋制度是一個國家法律制度的重要組成部分。法律的實施過程就是運用法律解決各種爭議和問題的過程，而運用法律，必然帶來法律的解釋。因此，法律的解釋是伴隨著法律實施的一項重要活動。可以說，沒有法律的解釋，就沒有法律的實施。

第一節　基本法的解釋權屬於 全國人大常委會

一、我國的法律解釋制度

　　我國實行的是由最高國家權力機關的常設機關 —— 全國人大常委會解釋法律的制度。根據中國法律解釋的理論，法律解釋的目的在於，當法律條文的含義不清楚的時候，由權威機構出面進一步說明立法的原意，指出法律條文的真正含義所在。哪一個機構最瞭解立法原意呢？當然是制定法律的機關，所以法律解釋最好由行使立法權的機關自己作出。從邏輯上講，立法機關也應最清楚立法的原意和目的。因此中國的法律解釋制度又被稱為 "立法解釋制度"。在此前提下，全國人大常委會授權最高人民法院在審理案件時，可以就如何具體應用法律的問題作出解釋。最高人民法院作出的這種司法解釋，範圍只限於審判工作中具體應用法律的問題，這種解釋不得違背法律的原意。這種法律解釋制度，既不同於英美普通法制度下由普通司法機關負責解釋法律的制度，也不同於其他大陸法系國家的法律解釋制度。

　　2000 年頒佈、2015 年修訂的《立法法》具體規定了中國的法律解釋制度。國務院、中央軍事委員會、最高人民法院、最高人民檢察院和全國人民代表大會各專門委員會以及省、自治區、直轄市的人民代表大會常務委員會可以向全國人民代表大會常務委員會提出解釋法律條款的要求。

　　全國人大常委會的法律解釋與法律具有同等效力。從法理上看，

277

全國人大常委會對法律的解釋是最終的權威解釋，是國家法律的重要組成部分，與法律本身具有同等效力，具有法律約束力。任何公民、一切國家機關和武裝力量、各政黨和各社會團體、各企業事業組織，都必須遵守、執行全國人大常委會對法律的解釋。司法機關在處理具體案件時也必須依據有關法律解釋來判案。

全國人大常委會解釋法律一般不針對具體案件，不與法院的案件審理掛鈎，因此被稱為"抽象解釋"。在司法實踐中，當法官在判案中遇到了不明白的法律問題，通過最高人民法院的司法解釋不能解決問題，或者超越了最高人民法院的司法解釋範圍時，最高人民法院應根據《立法法》的規定向全國人大常委會要求解釋法律，然後根據全國人大常委會的法律解釋作出判決。

我國法律解釋制度的一大特點是，法律的最終解釋權和司法終審權由不同機構行使。全國人大常委會擁有法律的最終解釋權，但是不行使司法終審權；最高人民法院擁有司法終審權，但是沒有法律的最終解釋權。

二、基本法的解釋權、啟動機制及其與特區終審權的關係

（一）基本法的解釋權屬於全國人大常委會

香港回歸前，英國樞密院司法委員會既是香港的終審法院，也是香港最終的法律解釋機關。它不僅有權解釋英國為香港制定的所有法律，而且有權解釋香港本地的立法。它的解釋是最終的，本地任何機關和個人均不得挑戰，香港的法院必須遵照執行。香港回歸後，根據中國憲法和法律解釋制度，原由英國樞密院司法委員會享有的香港司

法終審權改由新設立的香港終審法院行使，而基本法的最終解釋權則由全國人大常委會行使。

　　基本法是全國人大制定的全國性法律，因此有關基本法的解釋問題首先要符合中國的法律解釋制度，即應該由全國人大常委會負責解釋。作為一部全國性法律，基本法不僅在香港特別行政區具有法律效力，而且在中國的其他地方同樣具有法律效力。這就要求對基本法涉及國家事項條款的解釋必須具有全國一致性，這包括涉及中央權力和中央與香港特別行政區關係的條款，對於這些條款，全國必須有統一的解釋。即便在聯邦制國家，聯邦法律的最終解釋權也是由聯邦最高法律解釋機關行使，而不能由各個地方分散解釋。單一制國家更是如此。因此，基本法第 158 條首先規定了其解釋權屬於全國人大常委會。根據憲法和基本法的規定，全國人大常委會對基本法的解釋是全面的，而且既可以依據其他機關例如國務院的提請來解釋基本法，也可以主動解釋基本法。

　　為了使全國人大常委會對基本法的解釋更為科學合理，全國人大常委會在對基本法作出解釋前，必須徵詢其所屬的香港基本法委員會的意見。該委員會的重要任務之一就是研究基本法中有關中央權力以及中央與香港特別行政區關係的條款在執行中出現的問題，並向人大常委會提出意見。根據基本法的規定，香港基本法委員會的 12 名委員中有一半來自香港特別行政區，其中包括法律界人士，這有助於保證對基本法的解釋符合香港特別行政區的實際情況。

　　全國人大常委會對基本法的解釋同基本法本身具有同等法律效力，是最終的權威解釋，視同基本法的組成部分，這也是中央對香港特別行政區行使全面管治權的體現。任何公民、中央國家機關和武裝力量、各政黨和各社會團體、各企事業組織、香港特別行政區各部門都必須遵守、執行全國人大常委會對基本法的解釋。司法機關在處理具體案件時也必須依據全國人大常委會對基本法的解釋來判案。香港特別行政區終審法院對此已經做出過明確的宣示。

（二）解釋基本法的啟動機制

根據中國的法律解釋體制，全國人大常委會可以主動解釋所有法律，當然，也可以主動解釋基本法。按照國家憲法和法律的規定以及香港回歸以來的實踐，國務院提出解釋基本法的議案也是一種比較好的方式。此外，按照基本法的規定，特別行政區終審法院也可以提請全國人大常委會解釋基本法。全國人大常委會作出的法律解釋，與基本法有同等效力，香港司法機關必須依從。

1. 全國人大常委會主動解釋基本法的啟動程序及規則

全國人大常委會主動解釋基本法有兩次，分別是 2004 年就香港特區行政長官產生辦法和立法會產生辦法修改的法律程序問題作出關於基本法附件一第 7 條和附件二第 3 條的解釋，以及 2016 年就公職人員就職宣誓的憲制含義問題作出關於基本法第 104 條的解釋。從全國人大常委會這兩次解釋基本法的背景來看，全國人大常委會主動解釋基本法有三個十分重要的啟動條件：一是重大性，香港社會對基本法的某一項規定出現重大爭議；二是法定性，有關條款涉及基本法規定的中央管理事務或中央與特別行政區的關係；三是緊迫性，有關爭議必須儘快解決，如果不及時處理，勢必對香港經濟和社會的繁榮穩定產生重大影響，嚴重損害香港居民的重大利益。全國人大常委會主動解釋基本法是由委員長會議提出議案，列入全國人大常委會議程，在徵詢基本法委員會的意見後，經過全國人大常委會會議審議後作出的。

2. 國務院提出解釋基本法議案的啟動程序及規則

根據《立法法》的規定，國務院、中央軍事委員會、最高人民法院和最高人民檢察院都有權提請全國人大常委會解釋法律。但是，由中央軍事委員會、最高人民法院或者最高人民檢察院提請全國人大常委會解釋基本法的情況不大可能發生。由於香港特別行政區直轄於中央人民政府，行政長官要對中央人民政府負責，國務院對貫徹實施基本法負有憲制責任，因此，國務院提請全國人大常委會解釋基本法應屬通常情況。1999 年和 2005 年全國人大常委會對基本法的解釋都是由國務院以政府提案的形式啟動的。

國務院提請全國人大常委會解釋基本法，可以是基於自己的判斷，也可以是基於香港特別行政區行政長官的提議而啟動。有人認為香港基本法第 158 條只授權香港特別行政區終審法院在法律規定的事由出現時，應該請全國人大常委會對基本法的有關條款作出解釋，而沒有授權香港特別行政區行政長官這樣做，因此行政長官不可以提請全國人大常委會解釋基本法。對這種觀點要從兩個方面來分析：一方面，行政長官確實不具有直接向全國人大常委會提出解釋基本法議案的權力，在上述兩次解釋基本法時，有關議案都不是行政長官提出的，而是由國務院向全國人大常委會提出的。另一方面，根據基本法第 43 條規定，香港特別行政區行政長官是香港特別行政區的首長和特別行政區政府的首長，既要對香港特別行政區負責，也要代表香港特別行政區對中央人民政府負責。而且根據基本法第 48 條的規定，行政長官的職權之一是負責執行基本法。因此，如果基本法在香港特別行政區實施過程中遇到重大爭議，行政長官出於負責執行基本法、對中央政府負責的要求，必須向中央政府作出報告，提出對有關問題的看法和處理建議。

1999 年和 2005 年都是香港特別行政區行政長官就香港特別行政區實施基本法過程中發生的重大爭議向國務院提出報告，請求國務院提請全國人大常委會解釋基本法來解決有關基本法實施中遇到的問題，這是完全符合基本法的。從法律上來講，國務院是否接受行政長官的請求，以及是否向全國人大常委會提出解釋基本法的議案，決定權在國務院。

3. 香港特別行政區終審法院請求解釋基本法的啟動程序及規則

迄今為止，香港特別行政區終審法院提請全國人大常委會解釋基本法的實踐只有一次，即 2011 年全國人大常委會就國家豁免規則問題對基本法第 13 條第 1 款和第 19 條作出解釋。這次釋法成為香港特別行政區終審法院與全國人大常委會之間良性互動的典範。

如前所述，基本法的最終解釋權和司法終審權分別由全國人大常委會和香港特別行政區終審法院行使。同時基本法規定香港特別行政區法院在審理案件中，可以對基本法的有關條款作出解釋。但如果需要對基本法關於中央管理的事務或中央與特別行政區關係的條款作出解釋，而且解釋影響到案件的判決，在作出終局判決前，香港特別行政區終審法院應提請全國人大常委會對有關條款作出解釋，然後根據全國人大常委會對有關條款的解釋來審理案件。

從 2011 年香港特別行政區終審法院提請全國人大常委會解釋基本法的實踐來看，全國人大常委會解釋基本法是按照全國人大常委會解釋法律的一般程序和基本法的特殊要求進行的。香港特別行政區終審法院在作出具體個案的終局判決前，首先依據基本法向全國人大常委會提出要求解釋基本法有關條款的報告，然後由全國人大常委會委員長會議審議並決定將有關議案列入全國人大常委會會議議程，並在徵詢全國人大常委會香港基本法委員會的意見後，最終由全國人大常委會會議審議通過有關解釋。

（三）全國人大常委會解釋基本法與香港特別行政區法院終審權的關係

1999 年全國人大常委會第一次解釋基本法是在香港特別行政區終審法院對基本法有關條款作出不符合立法原意的解釋，可能導致香港特別行政區遇到不可承受的人口壓力，而且可能嚴重影響到特別行政區的出入境管制秩序的情況下作出的。對此，香港有些人認為，全國人大常委會解釋基本法，改變了香港特別行政區終審法院對基本法的解釋，侵犯了香港特別行政區的終審權和司法獨立。這種觀點是不能成立的。全國人大常委會對基本法有關條款的解釋，確實起到了糾正香港特別行政區終審法院對基本法有關條款的不符合立法原意的解釋的作用，但並不影響香港特別行政區終審法院的判決本身。也就是說，1999 年 1 月 29 日香港終審法院判決案件當事人依據判決所獲得的香港特別行政區居留權並沒有改變。全國人大常委會對基本法的解釋不影響案件雙方當事人根據判決所取得的權利和義務，不溯及既往，只是廢止了該判決的先例效力。因此不能說全國人大常委會推翻了香港特別行政區終審法院的判決。

在普通法制度下，法律的最終解釋權和司法終審權是合在一起的，都由最高（終審）法院行使。但是如前所述，在中國，法律的最終解釋權和司法終審權不是由一個機構來統一行使的，而是分別由兩個機構來行使。法律的最終解釋權由全國人大常委會行使，司法終審權由最高人民法院行使。在中國內地，人們並沒有因為全國人大常委會行使法律的最終解釋權而認為全國人大常委會侵犯了最高人民法院的司法終審權，因為全國人大常委會並沒有代替最高人民法院來審理案件，只是進行法律的最終解釋，司法上的終審仍然由最高人民法院來進行。法律最終解釋權與司法終審權由不同機構行使，是大陸法系的重要特徵，廣泛存在於大陸法系國家。

同樣，對於香港基本法，其"最終解釋權"屬於全國人大常委會，但對於案件的"最終裁判權"屬於香港特別行政區終審法院。全國人大常委會沒有代替特別行政區終審法院行使終審權，它只行使基本法的最終解釋權，只"釋法"，不"司法"，不代替香港特別行政區法院審理案件，最終審判權（終審權）仍然由特別行政區終審法院行使。因此，全國人大常委會解釋基本法不會侵犯香港特別行政區終審法院的司法終審權和司法獨立。

三、全國人大常委會解釋基本法的成功實踐

香港回歸以來，全國人大常委會對香港基本法進行過五次釋法。

全國人大常委會第一次釋法的起因是，1999 年 1 月 29 日，香港特區終審法院就"吳嘉玲案"宣判，指出所有香港人在內地所生的子女均可行使居港權，該判決令香港人在內地所生的非婚生子女都享有居港權。時任香港保安局局長葉劉淑儀估計依此判決，十年內會有 167 萬人可從內地移居香港，將給香港社會帶來沉重人口壓力。香港特別行政區政府認為，香港終審法院的判決是不合適的，根據基本法的規定，因其涉及內地居民進入香港的管理辦法和中央與香港特別行政區的關係，這類問題應由中央作出解釋。為此香港特別行政區政府根據基本法相關條款的規定，請求國務院提請全國人大常委會對基本法相關條款作出解釋。1999 年 6 月 26 日，第九屆全國人民代表大會常務委員會第十次會議通過了《全國人民代表大會常務委員會關於〈中華人民共和國香港特別行政區基本法〉第二十二條第四款和第二十四條第二款第（三）項的解釋》，解決了有關港人內地所生子女

的居港權問題，對香港特區永久性居民範圍進行了更為明確的界定，避免了此前裁決可能給香港造成的人口壓力和社會後果，從而保障了香港社會的繁榮穩定和有序發展。

全國人大常委會第二次釋法的起因是，2003 年末，第三屆行政長官的產生辦法成為社會熱點，香港社會對基本法附件一《香港特別行政區行政長官的產生辦法》和附件二《香港特別行政區立法會的產生辦法和表決程序》的修改程序出現了爭議。為了平息香港社會的紛爭，2004 年 4 月 6 日，第十屆全國人民代表大會常務委員會通過了《全國人民代表大會常務委員會關於〈中華人民共和國香港特別行政區基本法〉附件一第七條和附件二第三條的解釋》，對兩個產生辦法的相關條款進行了解釋，明確了香港政治體制發展的主導權和最終決定權在中央，香港無權自行決定或改變其政治體制。與此同時，第二次釋法堅持了循序漸進發展香港政制的原則，為香港政制發展提供了清晰的法律指引，也顯示了中央對循序漸進推進香港民主發展的決心和誠意，在香港政制發展史上具有里程碑意義。

全國人大常委會第三次釋法的起因是，2005 年 3 月，時任行政長官董建華因病辭職，香港社會對行政長官辭職後新產生的行政長官的任期問題出現爭議，有意見認為補選的行政長官的任期是剩餘任期，有意見則認為應是新的一屆五年任期。2005 年 4 月 27 日，第十屆全國人民代表大會常務委員會第十五次會議通過了《全國人民代表大會常務委員會關於〈中華人民共和國香港特別行政區基本法〉第五十三條第二款的解釋》，對行政長官辭職後新的行政長官的任期作出了解釋，指出行政長官未任滿五年任期期間產生行政長官缺位的情況，新行政長官的任期為原行政長官的剩餘任期，從而避免了一場憲制危機。

全國人大常委會第四次釋法的起因是，香港特別行政區終審法院在審理一起與剛果民主共和國有關的案件時，涉及香港特別行政區是否應適用中央人民政府採取的國家豁免規則或政策的問題。由於該問題是涉及對基本法關於中央人民政府管理的事務及中央和香港特別行政區關係條款的解釋，香港特別行政區終審法院根據基本法第 158 條第 3 款規定，提請全國人大常委會對案件涉及的基本法相關條款作出解釋。2011 年 8 月 26 日，第十一屆全國人民代表大會常務委員會第二十二次會議通過了《全國人民代表大會常務委員會關於〈中華人民共和國香港特別行政區基本法〉第十三條第一款和第十九條的解釋》，對香港特別行政區須遵循國家統一的國家豁免規則或政策作出了解釋，明確管理與香港特別行政區有關的外交事務屬於中央人民政府的權力，香港特別行政區有責任適用或實施中央人民政府決定採取的國家豁免規則或政策，而不得偏離上述規則或政策，也不得採取與上述規則或政策不同的規則。

全國人大常委會第五次釋法的起因是，在 2016 年 10 月 12 日香港特別行政區第六屆立法會就職宣誓儀式上，少數當選議員故意違反宣誓要求，公然宣揚 "港獨"、侮辱國家和民族，引發了香港社會對該等議員宣誓有效性的爭議。為此，2016 年 11 月 7 日第十二屆全國人民代表大會常務委員會第二十四次會議通過了《全國人民代表大會常務委員會關於〈中華人民共和國香港特別行政區基本法〉第一百零四條的解釋》，對香港特別行政區公職人員依法宣誓的規定作出了解釋，不僅針對立法會宣誓事件亮明了原則底線，堅決遏制 "港獨" 分子進入立法會，且對今後反對和懲治 "港獨" 活動提供了堅實的法律基礎，維護了憲法和基本法的權威及香港的法治，維護了 "一國兩制" 的初衷和國家主權。根據基本法第 104 條規定和全國人大常委會對基本法第104條的解釋以及香港國安法的有關規定，香港特區於2021年修訂《釋疑及通則條例》，通過正、負面清單的形式明確了何為"擁護《中華人民共和國香港特別行政區基本法》、效忠中華人民共和國香港特別行政區"。根據該法例規定，符合"擁護、效忠"的正面清單包括：（1）擁護《中華人民共和國憲法》及《香港特別行政區基本法》確立的香港特別行政區的憲制秩序；（2）擁護中華人民共和國主權、統一、領土完整和國家安全；（3）擁護香港特別行政區是中華人民共和國不可分離的部分，擁護中華人民共和國對香港特別行政區行使主權，擁護中央根據基本法對香港特別行政區行使管治權力；（4）擁護"一國兩制"原則的落實，維護香港特別行政區的政治體制；（5）擁護在基本法的框架下，保持香港特別行政區繁榮穩定的目的；（6）忠於香港特別行政區，維護香港特別行政區的利益。

　　不符合"擁護、效忠"的負面清單包括：（1）作出或進行危害國家安全的行為或活動，包括基本法第23條禁止的行為、觸犯香港國安法規定的罪行、其他成文法或普通法規定的危害國家安全的罪行；（2）拒絕承認中華人民共和國對香港特別行政區擁有並行使主權，其表現形式為反對中央政權機關按《中華人民共和國憲法》、基本法、香港國安法履行職務和職能；（3）拒絕承認香港特別行政區作為中華人民共和國一個地方行政區域的憲制地位；（4）宣揚或支持"港獨"主張；（5）尋求外國政府或組織干預香港特別行政區的事務；（6）作出損害或有傾向損害基本法中以行政長官為主導的政治體制秩序的行為；（7）作出損害或有傾向損害香港特別行政區的整體利益的行為；（8）公開及故意以焚燒、毀損、塗劃、玷污、踐踏等方式侮辱國旗或國徽或區旗或區徽；（9）侮辱或貶損國歌或國家主權的任何其他象徵和標誌。

　　全國人大常委會五次釋法活動彰顯了基本法解釋權的重大意義：全國人大常委會依法行使基本法解釋權是維護“一國兩制”和香港法治的應有之義，既是對特別行政區執行基本法的監督，也是對特別行政區實行高度自治的保障。全國人大常委會正確闡述了基本法有關條文的立法原意，及時解決了香港特別行政區在發展中遇到的自身不能解決的重大社會問題，促進了香港社會的和諧，維護了香港社會的穩定，推動了香港經濟發展和繁榮，保證了“一國兩制”在香港的成功實施、行穩致遠。

第二節　全國人大常委會授權香港特別行政區法院對基本法進行解釋

一、全國人大常委會授權香港法院解釋基本法

香港基本法是由全國人大制定的，但它的實施主要是在實行普通法的香港特別行政區。在處理基本法的解釋問題時，我們既要考慮到中國內地的法律解釋制度，又要考慮到香港普通法體制下的法律解釋制度。因此，根據香港特別行政區的特殊情況，基本法規定，其解釋權屬於全國人大常委會，全國人大常委會授權香港特別行政區法院在審理案件時對基本法進行解釋。

基本法對香港特別行政區法院解釋權的安排是，特別行政區法院在審理案件時對香港特別行政區自治範圍內的條款有解釋權。除此之外，香港特別行政區法院在審理案件時對基本法的其他條款，即自治範圍之外的條款，也就是對有關中央人民政府管理的事務或者中央與特別行政區關係的條款，也可以解釋。這種特別規定實際上使得香港特別行政區法院擁有對基本法所有條款的解釋權。由全國人大常委會授權香港特別行政區法院在審理案件時解釋基本法的條款，體現了"兩制"的要求。但基本法對此也進行了限制，即，如香港特別行政區法院在審理案件時需要對基本法關於中央人民政府管理的事務或中央和香港特別行政區關係的條款進行解釋，而該條款的解釋又影響到案件的判決，在對該案件作出不可上訴的終局判決前，應由香港特別行政區終審法院提請全國人大常委會對有關條款作出最終解釋。全國

人大常委會在解釋基本法有關條款前，徵詢其所屬的香港基本法委員會的意見。香港特別行政區法院在引用該條款時必須以全國人大常委會的解釋為準，在此之前已經作出的判決的效力不受影響。這一規定主要是為了避免香港特別行政區法院錯誤解釋基本法關於中央管理的事務或中央與特別行政區關係的條款，造成對中央權力的實際損害。可見，基本法對其解釋權的有關規定，把內地由全國人大常委會解釋法律的制度和香港由法院解釋法律的制度融合在一起，充分照顧了香港實行普通法制度的實際情況，同時又與中國的法律解釋制度相一致，是"兩制"與"一國"相結合的典範，既合情又合理。

二、回歸前後香港法院解釋法律性質的區別

儘管回歸前後，香港法院都有權解釋法律，但就解釋基本法而言，其解釋法律權力的性質發生了根本變化。回歸前香港法院所解釋的法律，都是一般法律，而不是憲制性的法律，而且最終的解釋權還在英國樞密院司法委員會。從理論上來講，回歸後香港特別行政區法院解釋基本法不是法院的"原始"權力，而是基於被授權而進行的解釋活動。香港特別行政區法院解釋基本法的主要特點包括：

第一，香港特別行政區法院只能在審理案件時才可以對有關的基本法條款作出解釋，不可以對基本法進行抽象解釋，即沒有具體案件的解釋。

第二，香港特別行政區法院對基本法關於中央管理的事務和中央與特別行政區關係的條款也可以進行解釋，但如需要解釋這些條款，而該條款的解釋又影響到案件的判決，在對該案件作出不可上訴的終局判決前，應由香港特別行政區終審法院提請全國人大常委會對有關

條款作出解釋。如果全國人大常委會作出解釋，香港法院在引用該條款時，應以全國人大常委會的解釋為準。但在此以前作出的判決不受影響。

1997 年以來，香港法院釋法的次數和範圍有很大的增加和擴大。香港特別行政區前律政司司長梁愛詩曾經表示，從 1997 年回歸後至 2005 年 6 月，有超過 1/3 的基本法條文已經經過香港法院的解釋。如果是 1/3 的基本法正文條款，那就是約 53 個條款。這樣，在回歸後的八年間香港特別行政區法院平均每年解釋基本法 6 個多條款，亦即香港特別行政區法院平均約兩個月就要解釋基本法的一個條款。有研究認為香港法院二十多年來對基本法相關條款的解釋已經多達數百次。而 1997 年回歸至今，全國人大常委會僅僅作出五次釋法，只是對八個條款進行了解釋。

香港基本法是中國憲法的子法，理解基本法的有關規定，不能不考慮基本法制定的憲制背景，不能不考慮中國的法律解釋理論和實踐。在 2005 年兩地對補選後的特別行政區行政長官任期的不同解讀中，很多人忽視了一個前提，即基本法首先是一部中國法律，行政長官是根據中國法律產生的一個中國政府的職位，毫無疑問應該按照中國法律解釋的方法來理解其任期問題。在 "一國兩制" 方針之下，兩地法律界需要相互熟悉對方的法律解釋哲學和邏輯，使二者可以盡快磨合，形成 "和而不同" 的新型法律關係。

第三節　基本法的修改

　　根據憲法，制定和修改特別行政區基本法的權力屬於全國人民代表大會。由於基本法的特殊性，在它的修改程序等問題上也就有許多特別規定和嚴格限制，以保證中央對特別行政區政策的連續性和穩定性。

一、基本法的修改權屬於全國人民代表大會

　　全國人民代表大會是國家的最高權力機關。根據中國憲法規定，由全國人大負責制定、修改有關刑事的、民事的或者國家機構的基本法律。基本法就屬於這樣的"基本法律"。涉及憲制問題的基本法律，都是由全國人大制定的，因此要由全國人大進行修改。作為國家最高權力機關，全國人大制定、修改基本法，以法律規定在特別行政區內實行的制度，是行使國家主權的行為。

　　同時，還應注意修改基本法正文與修改基本法附件的區別。基本法由序言、160 條正文和 3 個附件組成，它們雖具有同等法律效力，但對基本法附件進行修改的權限和程序卻有所不同。修改基本法主要是指對基本法正文的修改，但也包括對基本法附件的修改，附件的修改是基本法本身所允許的。

　　第一，根據基本法第 18 條第 3 款，全國人大常委會依法行使基本法附件三的修改權："全國人民代表大會常務委員會在徵詢其所屬的香港特別行政區基本法委員會和香港特別行政區政府的意見後，可

對列於本法附件三的法律作出增減，任何列入附件三的法律，限於有關國防、外交和其他按本法規定不屬於香港特別行政區自治範圍的法律。"

第二，根據新修訂的基本法附件一和附件二，全國人大常委會依法行使對基本法附件一、附件二的修改權，這一規定符合基本法的立法原意和制度實踐。香港特區行政長官的產生辦法、香港特區立法會的產生辦法和表決程序，之所以沒有規定在基本法的正文當中，是因為其具體內容會隨著實際情況的變化而作出調整，由附件加以規定就比較靈活，方便在必要時作出修改，在起草基本法時就對此有過考慮。基本法附件一和附件二在 2010 年的時候曾經作出過修改，當時就是全國人大常委會予以批准或備案的。

值得指出的是，全國人大有權以決定形式授權全國人大常委會修改基本法附件一、附件二，這符合憲法規定和憲法原則。根據憲法第 31 條和第 62 條第 2 項、第 14 項、第 16 項的規定，全國人大有權授權全國人大常委會行使修改基本法附件的職權；而根據憲法第 67 條第 22 項，全國人大常委會應當行使全國人民代表大會授予的職權，只要全國人大給它授權，它就必須去行使。

二、基本法修改的提案、審議與通過

基本法第 159 條規定，修改基本法的提案權屬於全國人民代表大會常務委員會、國務院和香港特別行政區。其他任何部門、機關、團體都無權提出基本法的修正案。由這條規定可以看出，有權提議修改基本法的主體包括中央和香港特別行政區。賦予中央以修改提案權，比較容易理解，全國人大常委會和國務院分別是全國人大的常設機關和執行機關，而且都是與香港特別行政區有直接關係的中央政權機關，理所當然有基本法修改提案權。而賦予香港特別行政區以基本法修改提案權，則是一項特殊的安排。

這裏有兩點需要說明：一是對基本法修改提案權的規定，體現了基本法的憲制性地位。對於我國的一般法律來說，全國人大主席團、各省代表團、最高法院、最高檢察院等都有對其修改的提案權，而就基本法而言，只有全國人大常務委員會、國務院、香港特別行政區有修改提案權，體現了基本法高於一般法律的特殊性；二是規定香港特別行政區有基本法修改提案權，體現了中央對香港特別行政區的高度重視。香港特別行政區與各省、自治區、直轄市處於同等行政地位，但只有香港特別行政區擁有香港基本法修改提案權，這種制度上的安排體現了中央對香港特別行政區的特殊政策。

基本法對香港特別行政區行使修改提案權所應遵循的程序作了嚴格的規定，即要由香港特別行政區的全國人民代表大會代表三分之二多數、香港特別行政區立法會全體議員三分之二多數以及香港特別行政區行政長官分別同意後，再由香港特別行政區出席全國人大的代表團向全國人大提出。

關於修改提案的審議與通過，基本法規定，在全國人大將修改基本法的提案列入大會議程之前，應該先由全國人大常委會下屬的香港基本法委員會進行研究並提出意見。香港基本法委員會是全國人大常委會下設的工作委員會，其職責是就基本法的有關條款在實施中出現的問題進行研究並向全國人大常委會提供意見。由它先行研究修改基本法的議案並提出意見，表現了全國人大對修改基本法問題的慎重。其後，根據全國人大制定法律的程序，基本法的修正案要由全國人大以全體代表過半數通過才有法律效力。

三、修改基本法的原則

　　基本法第 159 條第 4 款規定："本法的任何修改，均不得同中華人民共和國對香港既定的基本方針政策相抵觸"，這就是修改基本法所必須遵循的原則。在新中國立法史上，這是第一次明確在一部法律裏規定了限制修改的內容。中央對香港既定的基本方針政策，根據基本法的序言和總則，就是實行"一國兩制"，不在香港實行社會主義的制度和政策，授權香港特別行政區實行高度自治，保持原有的資本主義制度和生活方式，五十年不變。任何違背這些既定方針政策而對香港基本法作出的修改都是無效的。

作者簡介

（按姓氏筆畫排序）

王振民，清華大學法學院教授。曾任清華大學法學院院長，清華大學港澳研究中心主任及國家治理研究院院長，香港中聯辦法律部部長。曾兼任全國人大常委會香港、澳門基本法委員會委員，中國法學會港澳基本法研究會會長等職。

陳欣新，中國社會科學院台灣香港澳門法研究中心主任、法學研究所研究員。2004 年作為五位內地法律專家之一，為香港特別行政區 2007 年行政長官產生辦法和 2008 年立法會產生辦法的修改提供諮詢意見。

陳廣漢，經濟學博士，中山大學港澳珠三角研究中心教授，國務院政府特殊津貼專家。曾任中山大學嶺南（大學）學院經濟學教授、經濟學系副主任，世界經濟與西方經濟學專業博士生導師。長期擔任中山大學港澳珠江三角洲研究中心主任，港澳與內地協同創新中心主任，粵港澳發展研究院首席專家和副院長，兼任中華外國經濟學會發展經濟學會副會長和全國港澳研究會副會長等。

　　鄒平學，深圳大學港澳基本法研究中心、港澳與國際問題研究中心主任，法學院教授。榮獲廣東省十大優秀中青年法學家，深圳市鵬城學者特聘教授，深圳市優秀教師，深圳大學領軍學者等稱號。擔任中國法學會港澳基本法研究會副會長，國務院發展研究中心港澳研究所學術委員會委員兼高級研究員，中國法學會憲法學研究會常務理事等職務。

　　韓大元，中國人民大學法學院教授、教育部"長江學者"特聘教授。中國人民大學"一國兩制"法律研究所所長，中國憲法學研究會名譽會長，全國人大常委會香港特別行政區基本法委員會委員。

　　饒戈平，北京大學法學院教授，北京大學港澳研究院名譽院長。曾長期擔任北京大學國際法研究所所長，北京大學港澳研究中心主任。曾兼任全國人大常委會香港基本法委員會委員，全國政協委員，國務院發展研究中心港澳研究所所長，中國國際法學會常務副會長，全國港澳研究會副會長，中華司法研究會副會長等職。